A mes parents

Où demeure l'attente
déclinant en distraite
poussière,
clinamen d'images naissantes,
la lumière échangée
entre tomber et tenir,
balbutie
inlassable,
ivre et solennelle,
soulevée…
    ROGER DEXTRE *(Voici venir)*

ISBN 2-02-010699-X

© ÉDITIONS DU SEUIL, MARS 1991

1
Correctement pour un orage

Vague unique dont je suis la mer successive.
RAINER MARIA RILKE *(Sonnets à Orphée)*

Les masques et la plume

Chacun sait qu'il y a, pour les auteurs de livres, une biographie de l'écrivain distincte de celle de l'homme, qui a sa courbe, ses péripéties à elle, sans lien apparent avec les événements de sa vie, parce que les seuls éléments en sont les livres, écrits ou manqués, et ce qui les a fait naître. De cette biographie d'écrivain, mes livres ne cherchent à rien dissimuler[1].

Il y a Louis Poirier, et il y a Julien Gracq. Professeur, le premier a connu une vie découpée par le rythme scolaire. C'est « une ligne de segmentarité dure, où tout semble comptable et prévu, le début et la fin d'un segment, le passage d'un segment à l'autre. Notre vie est ainsi faite[2]... » Il est une autre ligne, souple, constituée de « petites segmentations en actes, saisies à leur naissance comme dans un rayon de lune ou sur une échelle intensive ». Cette ligne imperceptible est faite de vibrations intermittentes qui traversent la personne. Une troisième ligne est liée au travail de l'écrivain. C'est sur cette ligne de fuite, « pure ligne abstraite », que Julien Gracq oublie sa personne (celle de Louis Poirier, plutôt) pour s'abandonner à un voyage immobile, et se fondre dans des paysages et des villes qui n'existent que par son écriture. Les trois lignes ne cessent de s'entrecroiser et d'agir les unes sur les autres. Si Louis Poirier mène « un train de vie presque toujours pour [lui] monotone », sa journée, son année « *virent* constamment avec les couleurs de l'heure et de la saison[3] »; de telles vibrations intensives constituent prioritairement le matériau de l'écrivain.

Louis Poirier et Julien Gracq présentent au monde plusieurs masques : celui du professeur « à la mécanique bien huilée », celui de l'homme gris, celui du dandy aux cravates *voyantes*, celui, enfin, de l'écrivain réservé sachant résister aux sollicitations des médias. Ceux qui l'ont approché mentionnent sa courtoisie, ses éclairs d'ironie, son regard perçant et d'une vivacité peu commune, son sourire : « Lorsqu'il sourit, son visage aux traits minces, aux cheveux coupés ras s'éclaire tout à coup d'une lumière plus tendre, presque enfantine[4]. » Le maître mot est celui de discrétion. Discrétion d'un homme qui attend qu'on en use de même à son égard.

Julien Gracq n'a laissé connaître de son existence que ce qu'il a jugé utile, et au moment où il l'a voulu. Chaque « chronologie » à laquelle il a accepté de collaborer apporte son contingent de nouveaux détails. Il s'agit d'informations strictement contrôlées, si bien que les pages consacrées à sa vie dans l'édition de la Pléiade constituent assurément la version autorisée et définitive de sa biographie. Elles comportent de très nombreuses précisions sur la généalogie de Louis Poirier. Derrière l'excès se décèle l'humour : le lecteur saura tout de ses ascendants, depuis cet homonyme de 1793 à qui l'on extorqua par la menace un bout de champ, sous un prétexte politique.

Cette famille est partagée entre « bleus » et « blancs », entre « amis de la cure » et esprits libres, sinon esprits forts. Louis Poirier ajoute un peu de rouge à cet ensemble en adhérant trois ans au Parti communiste, de la fin de l'année 1936 à la fin du mois d'août 1939. Par la suite, le rouge figure exclusivement sur la cravate qu'il porte vers 1950, selon le témoignage de Stanislas Rodanski : « Je revis Gracq à cette époque, fort occupé d'une partie d'échecs avec Hérold. J'admirai beaucoup sa cravate sang de bœuf. Tout cela correctement pour un orage[5]. » La couleur de sang rappelle au lecteur la rose emblématique d'Orsenna et la tache à l'emplacement du cœur qu'arborent Allan et Dolorès lors du bal masqué d'*Un beau ténébreux*. L'adhésion au Parti communiste est vraisemblablement plus qu'une intempérance vite réfrénée. Comme le dit Gracq dans sa préface au recueil de textes de Rodanski *La Victoire à l'ombre des ailes*, « le communisme était intensément présent à l'époque, d'une présence intellectuelle et plus encore peut-être passionnelle : les droits de la présence sont immenses, est-il écrit dans *Les Affinités électives*[6] ». Secrétaire du syndicat CGT de son lycée à Quimper, Louis Poirier suit seul le mot d'ordre de grève pour le 30 novembre 1938, ce qui lui vaut une suspension de traitement temporaire. *Il n'y reviendra plus*, sinon « en lisant *en écrivant* » :

> Je relis *Les Luttes de classes en France* et *Le 18 Brumaire de Louis Bonaparte* avec une admiration et même une allégresse sans mélange. Rien n'atteint à la hauteur de ton, à la netteté du trait – qui traverse de part en part sans même faire saigner – à la gaîté féroce et enjouée de Marx journaliste *(Lettrines)*.

Autrement, il brode dans *Préférences* (« Lautréamont toujours ») sur « le refus et la révolte [qui] sont dans l'homme aussi essentiels que la conscience », exaltant surtout ceux de l'adolescent, en souvenir de ses classes au lycée de Nantes : « Un dégoût natif et princier de l'ordre raisonnable est l'apanage de l'enfance éternellement anarchique. » Il considère que le passage des bancs du collège « à l'état de lanceurs de bombes » représente « une des *trajectoires* humaines les plus pures de ligne qu'il soit donné de rêver : celle d'une révolte absolument inconditionnelle »[7].

C'est au moment où il écrit son premier roman qu'il décide de couper les ponts avec toute forme d'engagement politique ou syndical, même s'il reconnaît qu'il est des circonstances qui rendent l'« indifférence difficile » : « Depuis, je n'ai jamais pu ni mêler quelque croyance que ce soit à la politique, ni même la considérer comme un exercice sérieux pour l'esprit. Je lis les journaux, je vote régulièrement, je tâche de me garer de mon mieux des méfaits engendrés parfois par la chose publique, mais mon attitude reste, fondamentalement, celle de Stendhal : "Souviens-toi de te méfier"[8]. » Louis Poirier adopte alors un pseudonyme pour opérer un autre partage : « J'ai choisi un pseudonyme, lorsque j'ai commencé à publier, parce que je voulais séparer nettement mon activité de professeur de mon activité d'écrivain. Ce pseudonyme n'avait dans mon esprit aucune signification. Je cherchais une sonorité qui me plaise, et je voulais, pour l'ensemble du nom et du prénom, un total de trois syllabes[9]. » Si Julien renvoie à Stendhal, et Gracq aux Gracques, le prénom tire du côté de la méfiance à l'égard de la politique, alors que le nom est comme la trace d'une préoccupation qui fut un temps celle de Louis Poirier — « le fantôme insignifiant d'une réforme agraire mort-née » est-il dit dans *En lisant « en écrivant »*.

Julien Gracq, fasciné par le théâtre et l'opéra, n'est l'auteur que d'une seule pièce, *Le Roi pêcheur*, mise en scène par Marcel Herrand et interprétée par Lucien Nat, Maria Casarès et Jean-Pierre Mocky dans des décors de Leonor Fini. L'accueil de la critique ne fut pas favorable. *Lettrines* explique ce qui en résulta : « ... une envie de volée de bois vert me resta dans les poignets. Quelques semaines après, je me saisis un beau jour de ma plume, et il

8

en coula tout d'un trait *La Littérature à l'estomac.*».
Ce mouvement d'humeur transformé en pamphlet
projette l'écrivain sur le devant de la scène pour
interpréter le rôle, neuf dans le répertoire, de
l'auteur qui refuse le prix Goncourt. Posture difficile en raison de sa théâtralité obligée, alors qu'il ne
s'agit que de rester fidèle à soi-même, mais posture
aux conséquences irréversibles. Jusqu'à cette date,
Julien Gracq et Louis Poirier vivaient tranquillement chacun de leur côté. Ensuite débute la « per-
formance d'acteur », le jeu des masques et de la
plume.

Le mot « masque » n'implique pas l'idée de faus-
seté. Gracq a obtenu la reconnaissance et la consé-
cration tout en esquivant la télévision et les
manœuvres subalternes du monde littéraire parisien. Il s'est signalé par sa fidélité à des positions
de principe, qu'il partageait d'ailleurs avec son éditeur. Ainsi José Corti ne voulait pas que les livres
publiés par ses soins fussent repris en édition de
poche. Quant à la Pléiade, il en avait eu l'idée sans
posséder les moyens de la réaliser. La préoccupation essentielle de Gracq a été de ne pas accepter la
situation faite à l'écrivain, « pris dans un réseau de
bruits, de discussions, de marchandages, de spéculations, de commérages, d'agiotage et de calom-
nies » *(La Littérature à l'estomac)* qui le tiennent à
flot, et de tabler sur une relation de l'écrivain à son
lecteur d'un type particulier, c'est-à-dire de se créer
son public. Il a d'abord bénéficié d'une audience
avant d'acquérir une situation.

Les préférences

Tout jeune, Louis Poirier a rêvé en feuilletant un
guide Michelin : « Encore aujourd'hui, si je rouvre
l'ouvrage [...] il m'arrive de me laisser entraîner
une heure ou deux, fasciné, à regarder, à comparer,
à superposer en imagination comme des calques les

feuilles roses des plans de villes, qui étaient alors les seules images un peu précises que je me faisais de la France. Mais je n'avais d'yeux alors que pour quelques-unes : si le plan ne comportait pas le tracé en pointillé qui figurait le réseau des tramways électriques, je tournais la page, définitivement inintéressé » *(La Forme d'une ville)*. Dans l'œuvre de Julien Gracq, tout plan, toute carte comporte sa ligne *rouge*: la ligne-frontière du *Rivage des Syrtes*, l'itinéraire de repli d'*Un balcon en forêt*, la « ligne de vie » d'un itinéraire tracé sur une carte routière « au travers des arborisations des chemins » dans *La Presqu'île*... Les cartes, et particulièrement les cartes anciennes, fascinent toujours Gracq.

Sur l'enfant s'exerce également la séduction des « vignettes », des illustrations dans les livres, surtout celles de l'édition Hetzel des œuvres de Jules Verne. La vignette prend un autre sens quand elle est la touche finale, souvent ironique, d'un développement de l'écrivain. Dans *Autour des sept collines*, l'évocation du centre de la Rome des papes suscite un *feuilleté* de souvenirs qui s'achève sur la résurrection des « boyaux ombreux, moitié souks et moitié coupe-gorge, de la Rome de la Renaissance, où les cavaliers mettaient pied à terre au coin d'une borne pour y faire graver un médaillon ou affiler une dague ». Il y a « le cas limite du *livre-vignette*, où l'imagination n'a choisi dans tout le cours d'une durée peuplée – et pour le développer parfois au-delà de toute mesure – qu'un seul *instantané* » *(Lettrines 2)*.

Exprimer une préférence, c'est faire fond sur ce qu'il y a de plus personnel dans le jugement, un penchant, une inclination individualisée. Il y a quelque chose d'injuste en même temps que d'injustifié dans la préférence qui fait choisir ceci au détriment de cela. Gracq revendique ce droit à l'injustice qui lui fait porter des appréciations parfois désinvoltes sur des valeurs consacrées. Il se laisse aller au gré de son humeur et des affinités électives. S'il

10

parle peu de sculpture, il exprime quand même une répugnance très vive à l'égard de Rodin, à qui il préfère Maillol et « ses grosses bonnes femmes à culbuter » *(Lettrines 2)*. Il consacre une très belle page aux vitraux de Chartres et s'étend plus longuement sur la peinture. Ami de peintres (Hans Bellmer, Jacques Hérold, André Masson, Victor Brauner...), il n'est devenu amateur de peinture que tardivement : « Je n'ai fait connaissance avec la peinture que parce que j'ai fréquenté, après 1950, un marchand de tableaux retiré. Il avait chez lui des tableaux de qualité, je les regardais avant de déjeuner – après. Cette imprégnation a fini par payer[10]. » Il parle souvent de « ce pli d'inculture » *(La Forme d'une ville)* qui est en lui, de son peu d'attirance pour les musées de peinture qui l'ont accompagné une grande partie de son existence. « Je ne regarde les tableaux dans les musées que faute de pouvoir en jouir n'importe où ailleurs. La réclusion, le parcage des œuvres d'art plastiques, (qui va de pair avec une valorisation marchande sans mesure) fait songer en cette fin du XXe siècle, plus d'une fois, au *grand enfermement* dont a parlé en une autre occasion Michel Foucault » *(Autour des sept collines)*. Le premier musée parcouru le fut à onze ans à Nantes, lors des sorties du dimanche[11], toujours à contrecœur. Julien Gracq lui doit pourtant « son premier peintre, La Tour ». Il est des musées plus amènes, en raison de « l'accueil encore tiède d'une maison autrefois familièrement habitée, qu'on ressent si vivement à Paris au petit et charmant musée Hébert, et même encore au musée Gustave-Moreau (quoique ici le contenu fasse tourner l'accueil moins innocemment, mais puissamment, à celui d'une maison hantée) » *(La Forme d'une ville)*. Ou encore le musée du Jeu de paume, « musée épanoui » en contraste avec le Louvre « bondé encore, malgré les épurations, de *grandes machines* comme un magasin de décors » *(Lettrines 2)*. Il y a aussi le Petit Palais pour les « biblio-

Eau-forte de Jacques Hérold
pour La Terre habitable, *Drosera, 1951.*

Frontispice d'André Masson
pour Liberté grande, *1947.*

thèques » de Vuillard ; à l'étranger, la Tate Gallery visitée à dix-neuf ans, et le Rijksmuseum, c'est-à-dire la découverte des préraphaélites, de Vermeer, de Rembrandt, des intimistes hollandais, etc.

Lorsqu'à la suite d'une exposition Gracq décrit trois ou quatre tableaux anglais qu'il aimerait voir suspendus à son mur, il choisit deux Bonington et un Millais *(Lettrines 2)*, uniquement des paysages. « Certains tableaux hollandais, où la silhouette des toits et des clochers d'une petite ville se découpe à l'horizon d'une prairie sans arbres, me séduisent par le sentiment de tranquillité placide qui s'en dégage » *(La Forme d'une ville)*.

Parmi les préférences picturales figure Chirico, dont l'œuvre ne renvoie pas à la lumière du soleil, « mais plutôt à celle du champignon atomique » *(Lettrines)*, et « qui a presque effacé pour moi d'avance et dès le début, ce que la peinture surréaliste devait donner par la suite de meilleur » *(En lisant « en écrivant »)*. Néanmoins, « une ville de Max Ernst, tragique et sacrificielle, tranchée comme une pyramide aztèque par un énorme coup de faux horizontal » *(Lettrines 2)*, n'est pas indigne des « villes hypnotisées » de l'Italien[12]. Gracq est fasciné par « le pathétique, incomparable pour [lui], de ce naufrage archaïsant » *(Lettrines 2)* que représentent les préraphaélites. Quant à Gustave Moreau, il répond à la question « Ouvrez-vous ? » posée par la revue *Médium*: « Oui, avec un maximum de courtoisie et de déférence. »

Julien Gracq avoue avoir pris et continuer à prendre de « vifs plaisirs » au cinéma. Mais, lorsqu'il mentionne des films, ce sont presque toujours des films anciens : *Le Cabinet du Dr Caligari, Forfaiture, La Passion de Jeanne d'Arc, La Rue sans joie, Nosferatu* qui est venu « borner et clore pour [lui] superbement [...], en même temps qu'il lui imposait sa tonalité et son timbre définitif, toute une province de l'imaginaire, qui partout arbore désormais ses couleurs[13] ». Plusieurs des œuvres de

Gracq ont fait l'objet d'adaptations à l'écran, sans résultat convaincant.

L'opéra et la littérature demeurent ce qui compte le plus pour l'écrivain. « L'opéra, avec son emprise totalitaire sur son public – le livret, le texte, les décors, l'action, la musique –, est sans doute resté pour moi l'image même, en art, de l'indépassable, en même temps que de l'ébranlement affectif maximum[14]. » Ses morceaux préférés sont les préludes de *L'Or du Rhin* et de *Lohengrin*, l'interlude de *Parsifal*, la mort d'Isolde dans *Tristan* et l'aria du chevrier au début du troisième acte de *Tosca*.

> Il y a eu pour moi Poe quand j'avais douze ans – Stendhal, quand j'en avais quinze – Wagner, quand j'en avais dix-huit – Breton, quand j'en avais vingt-deux. Mes seuls véritables intercesseurs et éveilleurs. Et auparavant, pinçant une à une toutes ces cordes du bec grêle de son épinette avant qu'elles ne résonnent sous le marteau du *pianoforte*, il y a eu Jules Verne (*Lettrines*).

D'autres noms pourraient être invoqués : Baudelaire, Chateaubriand, Jünger, Claudel... Et d'autres encore : « Combien il est difficile – et combien il serait intéressant – quand on étudie un écrivain, de déceler non pas les influences avouées, les *grands intercesseurs* dont il se réclame, ou qu'on réclamera plus tard pour lui, mais le tout-venant habituel de ses lectures de jeunesse, le tuf dont s'est nourrie au jour le jour, pêle-mêle et au petit bonheur, une adolescence littéraire affamée [...]. De telles lectures, profondément incorporées dans les automatismes commençants de la plume, sont peut-être un peu pour la manière d'écrire ce que sont les impressions d'enfance pour la couleur, pour l'orient de la sensibilité : non choisies, souvent banales, toujours reprises et magnifiées par la maîtrise acquise des ressources de la langue, comme les lointains incohérents de l'enfance par la chimie savante du souvenir » (*En lisant « en écrivant »*). Alain Jouffroy note que Gracq lecteur fait preuve d'une rare liberté d'esprit. Rien ni personne ne le rebute *a priori*. « Il s'avance dans tous les textes et chez tous les auteurs comme un vagabond fureteur dans les campagnes[15]. »

Modifications

Les goûts peuvent changer avec le temps. Dans le domaine musical, ceux de Gracq n'ont pas varié, Wagner étant « sans doute plus propre qu'un autre musicien à provoquer une fixation exclusive[16] ». Un écrivain comme Claudel est passé au premier plan. D'autres, jugés sévèrement naguère, sont mieux appréciés : Alain-Fournier et Proust, par exemple. C'est dans le domaine pictural que les goûts de Gracq ont le plus évolué, puisqu'il n'a apprécié la peinture que tard dans sa vie. Il a d'abord considéré dans cet art sa fonction « magique ». L'aimantation est alors pour lui le mode de relation privilégié. Parmi les mots qui reviennent sous sa plume figurent : champ de forces, polarisation, attraction, onde, courant magnétique, etc. – tout un vocabulaire où se croisent les influences d'Edgar Poe et d'André Breton. Aimanter, c'est communiquer la propriété de l'aimant, c'est « renverser la perspective », transformer celui qui regarde en aimant (en amateur passionné) : dans aimanter, il y a aimer tant. On tombe amoureux d'une image captivante. Le regard est le sens par lequel s'effectue l'opération magique (par l'ouïe, on est plutôt ensorcelé). Il y faut des lointains et, au point de fuite, une lumière. C'est ainsi que *La Lettre* de Vermeer, « d'un bout à l'autre de l'enfilade des salles » du musée d'Amsterdam, « aimantait le regard irrésistiblement » *(Lettrines 2)*, comme le portrait de Piero Aldobrandi aimante le regard d'Aldo dans *Le Rivage des Syrtes*. Dans sa réponse au questionnaire paru dans le livre *L'Art magique*, Gracq déclare :

16

Parmi les œuvres qui m'ont donné le plus vivement le sentiment de l'art magique moderne, je citerai − toute idée de valeur proprement esthétique laissée de côté − la *Dame au clavecin avec un cavalier écoutant* de Vermeer, *Mélancolie et Mystère d'une vie* de Chirico, et les collages de Max Ernst dans *La Femme 100 têtes*. [...] Les meilleures des œuvres magiques modernes visent sans doute seulement − c'est ce que j'appellerai la régression de l'art magique − à nous restituer, derrière le monde dont la civilisation mécaniste nous impose l'idée, l'image d'un autre où la magie *pourrait* − mais « pourrait » seulement − redevenir de nouveau opérante. Devant certains Dürer, certains Vermeer, certains Chirico, on a souvent le sentiment très vif d'un monde où les serrures magiques de nouveau sont prêtes à jouer. Mais il n'est plus question de nous tendre la clef qui les ouvrirait.

Plus récemment, Gracq constate : « En fin de compte, nulle peinture ne me retient qui ne se réclame pas d'un certain quiétisme » *(Lettrines 2)*, et déplore : « Tant de mains pour transformer ce monde, et si peu de regards pour le contempler ! » *(Lettrines)*. Ce qui explique l'aversion qu'il éprouve pour la peinture de Courbet, « où il y a du lutteur forain et du Samson chevelu » *(Lettrines 2)*. De même, les « dématérialisations ectoplasmiques » des grandes toiles de Turner ne le touchent pas : « Le convulsif en art, et tout ce qui en approche, me laisse perplexe » *(Lettrines 2)*. Si Vermeer appartient bien aux deux périodes (magique et quiétiste), Chirico et Ernst (ou Dürer), par exemple, relèvent plutôt de la première, Chardin et Vuillard (ou Marquet) plutôt de la seconde. Pour Gracq, désormais attentif au métier, « une bonne part des peintres du surréalisme se situent, du point de vue de la "peinture pure", dans la zone du clair-obscur, très loin du noyau lumineux central : un peintre comme Magritte se situe même à la limite du domaine strictement pictural » *(En lisant « en écrivant »)*. Fra Angelico et Vermeer se départagent sur l'usage qu'ils font des couleurs : « Bleus et ors de *Fra Angelico* : la radiance, l'effulgence des vêtements d'autel.

Bleus et jaunes de Vermeer : matité gorgée, imprégnation de part en part de la couleur par une matière terreuse, comme si la laïcisation de l'art avait impliqué aussi une déspiritualisation de sa matière : ces couleurs du Hollandais, ce sont les sucs de la terre, non plus les phosphorescences de la Visitation » *(En lisant « en écrivant »).*

Les vers de Baudelaire proposent « la matière la plus pulpeuse et la plus gorgée de toute la poésie française », c'est-à-dire la conquête d'un monde charnel et terrestre par l'intermédiaire des mots.

> Quand j'ai commencé à écrire, c'était l'ébranlement vibratile, le coup d'archet sur l'imagination que je leur demandais d'abord et surtout. Plus tard, beaucoup plus tard, j'ai préféré souvent la succulence de ces mots compacts, riches en dentales et en fricatives, que l'oreille happe un à un comme le chien les morceaux de viande crue : un peu, si l'on veut, – du mot-climat au mot-nourriture, le chemin qui peut mener la prose des contrées de *La Chute de la maison Usher* à celles de *Connaissance de l'Est (En lisant « en écrivant »).*

En passant du journal de Gérard, dans *Un beau ténébreux*, qui a besoin du support romanesque, aux ouvrages comme *Lettrines*, ou à un texte comme « Souvenir d'une ville inconnue », qui se suffisent à eux-mêmes comme « journaux de bord » Gracq va droit à ce qui l'intéresse : ses préférences, la face de la terre, la forme d'une ville...

Classements

Les œuvres de Julien Gracq sont traditionnellement réparties selon les genres suivants : des récits, pour ne pas dire des romans *(Au château d'Argol, Un beau ténébreux, Le Rivage des Syrtes, Un balcon en forêt, La Presqu'île)*; une pièce de théâtre *(Le Roi pêcheur)*; des poèmes *(Liberté grande, Prose pour l'Étrangère)*; des textes critiques *(André Breton, Préférences, En lisant « en écri-*

vant ») ; les fragments que constituent les deux volumes de *Lettrines* ; enfin, les « souvenirs », tels que *Les Eaux étroites, La Forme d'une ville, Autour des sept collines* et « Souvenir d'une ville inconnue ». Cette répartition par genres, eux-mêmes très vagues, est fort peu satisfaisante. L'ensemble de l'œuvre apparaît bien plutôt instable et mouvant.

On a également voulu distinguer deux « époques » gracquiennes : la première regrouperait les récits jusqu'à *La Presqu'île*, ainsi que la pièce de théâtre et les poèmes ; la seconde serait composée des deux *Lettrines*, de *En lisant « en écrivant »* et des « souvenirs ». Il est incontestable qu'une transformation s'est produite dans le temps, mais un examen attentif multiplie les bifurcations. Le prologue d'*Un beau ténébreux* représente un ton nouveau et l'on peut voir, avec l'auteur lui-même, dans *Un balcon en forêt,* une étape importante : « Un écrivain est surtout sensible à l'évolution de son écriture, qui l'éloigne de ses premiers livres : à partir du *Balcon en forêt,* il me semble que cette écriture se stabilise davantage. J'ai le vif sentiment, pour mes premiers livres, d'étapes d'immaturité personnelle que j'ai franchies l'une après l'autre. Ce n'est pas là un jugement : il y a des choses qu'il vaut mieux consommer un peu vertes, et d'autres un peu blettes[17]. » « Tableau de l'Ardenne » pourrait être le sous-titre d'*Un balcon en forêt. La Route* est la trace d'un récit que Gracq n'a pas achevé volontairement, perception possible par lui d'une transformation dans son devenir d'écrivain.

L'édition de la Pléiade regroupe d'un côté les écrits publiés en volume, de l'autre des « appendices » qui sont des textes parus dans des revues ou dans des ouvrages collectifs. Gracq a certainement donné son approbation à cette répartition, s'il ne l'a pas suggérée lui-même. Le mot « appendice » désigne un supplément placé à la fin d'un livre, et qui contient des notes, des documents complémentaires. Le verbe « appendre » signifie suspendre, en

La cathédrale de Laon,
et Le Minotaure, *de George Frederic Watts*
(Tate Gallery, Londres).

« *L'obtuse figure bovine si étrangement placée
dans la posture d'éveil du guetteur, évoque ici
comme aucune, le pressentiment
dans ce qu'il a d'animal, d'obscur...* »
(Lettrines).

particulier en parlant de choses que l'on offre, que l'on consacre, ou que l'on dédie (des ex-voto, des trophées, des étendards...). Les textes réunis sous la dénomination d'« appendices » ont tous été écrits pour quelqu'un, ou à la demande de quelqu'un : « Éclosion de la pierre » pour le volume *Rêves d'encre* de José Corti; « Un cauchemar » à la demande d'André Breton, comme l'adaptation de *Penthésilée* de Kleist à la demande de Jean-Louis Barrault; « Le Surréalisme et la littérature contemporaine » est un texte remanié à l'occasion d'une invitation de Suzanne Lilar à faire une conférence en Belgique; *Prose pour l'Étrangère* n'a été publié ni dans une revue ni dans un ouvrage collectif, c'est une plaquette hors commerce : un être bien réel a pu être présent à l'esprit de l'écrivain, mais ce dernier le désigne par un mot (« l'Étrangère ») qui a déjà servi dans la littérature française, renvoyant le lecteur à l'épaisseur des textes; par ailleurs, les réponses à l'enquête sur la diction poétique viennent à la suite de ces douze poèmes en prose comme pour en indiquer le mode de lecture : ils devraient être dits par « l'absente de toutes bouches de chair – la voix pure – disons celle qui sortirait de la bouche d'ombre, si elle consentait une fois matériellement à s'entrouvrir » – *En lisant « en écrivant »* précise qu'il s'agit de la voix « du seul souvenir », « abstraite et comme dépouillée de toute sujétion charnelle ». Une chaîne secrète semble unir ces textes.

Les « appendices » sont donc des offrandes, mais ils ne comportent pas de dédicace, pratique extrêmement rare de la part de Julien Gracq qui a dédié à Roger Veillé *Un beau ténébreux*, à Jules Monnerot le poème « Les Hautes Terres du Sertalejo », et à Suzanne Lilar *La Sieste en Flandre hollandaise*. Il est d'autres manières pour l'écrivain de rendre hommage, ou de manifester sa proximité, par exemple en écrivant des préfaces pour des ouvrages d'amis disparus (*La Victoire à l'ombre des ailes* de Stanislas Rodanski, ou *Rose au cœur violet,* de Nora

Mitrani), ou vivants (*Soixante Ans de théâtre belge* et *Le Journal de l'analogiste,* de Suzanne Lilar – « En relisant *Le Lis de mer* » n'est pas une préface, mais appartient au même ensemble). D'autres préfaces sont des marques de courtoisie, celles qui sont destinées à des livres comme *La Chapelle blanche, lever d'un mythe,* ou *Nosferatu.*

Parmi les « appendices », un texte surprend. Il s'intitule « Un cauchemar ». Sa première publication eut lieu dans *Le Surréalisme en 1947,* et il figure dans le volume de la Pléiade après « Éclosion de la pierre » et avant la conférence sur le surréalisme et la littérature contemporaine. Une autre chaîne semble se dessiner. Julien Gracq aujourd'hui doit avoir quelque peine à se reconnaître dans « Un cauchemar » qui décrit le Christ d'un calvaire descendant de « son perchoir » : « De temps en temps, en riant vers moi d'un rire de complicité atrocement veule par-dessus son épaule, il rajustait d'un coup de reins, avec une adresse fringante de singe, son petit torchon roulé. » « Un cauchemar » donne l'impression que Gracq s'acquitte de quelque chose qu'il n'a pas été, un surréaliste orthodoxe, onirique et « carnavalesque. »

Les devenirs inaboutis de Julien Gracq sont aussi importants que les « fantômes de livres successifs que l'imagination de l'auteur projetait à chaque moment en avant de sa plume » et qu'il met au défi les critiques de détecter : « Cherchez, messieurs les critiques, – cherchez mieux – ayez le souci mallarméen de suivre la trace de ces livres *vains, abolis, inanes,* qui ont poussé la navette pendant que se tissait le livre réel » *(Lettrines).* De ces devenirs inaboutis, comme de ces « fantômes de livres », il reste toujours quelque chose. Le géographe Louis Poirier écrivit deux articles publiés par Emmanuel de Martonne dans les *Annales de géographie* : « Bocage et plaine dans le sud de l'Anjou » et « Essai sur la morphologie de l'Anjou méridional ». On a parfois vu en Julien Gracq un

23

écrivain régionaliste, comme Annie Guezengar avec son anthologie *Paysages de Saint-Florent-le-Vieil et des Mauges*[18]. Il y eut l'éphémère auteur de théâtre, le poète pur et le pamphlétaire qui s'est principalement manifesté dans *La Littérature à l'estomac*. Des livres comme *Lettrines*, ou comme *Autour des sept collines*, comportent des traits d'une ironie caustique qui font de certaines pages de Gracq – il partage avec les surréalistes ce goût, et cette pratique, du jugement tranché et tranchant – le plus efficace des décapants.

Un ébranlement affectif

L'œuvre de Gracq a des admirateurs incondition-nels *qui se feraient tuer pour elle*. Elle suscite, ou a suscité, des phénomènes de rejet aussi excessifs. Elle fait appel à la connivence, offre l'exemple d'une solitude enchantée, et sa séduction se renforce de la lignée qu'elle revendique : Poe, Baudelaire, Nerval, Rimbaud, Breton... Rédigée dans une langue de rigueur et de volupté, cette œuvre propose égale-ment une vraie jouissance esthétique et elle suscite un « ébranlement affectif » qui traverse le temps. On y revient, comme à toutes les grandes œuvres, pour l'écriture, pour l'« incomparable mémoire affective » de Gracq et pour l'aptitude de l'écrivain à restituer le monde de *la vie immédiate*.

Des livres renvoient la rumeur toute-puissante de la mer, reconnaissable entre toutes, comme la musique de Wagner : « Il reste que trois mesures de lui sont encore ce qui s'élève parmi les sons de plus malaisément confondable – avec la rumeur de la mer, perçue dans l'extrême lointain » *(Lettrines)*. Julien Gracq a su en prolonger l'écho comme per-sonne, par exemple après la lecture de *Béatrixïx,* de Balzac : « En fermant les yeux, en fermant le livre battu comme un rocher de tant de fièvre, j'entends le *bruit merveilleux*, le bruit unique qu'il approche

24

de mon oreille comme un coquillage » *(Préférences)*. Coup de vent, saute de vent, claquement de voile, crête de la vague, lisière d'écume, vague rumeur de marée, autant de formules incantatoires chiffrées dans la phrase de *La Vie de Rancé* : « Tout a changé en Bretagne, hors les vagues qui changent toujours[19]. »

> L'acte de la lecture n'est pas osmose pure entre deux purs esprits – il est toujours, en même temps, investigation inquiète, reconnaissance poussée autour de la personne de *l'autre* – de celui qui parle – et toujours, dans une certaine mesure, il est disposition cérémonielle par rapport à ce *numen* invisible et pourtant manifesté » *(Préférences)*.

Ailleurs, Gracq écrit que « le comportement privé du lecteur » à l'égard de l'auteur est déterminé par « un tact *physionomique* aussi subtil que celui qui vous décide à aborder une femme dans la rue » *(Lettrines)*, et, « si une certaine résonance se rencontre, on dirait que se touchent deux fils électrisés » *(La Littérature à l'estomac)*. Cette érotique de la lecture est suggérée plus d'une fois. Elle suppose une énergétique des mots, la conquête d'un « ton » par l'écrivain. Dans la lecture, Roland Barthes l'a écrit, « tous les émois du corps sont là, mélangés, roulés : la fascination, la vacance, la douleur, la volupté ; la lecture produit un corps bouleversé » *(Essais critiques IV : le bruissement de la langue)*.

2
L'âge de craie

... une façon de vous faire passer du fil de la
Vierge à la toile d'araignée, c'est-à-dire à la
chose qui serait au monde la plus scintillante
et la plus gracieuse, n'était au coin, ou dans
les parages, l'araignée ; il s'agit de faits qui
peuvent être de l'ordre de la constatation
pure mais qui présentent chaque fois toutes
les apparences d'un signal, sans qu'on puisse
dire au juste de quel signal, qui font qu'en
pleine solitude je jouis encore d'invraisem-
blables complicités, qui me convainquent de
mon illusion, lorsqu'il m'est arrivé quelque
temps de me croire seul à la barre du navire.

ANDRÉ BRETON *(Nadja)*

Au centre du cyclone

Nora Mitrani, dans un texte de 1949, évoque « la
grande paix du centre du cyclone[20]. » Cette image
traverse tout *Un beau ténébreux* :

Ne parle-t-on pas, dans les romans à l'usage des cuisi-
nières, des cyclones, des orages, des tornades de la
passion ? Façon de parler pleine de sens. La tornade,
c'est ce qui transforme un fétu de paille, ou si l'on
veut un roseau pensant, en projectile. Et, au centre de
la trombe, la succion universelle de cette pointe, où
une immobilité médusante naît de l'excès même de la
vitesse.

Écrire, c'est fixer des vertiges : « Si j'aime bien
l'expression de Hugo "la pente de la rêverie", c'est

27

qu'elle met l'accent sur l'*accélération* qui me paraît être son élément essentiel, et qui s'achève sur l'impression que "la tête tourne", c'est-à-dire que le moment est venu de commencer à *fixer* » *(Préférences)*. Mais fixer, c'est aussi garder les yeux sur quelqu'un, et c'est rendre immobile. Pour Nora Mitrani, le centre du cyclone est le « foyer d'Amour Absolu ». A ce foyer, « il ne se passe Rien. L'Immobile » : « Rien ne se meut au cœur du cyclone et le centre absolu du moyeu ne tourne plus[21]. » Pour le lecteur, cette pointe d'immobilité peut être quand, saisi, médusé, il reste *sous le charme*. Pour le commentateur, ce serait plutôt le moment où il cède à la tentation de fixer, de figer l'œuvre avec une batterie d'images, de thèmes ou de structures. Cette entreprise court le risque principal de se transformer en « chronique d'un échouage », si elle oublie le mouvement, le tourbillon, l'accélération, la pente, la dérive... Le tourbillon, parce qu'il tournoie, comprend « que l'air s'est raréfié insensiblement et qu'il y a un vide qui appelle à lui n'importe quoi » *(Le Rivage des Syrtes)*.

Le récit gracquien s'organise autour d'un vide. La scène de l'intrusion dans la chambre désertée est l'un de ses leitmotive. Pour qui pénètre dans cette chambre, chaque objet semble se replier sur lui-même, entraînant l'« attitude, assez peu franche, du *malaise* ». Cette expression, employée par Gracq dans sa réponse à une enquête sur l'art magique, concerne directement la scène de la pièce vide : il s'agit du refus par l'écrivain d'acquérir des objets « magiques » : « Je crois qu'il en va d'eux comme des maisons hantées, où je suis sûr de ne pas voir apparaître de revenants, mais ne dormirais pour rien au monde[22]. » La plupart des occurrences du mot « malaise » dans un ouvrage comme *Un balcon en forêt* l'associent au « coup d'œil » : lorsque, au début du roman, Grange descend dans le fortin pour « une courte inspection », lorsqu'il regarde « un peu en dessous » Mona et qu'il pense

28

« à ces guêpes qui savent d'instinct la piqûre qui
peut paralyser », ou encore lorsqu'il observe « d'un
regard en dessous » « le *farniente* bon enfant du
chantier dérisoire, et, devant ce ciel énorme, ce
vaste horizon oppressant des forêts », ou, à l'inverse, lorsqu'il retourne aux Falizes, vers la fin du
roman, et qu'une demi-douzaine de poules blanches
l'inspectent, « une patte levée, collant sur lui de
profil leur œil rouge avec un sourd caquètement ».
Ailleurs, dans le même ouvrage, il est parlé du
« regard d'un œil entrouvert, où flotte vaguement
une signification intelligible ». Le malaise provient
de ce « vaguement », du silence de cloître et d'eau
croupie, de tout ce qui semble manifester une
sourde hostilité ou susciter « un doute obscur, animal », une tension mal localisée comme devant le
tableau représentant le roi Cophetua et la mendiante dans *Le Roi Cophetua*. Il a quelque chose à
voir avec une certaine idée du sacré. Le sentiment
du malaise, ou « proche du malaise », est aussi
consubstantiel à l'univers gracquien que son opposé, celui de légèreté et de « lâchez tout ».

L'œuvre gracquienne, qui a comme thème majeur
l'attente, est une illustration de plus du « miracle
de l'apparaître et du sens dans l'ouverture du
Rien » dans l'art (Henri Maldiney). Non pas que
l'œuvre vienne de rien (elle n'est pas « création »),
mais du Rien. « La littérature n'est au mieux que
recomposition, réassemblage, de sensations, de perceptions et de souvenirs[23]. » C'est la base sensuelle-
sensible de l'œuvre. « Les données "sensuelles"
impliquent une communication avec le monde en
deçà de sa constitution en objet. Cette communication, cet être avec le monde, est la dimension même
du "ressentir", au sens que développe Erwin Straus
dans *Vom Sinn der Sinne*. C'est pour marquer ce
rapport au monde, antéobjectif, que nous disons
"sensuel-sensible"[24] ». Le sentiment du « oui », c'est-
à-dire d'adhésion au monde, dont Gracq a toujours
parlé[25], évoque l'analyse par le philosophe de la

29

peinture hollandaise : « Les phénomènes y sont en suspens dans le Oui de leur évidence, comme un nuage entre ciel et terre, et l'être du monde s'y dévoile comme l'ouvert de leur *apparaître*[26]. »

L'instant de l'attente se tient dans la disponibilité d'une ouverture. L'attente comporte un pouvoir d'acceptation, un « mouvement de confiance énigmatique, de confiance *quand même*, aussi tenace et aussi longue que la vie, sur lequel elle débouche » *(Préférences)* : ascèse quasi mystique et acceptation de l'existence moyenne, de la réalité médiocre et quotidienne. Enea Balmas a bien décrit cette attitude : « Acceptation qui se veut riche de tous les refus, de toutes les tensions, de toute inquiétude plus obscure encore ; qui ne veut pas renoncer à sa précieuse complexité et qui est également incapable d'aborder aux plages désolées du désespoir comme aux rivages sereins du bonheur. Le fait d'avoir choisi la vie, le quotidien, l'humain, et d'en avoir épousé précisément les contradictions, toutes les ambiguïtés désordonnées... » *(Situazioni e Profili)*[27].

Un sens semble pouvoir venir de la nature. C'est elle qui fait signe. « Je me fais de l'homme l'idée d'un être constamment *replongé* : si vous voulez, l'aigrette terminale, la plus fine et la plus sensitive, des filets nerveux de la planète » *(Préférences)*. Plutôt que d'homme, il faut parler de « plante humaine », avec, autour d'elle, une « bulle » : « Cette bulle enchantée, cet espace au fond amical d'air et de lumière qui s'ouvre autour de lui et où tout de même, à travers mille maux, il vit et refleurit » *(Préférences)*. Ce qui justifie le fait d'écrire des livres. « Le sentiment que c'est plutôt une bonne chose que le monde ait des témoins, qui naturellement témoignent d'eux-mêmes en même temps que de lui, est sans doute une des raisons qui poussent à écrire. [...] Je ne suis pas du tout sûr que le monde serait incomplet s'il n'était pas *dit*, plus ou moins bien : c'est moi plutôt qui me sentirais tel, dans une certaine mesure : raison tout à fait suffisante pour écrire sans doute[28]. » Gracq réinterprète le mythe d'Antée : le contact avec le sol, c'est-à-dire avec le réel (ou la nature), est aussi contact avec le surréel qui est immanent, et non transcendant, au réel.

Il est des paysages lisibles comme des cartes : celui que l'écrivain contemple du balcon de sa chambre à Saint-Hippolyte en Alsace, ou celui que Grange détaille lors du trajet qui le conduit à son poste d'affectation : « Le paysage tout entier lisible, avec ses amples masses d'ombre et sa coulée de prairies nues, avait une clarté sèche et militaire, une beauté presque géodésique : ces pays de l'Est sont nés pour la guerre, pensa Grange. Il n'avait manœuvré que dans l'Ouest confus, où même les arbres n'étaient jamais tout à fait en boule, ni tout à fait en pinceau. » Dans *Un beau ténébreux*, Gérard note la disposition en amphithéâtre de la plage : « Accoudé à ma fenêtre, cet après-midi, je prenais pour la première fois conscience de ce qu'il y avait d'extraordinairement théâtral dans le décor de cette plage. » L'horizon, dans un tel espace, joue tantôt comme ouverture[29], tantôt comme *point de fuite,* dévorant le paysage par une sorte de renversement, l'« ivresse du parcours » étant reportée au bénéfice des lointains accourant vers qui a les yeux fixés sur eux.

C'est la même impression que chez les peintres naïfs de soleils couchants, où un éventail de rayons rouges à la fois dans le ciel et sur la mer (éventail que rien dans l'observation ne suggère) traduit l'obsession insolite d'une perspective matérialisée, promue à l'état de fantôme actif, de goule, absorbant, vidant un paysage de sa substance vers un *point de fuite* tentaculaire comme un champ magnétique, dont la force de succion deviendrait tout à coup celle de la pointe d'une trombe, de l'entonnoir d'un maelström *(Un beau ténébreux).*

La rencontre de Rimbaud et de Poe s'effectue autour de ce maelström. On pense à ce qu'écrit Michel Collot de l'horizon dans l'œuvre du premier :

« L'horizon n'offre plus l'image rassurante d'une origine à récupérer, mais celle d'un inconnu à conquérir au prix des pires dangers. Le spectacle offert par la plupart des poèmes de la Voyance est celui d'un paysage ayant perdu toute limite stable, happé par ses lointains, parcouru par un mouvement effréné, qui emporte tous les objets vers l'horizon dans une sorte de précipitation panique[30]. » La « force de succion » appartient aussi bien au point de fuite qu'à la pointe de la trombe.

> Rien que j'aime tant que ces longues pelouses rases derrière les dunes, d'où l'on tourne l'épaule à la mer – si solennelles, si figées, mais avec ce grand bruit de la mer tout proche, un arrière-plan illimité *(Un beau ténébreux)*.

« Illimité » développe « grand » et s'oppose à « tout proche » : l'illimité est le lointain absolu, l'absence de tout horizon. Le bruit de la mer est défini comme « arrière-plan », c'est-à-dire comme fond sonore. Fond qui est le sans-fond, le fond primordial. La formule d'Erwin Straus, « rendre visible l'invisible », lie la convocation de l'invisible à une transformation du rapport proche-lointain, qui met en cause la structure fondamentale de l'espace et du temps. Partout où il est question de se mouvoir, *« le lointain est la forme spatio-temporelle du sentir »*. Dans cette proposition, il faut comprendre l'expression "lointain" en y intégrant le sens de l'articulation polaire du proche et du lointain[31]. » Quand proche et lointain sont absolus, comme dans l'écoute du « grand bruit », ils s'identifient. Les expressions dont se sert Gracq pour évoquer le moment de la « germination » de l'œuvre, bien que différentes de celles de Cézanne, ne rendent pas moins compte d'une expérience similaire, « la première émergence du fond dans une étance inchoative[32] » :

> Je suis certain qu'un puissant courant imaginatif peut sourdre de la perception, vive, et – entendez-le bien, – entièrement blanche, vide, de telles heures, dont on

peut s'imbiber vraiment – heures vécues à même leur durée, sans s'accrocher à aucune bouée. Un grand courant imaginatif : un livre, par exemple *(Préférences)*.

Il faut, bien sûr, un organe « central » pour témoigner du monde. « Le château était apparu comme le réduit central où se jouerait cette dernière partie » *(Un beau ténébreux)*. Le « fort » intime... Gracq utilise cette expression de « réduit central » dans *Préférences* pour désigner le cœur des pyramides égyptiennes protégé par des maléfices. Ailleurs, il parle de « la dernière chambre du labyrinthe », par exemple dans *Autour des sept collines* à propos des places romaines. Les deux expressions se trouvent associées dans *La Forme d'une ville* pour évoquer le magnétisme urbain.

Écrire suppose qu'un moment au moins il n'y ait plus de « mystérieux *foyer* », plus d'horizon orienté. « Je rivais mes yeux à cette mer vide, où chaque vague, en glissant sans bruit comme une langue, semblait s'obstiner à creuser encore l'absence de toute trace, dans le geste toujours inachevé de l'effacement pur » *(Le Rivage des Syrtes)*. L'allusion à Mallarmé renvoie à la page blanche et à l'oubli représenté par l'horizon de mer, vaste et nu. La « guirlande » des syllabes que chaque fois Aldo, le personnage principal du *Rivage des Syrtes*, épelle dans le silence, celles des noms du Farghestan, constitue une sorte d'invocation au vide : faire qu'une voile naisse du vide de la mer, que du silence émergent des mots. On reconnaît là sans peine la description de l'activité de l'écrivain. Un fil invisible relie ces noms : « Je pensais aux guerres de Jugurtha, dans Salluste. Il fallait que ces noms fassent famille, entre eux[33]. » L'île de Vezzano est un « pont » idéal entre les Syrtes et le Farghestan, à l'image des ponts new-yorkais qui tendent leurs guirlandes. Le pouvoir des mots peut faire naître aussi des sylphides, filles des sables, du désert, du vide : « La plage entièrement déserte de l'heure du dîner, au moment où le crépuscule s'assombrit. Très grande, élancée, très bien faite, les cheveux dénoués, les bras nus, la taille serrée dans une de ces longues jupes de gitane aux bandes biaises qui sont à la mode cette année et qui traînent fastueusement sur le sable, une femme toute seule, faisant jouer avec ostentation ses hanches l'une après l'autre et renversant parfois le visage d'un mouvement voluptueux du cou, s'avance vers la mer à pas très lents, avec la démarche théâtralissime d'une cantatrice qui marche vers la rampe pour l'*aria* du troisième acte. Il y avait dans ce *jeu du seul* mimé devant l'étendue vide une impudeur tellement déployée qu'elle en devenait envoûtante ; aucun miroir au monde, on le sentait, aucun amant n'eût pu suffire à une telle gloutonnerie narcissique : elle marchait pour la mer » *(Lettrines 2)*.

Les classes dangereuses

> Mais, comme les adolescents vont dans les musées bien tenus pour rêver de préférence sur la solution d'un humble problème technique – moi je me suis souvent surpris à contempler une statue de Jeanne d'Arc, ou la photographie d'une pêcheuse de crevettes –, captivé toujours au-delà de toute mesure par l'image absorbante d'une femme prolongée par un étendard *(Liberté grande)*.

D'une fenêtre un peu élevée, ou d'un balcon, on peut observer quelqu'un sans être vu de lui : par exemple, deux jeunes filles « redressées dans des poses gracieuses » et comparant, « devant une armoire à glace, les *fruits mûrs de leur nubilité* » *(Lettrines 2)*. Le personnage de *La Presqu'île* surprend un semblable spectacle : « Une fille jolie et jeune – cambrée dans son bikini devant la glace de l'armoire *Lévitan* – chantonne en soulevant ses cheveux sur sa nuque de ses deux bras relevés. » La vignette ici joue la même fonction que la référence à Baudelaire dans la citation précédente : les « miroirs » dans lesquels les filles contemplent « les fruits mûrs de leur nubilité » deviennent une armoire à glace, et cette armoire se voit affublée d'une marque qui achève l'entreprise de ravalement prosaïque.

Ces figures à la Bonnard sont la menue monnaie dont les hasards du moment et la disposition des lieux gratifient le désir. Elles témoignent aussi d'une attitude fréquente chez Gracq, celle du regard en coin, ou du regard dans les coins. « Dans les paysages vrais tout autant que dans les tableaux continuent à m'intriguer ces flâneurs de la méridienne ou du crépuscule, qui dans un angle crachent, lancent un caillou, sautent à cloche-pied ou dénichent un nid de merle, et rembrunissent parfois tout un coin du paysage d'une gesticulation aussi ininterprétable que possible » *(Un beau ténébreux)*. La pêcheuse de crevettes avec un haveneau dressé ressemble aux statues de la Pucelle tenant un étendard. Jeanne d'Arc, elle, est la vierge guerrière. Deux figures semblables et cependant inverses sont ainsi juxtaposées. Ce mode d'association doit être étendu à la plupart des tropismes gracquiens. Pour l'écrivain, il n'est de trouble sensuel que suscité par une sorte d'excès théâtral. Cette liaison du théâtre et de la sexualité trouve son origine dans la configuration de la ville de Nantes : « L'association intime, inscrite sur le terrain même, de l'exaltation violente que me donnait l'opéra, et de la fascination-répulsion émanée du monde, pour la première fois soupçonné, de l'érotisme le plus cru, faisait pour un adolescent de ce quartier Graslin le vrai point d'ignition de la ville, une zone à haute tension, électrisée par ses pôles contradictoires, qui frappait par contraste de léthargie, et même d'une quasi-mort, presque tous les quartiers périphériques » *(La Forme d'une ville)*. Les pages de *Lettrines* consacrées à Marguerite Jamois renouvellent la relation du théâtre et de la prostitution. La vraie expression du désir passe par un corps qui s'exhibe sur une scène, ou son équivalent, et jouit de lui-

Pêcheuses de crevettes.

*Statue de Jeanne d'Arc,
place des Pyramides, à Paris.*

même avec un excès ostentatoire, sans nul besoin d'un reflet de quelque ordre qu'il soit.

La Forme d'une ville rappelle ce que fut pour le jeune Louis Poirier « le premier appel sexuel vraiment trouble ». A l'occasion du « carnaval des brumes », déjà évoqué dans *Lettrines 2*, des ouvrières occupent la rue, *déjupées,* le visage recouvert d'un loup noir.

> Ces torses mamelus et épais, plantés sur des jambes amincies par la soie noire, et dont les genoux rentrants, la courbe légèrement cagneuse, me surprenaient et m'intriguaient (j'avais onze ans), ces silhouettes insolentes, puissamment vulgaires, de débardeuses du plaisir, qui pour un jour envahissaient les rues, et se substituaient presque entièrement au peuple gris et noir des femmes encore long-vêtues des premières années vingt, sont restées pour moi le premier appel sexuel vraiment troublant, un appel auquel je ne savais donner encore aucun nom. Il m'en est resté quelque marque : une certaine vulgarité hardie dans la provocation chez la femme, un rien de canaillerie dans l'expression du désir, ne m'ont jamais, depuis, laissé tout à fait insensible.

Ce passage figure à la suite d'un long développement sur la manière dont s'exprimait dans ces années la séparation des classes dans la ville de Nantes. Deux fois par an, les *classes dangereuses* apparaissaient au grand jour sous l'espèce de femmes travesties pour une incitation au désir, suscitant chez le jeune garçon d'origine bourgeoise un réflexe d'attraction-répulsion. On pense à cette réflexion de Georges Bataille : « Les ouvriers communistes sont pour les bourgeois aussi laids et aussi sales que les parties sexuelles et velues ou parties basses. » Au regard de la bourgeoisie, les ouvriers possèdent la puissance sexuelle, qui est aussi la séduction brutale d'un sexe sur l'autre, et dans le même temps ils sont « sales », comme fantasmatiquement rattachés à cette région du corps proche de l'excrémentiel. Dans le texte gracquien, le sale jouxte la prostitution : « Et, puisque j'ai cité

38

Lautréamont, c'est bien la lueur sulfureuse, à-demi surnaturelle, qui baigne la prostitution d'un bout à l'autre des *Chants*, qui continue de l'éclairer pour moi : l'élément sacré – au sens premier du latin *sacer* : voué aux dieux infernaux – si familier déjà à Baudelaire comme à Mallarmé, résorbant en lui tous les autres aspects, et transformant même les plus vulgaires dans son rayonnement noir. Vis-à-vis d'elle, je suis toujours demeuré sur ce même seuil où je restais cloué sur le quai de la Fosse : effrayé, sordidement ébloui, obscurément fasciné. » Ces lignes de *La Forme d'une ville* sont une assez bonne illustration des thèses défendues par Michel Foucault dans le premier tome de son *Histoire de la sexualité* : « Le sexe n'est pas cette partie du corps que la bourgeoisie a dû disqualifier ou annuler pour mettre au travail ceux qu'elle dominait. Il est cet élément d'elle-même qui l'a, plus que tout autre, inquiétée, préoccupée, qui a sollicité et obtenu ses soins et qu'elle a cultivé avec un mélange de frayeur et de curiosité, de délectation et de fièvre. »

La biographie pas plus que l'idéologie n'expliquent le texte, mais de leur rencontre à sa surface peut naître une jouissance. Roland Barthes, parlant de la responsabilité sociale du texte dans la préface à *Sade Fourier Loyola*, écrit : « Certains croient pouvoir en toute assurance situer le lieu de cette responsabilité : ce serait l'auteur, l'insertion de cet auteur dans son temps, son histoire, sa classe. Cependant un autre lieu reste énigmatique, échappe pour l'heure à tout éclaircissement : le lieu de la lecture. [...] L'intervention sociale d'un texte [...] se mesure plutôt à la violence qui lui permet d'*excéder* les lois qu'une société, une idéologie, une philosophie se donnent pour s'accorder à elles-mêmes dans un beau mouvement d'intelligible historique. Cet excès a nom : écriture. » Écriture, c'est-à-dire, dans le cas présent, une langue nouvelle, artificielle, qui, à l'encontre de celles d'autres écrivains (d'« avant-garde »), est restée prise dans la structure de la représentation et du style : mais, s'il n'y a aujourd'hui aucun lieu de langage extérieur à l'idéologie bourgeoise, « la seule riposte possible n'est ni l'affrontement ni la destruction, mais seulement le vol : fragmenter le texte ancien de la culture, de la science, de la littérature, et en disséminer les traits selon des formules méconnaissables, de la même façon que l'on maquille une marchandise volée ». Or Julien Gracq n'a cessé d'exercer cette activité. Il a pris son bien dans une tradition, il l'a disséminé et il l'a déguisé. Le lecteur, au passage, salue le « retour amical de l'auteur » qui est partie constitutive du plaisir du texte et qui s'effectue dans des « biographèmes » : « Car s'il faut que par une dialectique retorse il y ait dans le texte, destructeur de tout sujet, un sujet à aimer, ce sujet est dispersé, un peu comme les cendres que l'on jette au vent après la mort (au thème de l'*urne* et de la *stèle*, objets forts, fermés, instituteurs du destin, s'opposeraient les *éclats* du souvenir, l'érosion qui ne laisse de la vie passée que quelques plis) » *(Sade Fourier Loyola)*. Ces « biographèmes » voyagent « hors de tout destin » et viennent « toucher, à la façon des atomes épicuriens, quelque corps futur, promis à la même dispersion ».

La reine disséminée

Dans *Le Rivage des Syrtes*, tout commence avec la rencontre de Vanessa dans les jardins Selvaggi : l'« histoire » proprement dite et le récit lui-même, qui, par ce retour en arrière, semble remonter à sa source. Gracq a su rendre la valeur de rupture de cette scène en la plaçant sous forme de souvenir à l'intérieur de la vie banale et sommeillante des Syrtes. Elle irradie une lumière propre, insistante et introduit une temporalité nouvelle. Servant de transition entre le matin et la nuit, elle semble occuper une journée entière, ce qui produit un effet à la fois de contraction et de dilatation. Alors que la journée est comme télescopée, la scène prend des proportions inaccoutumées. L'événement qu'elle raconte est exceptionnel, unique, et pourtant il semble être un souvenir qui n'en finirait pas de revenir, de même que, dans le passé, ce qui a eu lieu n'aurait cessé de se répéter. Aldo a pris l'habitude de se retirer, solitaire, vers l'heure de midi, dans les jardins à demi abandonnés qui dominent la ville d'Orsenna. Un jour, il découvre à l'emplacement où il a l'habitude de se rendre une jeune fille. Immobilisé brutalement par la surprise, il se perd dans la contemplation de Vanessa. Le sentiment grandit en lui « que *la reine du jardin* venait de prendre possession de son domaine solitaire ». Il se trouve au centre de la trombe, médusé. « L'indécision m'immobilisa, le pied suspendu, retenant mon souffle »[34].

Les deux jeunes gens par la suite se rencontrent souvent dans ce lieu, restant sans rien dire, se contentant de regarder. Le charme qui émane de cette rêverie à deux est si prenant que, le soir, Aldo retourne seul dans le jardin : « Dans une immobilité tendue, je fixais jusqu'aux dernières lueurs les silhouettes des arbres sombres qui se découpaient sur la bande lumineuse de l'horizon. Là s'était fixé le dernier regard de Vanessa ; j'attendais de voir paraître ce qu'il m'avait mystérieusement désigné. » Les personnages ne se regardent pas, mais leur « horizon » est le même. Michel Collot note que la plupart des poètes contemporains découvrent la transcendance « au cœur même du réel, dans ces moments où les "choses" les plus "insignifiantes" s'emplissent de "la présence de l'infini" (Hugo von Hoffmannsthal, *Lettre de lord Chandos*). Ils ne cherchent plus l'Être derrière les apparences, mais dans une interrogation passionnée du phénomène. Ce qu'ils « demandent à l'horizon », ce n'est plus l'accès à un autre monde, mais la révélation que notre monde est toujours autre qu'on ne le croit.

41

Illustration de L. Benett pour
Le Château des Carpathes, *de Jules Verne (Éd. Hetzel).*
« *J'avais rencontré en rêve une femme fort belle* »
(Liberté grande).

L'horizon recèle en effet une réserve inépuisable de perspectives nouvelles sur le monde ; il inscrit l'infini dans le fini, l'invisible dans le visible. Donnant à voir un paysage tout en traçant une limite à nos regards, il résume le paradoxe de toute manifestation, qui voile et dévoile tout à la fois ; il ne renferme d'autre mystère que celui de notre être-là, d'autre éclaircie que celle, toujours précaire et réservée, d'un « il y a » : « L'horizon s'allume, c'est tout ce qu'il y a. C'est tout ce qu'il y a. C'est tout ce qui reste, c'est tout ce que... ce qu'on a retrouvé » (Stanislas Rodanski, *Horizon perdu*). « Aussi peut-il représenter, pour les poètes qui se tiennent dans "la proximité du Sans-accès", une image moderne de l'Être, inséparable de l'étant, mais pourtant radicalement différent, et différé : toujours désiré, jamais atteint[35] ».

La rencontre d'une femme dans un jardin apparaît fréquemment dans les œuvres de Julien Gracq, parfois moins développée, souvent au détour d'une phrase, à l'occasion d'une comparaison, mais suffisamment identifiable. La répétition, le surgissement hasardeux de cette scène obsessionnelle, monomaniaque en font l'équivalent pour Gracq des figures de femmes devant une cheminée pour Henry Füssli. La rencontre d'une femme vêtue de blanc s'impose bien comme l'horizon de ces textes. Le poème « Gomorrhe » propose cette comparaison : « Le clocher de Jaur flanquait le chemin à quelques jets de pierre, dans la nuit marquée d'un signe tendre, comme une robe blanche dans l'ombre d'un jardin », qui réapparaît dans *Le Rivage des Syrtes*, lorsque Vanessa vient trouver Aldo dans la chambre des cartes : « Dans le fouillis poussiéreux de la pièce, la carnation égale et très pâle de ses bras et de sa gorge suggérait à l'œil une matière extraordinairement précieuse, radiante, comme la robe blanche d'une femme dans la nuit d'un jardin. » Peu de pages après, on peut lire : « La tache blanche de sa robe s'éteignit. » Lapsus révélateur :

la peau du personnage est blanche et non sa robe. A l'horizon du jardin d'enfance dans un souvenir de Gérard *(Un beau ténébreux)* repose, couchée sous les nuages, une lueur douce et immobile sur les champs pelucheux de juin[36]. L'horizon apparaît de deux manières, comme couleur et comme ligne, comme forme. Selon Paul Claudel, dans *Connaissance de l'Est*, le sens des choses est donné par la forme, et leur gloire par la couleur. « Éveil d'une jeune beauté couchée sur le gazon près d'une ville, dans l'étincellement de l'eau et la paresse de dix heures, sous la lumière bleuâtre » (« Villes hanséatiques »).

Un passage d'*Un balcon en forêt* dit quelle sensualité peut être enclose dans la couleur blanche :

> Ce qui lui plaisait aussi dans ce pays, c'était la pierre, cette craie tuffeau blanche et poreuse [...] C'était comme un matériau féminin, pulpeux, au derme profond et sensible, tout duveté des subtiles impressions de l'air. Quand il revenait de Chinon, s'attardant au long de la Vienne du côté bâti, mis de belle humeur par ses petits déjeuners capiteux de vin et de rillettes, il regardait les secrètes maisons de campagne à l'aise derrière leur grille fermée et leur parterre vieillot piqué de quenouilles défleuries des passeroses – maisons mariées plus que d'autres à l'heure qu'il est, épanouies calmement dans la douce lumière mousseuse, pareilles à une femme au jardin.

Monet n'est pas loin avec ses *Femmes au jardin*. Dans « Spectre du *Poisson soluble*», examinant l'œuvre de Breton, Gracq remarque dans celle-ci « l'existence d'un toucher tiède et duveteux » qui « choisit de préférence, parmi les minéraux, la craie, qui est la roche faite duvet (''Ma femme à la nuque de craie mouillée'', dira Breton dans *L'Union libre*), et son complément l'ardoise… » – l'ardoise, autre matériau du Val de Loire, mais de couleur sombre. Les murs blancs de craie, ou passés au lait de chaux, sont livrés à la caresse des « subtiles impressions de l'air[37] ».

Espace restreint, le jardin ouvre sur l'illimité.

Des jardins d'*Un beau ténébreux* on entend la rumeur de la mer, « émouvante comme une rumeur d'émeutes au fond d'un jardin endormi de banlieue », grondement continu, basse fondamentale. « Et le jardin était plus tranquille qu'un jardin de couvent d'où nous regardions la mer monter sur les grèves. » Le motif du jardin traverse certaines œuvres de part en part. Dans *La Forme d'une ville*, Gracq parle de son « accoutumance invétérée à [se] promener dans une ville comme on se promène dans un jardin », si bien que ce livre propose, à côté de jardins réels (le jardin des Plantes de Nantes, le jardin marin d'Avranches, le jardin de Coutances, « reclus, lui, et palissadé de toutes parts comme un jardin mystique : *hortus conclusus* »), d'autres qui sont des éléments de comparaison : des rues « plongées dans le sommeil végétal propre aux chemins qui vont se perdre dans les jardins »; « je marchais dans la ville comme on marche dans les allées mouillées d'un jardin »; la promenade sur une rivière procure un « sentiment d'intimité, proche de celui que donne une allée de jardin », etc. La comparaison de la ville avec un jardin se double de celle de la ville avec une femme : « L'absence de beautés architecturales à saluer m'a rendu la ville tout de suite presque sensuellement plus proche : les endroits que l'on préfère dans un corps qui vous est amical sont sans lien avec les canons de l'esthétique », l'été, « tous les pouvoirs secrets, presque érotiques, de la ville se libèrent » et « la chaleur sensuelle d'un lit défait se répand et coule pour moi à travers les rues », etc. Il n'y a plus de femme dans un jardin, mais une ville, ou une presqu'île, qui est à la fois femme et jardin. Les qualités s'échangent. La femme qui se dévêt « égrène autour d'elle » une « pluie scintillante et tendre ». Les vêtements de Mona sont « arrachés d'elle par un vent violent, plaqués partout contre les meubles comme une lessive qui s'envole sur un roncier ». « Fontaine de Vaucluse : depuis le fond de l'eau lustrale où bougent les chevelures d'ondines vertes, jusqu'aux lèvres supérieures de la conque ombreuse, en deux cents mètres tous les arpèges de la fraîcheur » (*Lettrines 2*).

Cou coupé

Gérard accompagne Christel au casino et remarque « qu'autour de son cou s'enroulait une écharpe fanée, pâlie, singulière, une somptueuse étoffe lourde, noble, comme taillée dans la soie d'un très ancien drapeau ». Heide abandonne au vent « les plis de sa longue cape blanche avec une merveilleuse majesté ». C'est bien de majesté dont il faut parler, et l'on pense à la reine dans le jardin telle que l'a décrite Ronsard dans *A Marie Stuart* :

> Un crespe long, subtil et delié,
> Ply contreply retors et replié,
> Habit de deuil, vous sert de couverture
> Depuis le chef jusques à la ceinture,
> Qui s'enfle ainsi qu'un voile quand le vent
> Souffle la barque, et la single en avant
> De tel habit vous estiez accoustrée
> [...]
> Lors que pensive, et baignant vostre sein
> Du beau crystal de vos larmes roulées,
> Triste marchiez par les longues allées
> Du grand jardin de ce royal Chasteau
> [...]
> Tous les chemins blanchissaient sous vos toiles,
> Ainsi qu'on voit blanchir les rondes voiles,
> Et se courber bouffantes sur la mer [...]

Vanessa « portait une robe noire à longs plis, d'une simplicité austère : avec ses longs cheveux défaits, son cou et ses épaules qui jaillissaient très blancs de la robe, elle était belle à la fois de la beauté fugace d'une actrice et de la beauté souveraine de la catastrophe ; elle ressemblait à une reine au pied de l'échafaud ». Simon aime soulever « les cheveux lourds pour découvrir la nacrure de la fraîche lisière rasée, promener sur le chaume dru qui gardait encore le luisant de l'acier un doigt qu'aiguisaient brusquement, en faisant passer en lui une petite vague sensuelle, les deux mots de *coupe au rasoir* ; il ne pouvait se retenir de mordiller cette peau, plus nue d'avoir été sous la lame, avec une faim très trouble ; Anne Boleyn et Marie Stuart, la chair blanche des belles aristocrates de la guillotine, s'éveillaient vaguement sous ce doigt envoûté » *(La Presqu'île)* [38].

Le coupé, le fauché, le *décollé* appartiennent, comme l'a montré Jean-Pierre Richard[39], à l'espace du corps voluptueux chez Gracq – ils sont la face inversée de l'éclosion heureuse de la plante humaine. « Elle était la floraison germée à la fin de cette pourriture et de cette fermentation stagnante – la bulle qui se rassemblait, qui se décollait, qui cherchait l'air dans un bâillement mortel, qui rendait son âme exaspérée et close dans un de ces éclatements gluants qui font à la surface des marécages comme un crépitement vénéneux de baiser ». La fleur, dans ces textes, joue de toutes ses connotations. Le portrait de Piero Aldobrandi est attribué à un peintre imaginaire, Longhone, dont le nom-valise a vraisemblablement été composé avec ceux de Pietro Longhi et de Giorgione (ou de Paris Bordone). Ce portrait, par certains détails, évoque des œuvres du Titien ou du Tintoret montrant des hommes en armure, avec les mêmes « cruelles et élégantes articulations d'insecte ». La fleur que ses doigts écrasent rappelle une « figure » bien connue de la peinture maniériste qui montre une femme pinçant légèrement avec deux de ses doigts un bijou ou la pointe du sein d'une autre femme. Dans une toile de Paris Bordone, un joueur d'échecs saisit d'un geste identique le col du pion que sa main soulève. Le geste, « d'une grâce perverse et à demi amoureuse », de ces mains gourmandes comporte une violence qui tient au spectacle de l'arrière-plan : la ville éventrée.

L'Étrangère

« La femme tressaille plus vite que l'homme à ce qu'il passe d'emportant dans certains souffles qui se lèvent sur la terre, mais la ténèbre chaude de son corps lui pèse... » *(La Presqu'île).* Les noms, les adjectifs, les comparaisons reviennent inlassablement : lourde crinière chaude, chaude épaisseur, dénouée comme une pluie, lourde comme une nuit défaite, etc. Gracq insiste sur l'étrangeté de ce corps fermé sur lui-même : « Vanessa sous ma main reposait près de moi comme l'accroissement d'une nuit plus lourde et plus close : fermée, plombée, aveugle sous mes paumes, elle était cette nuit où je n'entrais pas, un ensevelissement vivace, une ténèbre ardente et plus lointaine, et tout étoilée de sa chevelure, une grande rose noire dénouée et offerte, et pourtant durement serrée sur son cœur lourd. » La chevelure vivante, l'enterrement prématuré (mais la femme est le tombeau lui-même, plombé) : l'influence de Poe est sensible.

L'Étrangère est, aux yeux de l'écrivain, la femme par excellence. Vanessa est ainsi qualifiée par deux fois. Étrangère, elle l'est à l'égard d'Orsenna qu'elle abhorre, et à cause de la longue tradition d'exil dans sa famille ; elle l'est aussi relativement à Aldo : « Je restais tapi, le cœur battant, devant cette étrangère soudain livrée à la grâce trouble de son animalité pure. » Le narrateur du *Roi Cophetua* se demande quelle étrangère lui a ouvert la porte du jardin.

Ce récit comporte une comparaison intrigante : « La flamme d'une bougie est pour le regard désœuvré ce qu'est pour l'oreille qu'elle ensorcelle une mélopée arabe, avec ses longues tenues de notes hautes, la débâcle de ses soudains gargouillis flûtés, et de nouveau ce rétablissement uni et monocorde, où on dirait qu'on peut s'accouder. » Une autre comparaison, dans *Un beau ténébreux*, rapproche cette même flamme du ventre féminin et de sa ténèbre chaude : « Cette douce mort tremblée de la flamme si pure à son extrême pointe, ce pas de vis vertigineux enfoncé dans le noir, – avec quelle intensité avide, des heures durant, je l'ai contemplée. Flamme au cœur noir, où comme au ventre d'une femme se réfugie l'extrême chaleur, fer de lance et feuille de tremble, petite lumière intarissable – tellement immobile, tellement dormante qu'on l'imagine montant droite au cœur d'un puits de ténèbres d'une profondeur infinie – comme le reflet adouci, tremblé d'une langue de feu dans une eau mystique[40] ».

Dès lors, quelques-unes des raisons de l'éclairage à la bougie dans *Le Roi Cophetua* apparaissent. Il instaure un chant continu, tremblé (« étroit et prenant »), qui renvoie dans l'imaginaire gracquien au sujet même de ce texte défini comme « chant d'entrailles » (le chant qui monte du cœur des chaudes ténèbres). Sur cette ligne mélodique – une longue tenue de note haute, avec quelques gargouillis flûtés : les sorties de la Fougeraie ? –, Gracq fait revenir des mots, des gestes, des descriptions comme une pulsation. C'est le principe même de *Bajazet* comme il l'a décrit vingt ans auparavant : « Son chant étroit et prenant, son chant d'entrailles, monte sur une vapeur de sang » ; « Une tension ramassée, une urgence qui y font ressembler les heures et les minutes au sang qui s'échappe par pulsations d'une veine ouverte » *(Préférences)*. La technique du leitmotiv vient de Wagner ; elle consiste en « la reprise monotone, fiévreuse, intolérable, juste au défaut de l'âme, d'une passe acharnée » *(Lettrines)*, description que Jean-Pierre Richard commente ainsi : « N'est-ce pas une tonalité de désir un peu semblable que propagent autour d'elles, et dans le même *défaut* (à son sens double : ligne névralgique d'une fêlure, appel jouitif d'un manque), les répétitions de Gracq ? Un désir obstiné, aveugle, régi par les obsessions, toujours, on le sait, itératives, de ce qu'il faudrait nommer peut-être [...] instinct de mort. Mais désir "spasmodique" aussi, où la monotonie est une *passe* (au triple sens du mot : magique, obscène, géographique), où la répétition se vit comme un accès et un retour, ou comme un "battement", une "pulsation" du même. Or on sait la place que de telles métaphores, d'ordre organique, occupent dans le paysage global de ce roman *(Le Rivage des Syrtes)* : elles y manifestent (houles, vagues, marées, vents – mais cœur aussi, poumons, voix dans la gorge, sang dans les artères) l'acharnement à vivre, et à se dire, d'un être situé au-delà de l'apparence immédiate, dans le lointain d'un autre espace et d'une autre vérité. Dans le geste du battement itératif la figure thématique et l'exigence pulsionnelle coïncident donc ici avec une modalité d'écriture[41]. »

Le texte d'*Un beau ténébreux* parle d'un « pas de vis vertigineux enfoncé dans le noir » : vertigineux à cause de la profondeur infinie de ce noir ; l'extrémité de la flamme fait pressentir cet infini, cet illimité, cet au-delà de tout horizon. Un autre passage du même ouvrage, donné comme un souvenir de la classe de rhétorique, oppose l'idée que se fait Dante de l'Enfer de l'interprétation qu'en donne Hugo : « Tandis que Dante imaginait les *cercles* de son enfer descendant en rétrécissant sans cesse leurs spires, comme la cuvette du fourmilion, vers le puits final où "Satan pleure avec ses six yeux" – Hugo, par une singulière inversion de cette image, faisait cheminer vers le bas ses spirales en s'*élargissant* sans cesse dans la profondeur, jusqu'à lâcher l'imagination dans un maelström, un vertige, une dissolution brumeuse et géante dans le noir. » L'enfer de Dante, ainsi décrit, ressemble assez à un cyclone. Il faut donc envisager la figure inversée de ce cyclone : doublement, parce que la flamme de la bougie *monte*. Si Aldo, dans les jardins Selvaggi, se trouve au centre immobile de la tornade, l'écrivain Julien Gracq cherche à faire de son écriture « un pas de vis vertigineux », l'antenne sensible, la tête chercheuse qui donnera des nouvelles de ces *terra incognita* qui nous bouleversent.

L'œuvre de Julien Gracq est une tentative de rivaliser avec la musique. « Ce basculement des proportions et des préséances que Wagner a introduit entre le jeu, les propos des personnages en scène, et le commentaire choral tout-puissant de l'orchestre comme un bruissement de forêt, pourquoi serait-il interdit de l'opérer dans le roman ? et de faire rétrograder les amours et les querelles, les *raisons* et les escarmouches de protagonistes au bénéfice de la pulsation-mère du grand orchestre du monde ? Dès que j'ai commencé à fréquenter le théâtre lyrique, j'ai été fasciné par ces brèches si béantes et si éloquentes, pratiquées dans la continuité du chant, brèches où il semble que ténors, basses et soprani sur la scène, et non seulement le public au fond de l'obscurité, se taisent pour laisser venir battre autour d'eux le flux de toute une marée sonore, comme s'ils faisaient silence, interdits, autour de la révélation confuse, qui déferle, de tout ce qui mûrit pour eux et pourtant hors d'eux. Ce bien que Mallarmé voulait que la poésie reprît à la musique, pourquoi serait-il interdit au roman de le disputer à l'opéra ? » *(En lisant « en écrivant »)*. La « rumeur directrice du monde », cette « pulsation-mère » représente l'émergence du fond, c'est-à-dire le surgissement d'une parole inhumaine ou surhumaine à laquelle l'artiste – l'écrivain – prête une voix. C'est sa fonction. « Le monde ne parle pas, songea-t-il, mais, à certaines minutes, on dirait qu'une vague se soulève du dedans et vient battre tout près, éperdue, amoureuse, contre sa transparence, comme l'âme monte quelquefois au bord des lèvres » *(La Presqu'île)*.

*Miniature du codex Manesse, région de Zurich,
début du XIVᵉ siècle (Heidelberg, Universitäts Bibliothek).
« Souviens-toi de la chambre close et de la poterne fermée
– souviens-toi du sang fidèle et de la forteresse bien
gardée – souviens-toi du pain et de la nuit partagée
– souviens-toi de l'archange qui terrasse le dragon »
(Prose pour l'Étrangère).*

3
Perspective cavalière

... et ses livres, cachés, qui avaient trempé
dans l'océan !
ARTHUR RIMBAUD *(Les Déserts de l'amour)*

Le pauvre songe

Je suis assez doué pour la flânerie. Je me suis beaucoup intéressé au jeu d'échecs, par périodes, qui
reviennent de façon cyclique ; ce sont des périodes où je
n'écris pas. [...] Cela se rattache sans doute au plaisir
que je prends aux ouvrages de stratégie : j'ai du goût
pour la stratégie en chambre[42].

Julien Gracq écrit aussi qu'aux échecs « il suffit
de poser la pièce sur cette case que rien ne désigne
pour que tout soit changé. Vue d'un certain angle, il
y a là une opération absolument magique » *(Un
beau ténébreux)*. Des études de Réti pour les fins de
partie « semblent parfois marquées de sorcellerie »
(Lettrines 2).
Une pièce du jeu des échecs a une marche
« déviante », le cavalier, dont le parcours est coudé,
brisé, hérissé de changements de direction. Le problème du cavalier, évoqué à propos du jeu suicidaire
d'Allan au casino, consiste à essayer de « boucler la
boucle » à force de zigzags et de feintes, de marches
coudées, obliques et étoilées, c'est-à-dire à parcourir
toutes les cases de l'échiquier sans passer deux fois

par la même. En outre, le cavalier est la seule pièce qui, pouvant sauter par-dessus les autres, évite les défenses sans les percer.

Julien Gracq s'intéresse aux échecs lorsqu'il n'écrit pas. Le monde des échecs, « cristallin, glacé », n'a rien à voir avec le roman, mais beaucoup avec la poésie. En effet, le jeu des échecs, avec ses « relations secrètes de case à case qui sommeillent sur l'échiquier » *(Un beau ténébreux)*, évoque la faculté qu'a le poète d'éveiller les images « l'une par l'autre selon un code secret, des lois de correspondance assez cachées » *(Préférences)*.

On passe d'une image à une autre. Ainsi le personnage de *La Presqu'île* voit-il s'allumer les feux de la rampe, feux d'artifice s'il en fut : « La campagne devenait un théâtre où un doigt de feu, délicatement, venait toucher et allumer la touffe de gui d'un pommier isolé dans sa pâture, l'ardoise mouillée d'une gentilhommière au creux de sa chênaie : tout devenait embuscade, apparition, flamboiement, aussitôt éteint qu'allumé. » On ne peut pas ne pas penser au « tracé pyrotechnique » des images s'enflammant et se rallumant l'une à l'autre dans l'esprit de l'écrivain, « fugue allègre et enfiévrée »[43].

Une seule image peut traverser un texte, l'innerver. La pensée naît « au sein d'une image qui tend à s'élucider » *(André Breton)*. La comparaison aide à exprimer, à communiquer « une impression difficile à préciser autrement que par des exemples ». L'image crée l'idée, ainsi dans cette description de l'univers des *Mémoires d'outre-tombe* : « Un étrange univers lacunaire, qui dérive peu à peu vers la nuit, troué de ces longues déchirures intercalaires qu'on voit aux nuages du couchant, morcelé par les grands effondrements du souvenir » *(Préférences)*. Le vocabulaire de la Bourse court tout au long de *La Littérature à l'estomac*, comme l'image de la fusion à haute température au long du « Printemps de Mars ».

Gracq a toujours insisté sur l'idée de pauvreté à propos des images préférées d'un écrivain, non par sentiment d'humilité, mais pour accéder au plus haut. Il rappelle cette phrase de Mozart (portée à sa connaissance par Robert Bresson) à propos de certains de ses concertos : « Ils tiennent le juste milieu entre le trop difficile et le trop facile. Ils sont brillants... mais ils manquent de pauvreté[44]. » Les grands thèmes imaginatifs relèvent de mouvements instinctifs, aussi vieux que l'humanité, « avant tout *moteurs* », « mouvements simples, presque des gestes d'acceptation, de refus, de possession, d'évasion » :

> Je pense ici tout à coup à un titre de poème de Rimbaud qui va loin en moi : « Le pauvre songe ». Je serais tenté de croire, en fait je crois très profondément – que la vraie rêverie créatrice est une rêverie pauvre, ressassante, à caractère plutôt obsessionnel. Il s'agit surtout d'avoir la faculté d'accrocher, à quelques images capables d'électriser toutes les autres, un énorme coefficient émotif : c'est à partir de là que toute la masse des matériaux empruntés au donné pourra s'échauffer, se colorer de proche en proche, par contact *(Préférences)*.

Dispositifs optiques

L'œuvre de Julien Gracq ne cesse de faire appel, métaphoriquement ou non, au vocabulaire de la vision et de mentionner des dispositifs optiques (trompe-l'œil, cyclorama, diorama, panorama, miroirs d'Archimède, chambre noire, boîte d'optique, kaléidoscope, lunettes...) : « Ce sont des *Ruines* à la Hubert Robert avec des figurants muets, accoudés ou lentement cheminant, évoquant par leur immobilité et leurs cortèges les motifs ornementaux de la guirlande ou de la stèle, et, comme souvent aussi dans les tableaux de Poussin, une curieuse réduction d'échelle semble y frapper, en regard des tombeaux et des sarcophages, l'espèce humaine encore sur pied : on dirait que tous les personnages y sont cernés par le regard à travers le gros bout d'une lunette retournée » *(Lettrines 2)*. La perspective et le point de fuite ont une tendance marquée à s'inverser, à basculer, à se redoubler[45].

L'œil est toujours captif d'un autre œil, surtout lorsqu'ils regardent le même horizon. Le vocabulaire de la vision sert de référence assez souvent pour parler de littérature : « Les écrivains qui, dans la description, sont myopes, et ceux qui sont presbytes. Ceux-là chez qui même les menus objets du premier plan *viennent* avec une netteté parfois miraculeuse, pour lesquels rien ne se perd de la nacre d'un coquillage, du grain d'une étoffe, mais tout lointain est absent – et ceux qui ne savent saisir que les grands mouvements d'un paysage, déchiffrer que la face de la terre quand elle se dénude » *(Lettrines)*. Gracq est alternativement l'un et l'autre[46]. Marcel Proust est crédité d'avoir augmenté le pouvoir séparateur de l'œil. Pour un écrivain, ses propres livres peuvent jouer le rôle de lentilles, de verres de contact[47].

Albert contemple le spectacle du monde tel qu'il le découvre à la surface des eaux de la rivière du pays d'Argol. Au premier coup d'œil, le paysage lui semble incohérent. *A la réflexion*, il en découvre le « sens réel ». Tenté quelques instants par l'idée de plonger au fond du ciel qui s'ouvre au-dessous de lui, il ferme les yeux, puis, les rouvrant, voit s'avancer l'« image réfléchie d'Herminien ». Peu après, les deux amis se mettent en route : « Chacun sur une rive, et les courants rapides entre eux, ils marchèrent parallèlement, leurs images réfléchies se rejoignant au centre même de la rivière unie comme un miroir ». Dans *Au château d'Argol*, les regards convergent, les personnages dialoguent par leurs yeux, l'univers entier devient regards : la mer, le soleil... Les yeux des personnages, en retour, sont des soleils, ils dévastent, consument, ils s'ouvrent

56

sur ce qu'ils ne doivent pas voir, et quand Albert se regarde dans un miroir, ses yeux le frappent d'horreur et de dégoût.

En revanche, dans *Le Rivage des Syrtes,* les personnages cessent de regarder vraiment. Ce qui manque le plus à la principauté d'Orsenna, c'est une bonne vue, et singulièrement dérisoires apparaissent ces « yeux » que la Seigneurie délègue auprès de ses cadres militaires. Qu'Aldo soit l'un de ces yeux n'est pas négligeable : il s'efforce de donner, sous le ciel sans regard des Syrtes, sa pleine valeur à sa fonction. « Ici, on se sent vivre sous un regard », déclare Vanessa devant le portrait de Piero Aldobrandi. °Avec *Un balcon en forêt*, un homme perdu dans une forêt se retrouve dans un décor ajusté à ses aspirations : « Ce voyage à travers la forêt cloîtrée par la brume poussait Grange peu à peu sur la pente de sa rêverie préférée ; il y voyait l'image de sa vie : tout ce qu'il avait, il le portait avec lui ; à vingt pas, le monde devenait obscur, les perspectives bouchées, il n'y avait plus autour de lui que ce petit halo de conscience tiède, ce nid bercé très haut au-dessus de la terre vague. » Il éprouve un sentiment de suffisance totale, il ne relève de personne et peut se dire : « Il n'y a que moi au monde ». Il perçoit bien « le regard d'un œil entrouvert », mais cette menace est trop confuse. *Un balcon en forêt* s'achève presque comme *Au château d'Argol,* sur l'image d'un homme qui se regarde dans un miroir. L'écart est grand entre le reflet minutieux jusque dans les détails qui est renvoyé d'Albert, et cette ombre floue, « mangée de partout par le noir », qu'aperçoit Grange, mais qu'il ne dévisage pas. Le trajet d'une œuvre à l'autre mène donc du : « Il vit venir vers lui, réfléchie dans un haut miroir de cristal, sa propre et énigmatique image », au : « Une faible ombre grise semblait venir à lui du fond de la pièce et lui faire signe » – sans oublier : « Il vit venir sa dernière heure », dans *Un beau ténébreux.* Le détachement des personnages gracquiens à l'égard des contingences est tel qu'ils sont d'autant plus aptes à s'incorporer à un paysage ou à laisser le paysage transparaître à travers eux. Ils sont, selon Gracq lui-même, des transparents (expression qui évoque, avec tous les écarts que l'on imagine, les « grands transparents » de Breton et les « transparents » de Char).

La Presqu'île propose un dispositif optique « dépaysant » tout à fait exemplaire :

« Quand l'œil désœuvré plonge d'un balcon la nuit, à travers la rue, dans une pièce éclairée dont on a oublié de clore les rideaux, on voit des silhouettes qui semblent flottées sur une eau lente se déplacer aussi incompréhensiblement que des pièces d'échecs dans l'aquarium de cet *intérieur* inconnu. Une porte invisible une à une les absorbe, et une dernière silhouette enfin y bouge toute seule, dont l'œil ne se détache plus, qui semble soudain en proie à on ne sait quel délire mesuré et calme ; le cœur commence à battre pendant que l'œil fixe cette démarche saccadée et paisible, ce ludion humain qui va et vient au sein de l'humeur vitrée comme si une main, par moments, appuyait contre le carreau. J'étais dans une de ces boîtes d'optique dépaysantes, il me semblait que j'étais à la fois dedans et dehors. »

Julien Gracq se sert de la même image pour expliquer l'impression que lui procure la lecture du texte de Nora Mitrani *Chronique d'un échouage*[48]. Ce dispositif est exemplaire pour plusieurs raisons. D'abord, il est dépourvu de signification, et l'on pense à la « gesticulation aussi ininterprétable que possible » des « flâneurs de la méridienne ou du crépuscule ». Le « recadrage » dans l'espace visible du balcon par les limites de la fenêtre éclairée donne la même impression d'angle de tableau ou de coin de paysage. Le regard est fixé, frappé de stupeur, « captivé toujours au-delà de toute mesure », comme celui des adolescents dans les musées. La préoccupation de ces derniers est claire (« la solu-

Paris Bordone, Une partie d'échecs
(coll. Hanfstaengl, Munich).
« Comme la belle simplicité retrouvée, la largeur
princière, le dénuement antique de l'or pur
coulant entre les doigts » (Grand Hôtel).

tion d'un humble problème technique »). L'observateur adulte se trouve en principe libéré d'un tel souci : le sens (ou son absence) est reporté « de l'autre côté », du côté de la scène observée. Que font-ils donc ? La réponse devient évidente lorsqu'il s'agit d'adolescentes devant leur miroir. L'observateur est alors renvoyé à son propre voyeurisme. Le choix de commenter *Bajazet* s'explique par là : le sérail est par excellence le lieu où l'on épie et où l'on est constamment épié. L'ob-scène est à la fois ce qui est à côté de la scène et ce qui, étymologiquement, est de mauvais présage. Les « flâneurs » *rembrunissent* tout un coin de paysage ; cette soudaine tache, sombre comme les parties velues dans un corps, n'annonce rien de bon. Le dispositif décrit dans *La Presqu'île* est exemplaire aussi en ce qu'il dédouble l'observateur, à la fois à l'intérieur et à l'extérieur. Le personnage dit ailleurs : « Je me sentais entrer dans un tableau, prisonnier de l'image où m'avait peut-être fixé ma place une exigence singulière. » On assiste au passage du tableau vivant à la « scène » tel que Roland Barthes l'examine à propos de Sade : « Devant le tableau vivant – et le tableau vivant est précisément cela *devant* quoi je me place – il y a par définition, par finalité même du genre, un spectateur, un fétichiste, un pervers (Sade, le narrateur, un personnage, le lecteur, peu importe). En revanche, dans la scène marchante, ce sujet, quittant son fauteuil, sa galerie, son parterre, franchit la rampe, entre dans l'écran... » *(Sade Fourier Loyola)*.

Le dispositif de *La Presqu'île* est exemplaire enfin par la présence de cette vitre, surface qui s'interpose entre deux dedans, ou entre un dedans et un dehors (la vitre peut être projetée dans le tableau vivant sous la forme d'un miroir où se regarde le personnage observé). « La femme qui va dévaster une vie s'annonce souvent à travers ces éclipses nonchalantes : un petit coup frappé à la vitre, de temps en temps, presque imperceptible

60

mais net, sec, avec cet accent de *percussion* qui fait tressauter légèrement et ne se mêle à aucun bruit : elle est repassée devant vous, au fond de soi-même on le sait, c'est tout ; il faudra peut-être attendre, attendre longtemps encore, mais il y a en nous un nerf alerté, tapi, qui pour jamais est à l'écoute de ce seul bruit, rien d'autre ne peut l'atteindre » *(Le Rivage des Syrtes)*. La vitre est la frontière qui protège de l'extérieur, ou qui interdit l'accès au réduit central. Les frontières d'Orsenna se sont épaissies et sont devenues « une *grande muraille* » : « Le monde est une glace où elle cherche son image et ne l'aperçoit plus. » A Londres, « j'errais par les rues comme une mouche sur la vitre, maintenu aux lisières extérieures, me heurtant partout à une cuticule dure qui protégeait le cœur secret de la ville, où je n'accédai jamais » (« Souvenir d'une ville inconnue »).

Gracq désigne à l'attention ce qu'il nomme son « tropisme des lisières », le « domaine des marges », on pourrait dire de l'intervalle, de l'entre-deux (« Cela s'annonce de très loin, mais seulement *dans les intervalles* », dit le vieux Danielo à Aldo). Elisabeth Cardonne-Arlyck commente le titre *La Presqu'île* : « L'écart est donné dès le titre, dans le *presque* qui définit le domaine du récit, entre île et continent, métaphore et diégèse, jonction et disjonction. De même que le lieu de la fable n'est tout à fait ni insulaire ni continental, l'espace du récit est brouillé par la métaphore, maritime en terre et terrien au bord de la mer. De même encore, quoi qu'il retrouve Irmgard, Simon ne la rejoint pas ; mais aussi bien, quoi qu'il ne la rejoigne pas, il ne la manque pas non plus totalement. *Presque*, par la tension qu'il implique entre l'identité et la différence, constitue l'équivalent narratif du *comme* figuratif. Il signale par rapport à la métaphore proustienne une différence radicale d'accent. Dans la peinture d'Elstir, Proust souligne l'échange, la réciprocité simultanée des termes marins et ter-

61

restres. Dans *La Presqu'île,* l'insistance est sur le déphasement, la nécessité de "passer à côté" pour atteindre (en manquant), de déplacer pour écrire[49]. » On peut lire en effet dans *La Presqu'île* :

« Il en allait pour lui comme pour ces images d'Épinal dont les taches colorées ne viennent jamais meubler que très approximativement le contour des silhouettes. L'émotion ne coïncidait jamais tout à fait avec sa cause : c'était *avant* ou *après* – avant plutôt qu'après. »

La figure du décalage peut revêtir diverses formes, mais elle est toujours liée à l'idée de frontière, de lisière. A la fin d'*Un balcon en forêt,* Grange « continuait à glisser sur une lisière crépusculaire, indécise, comme on marche au bord d'une plage, la nuit » : « La vie ne se rejoignait pas à elle-même », pense-t-il en regardant son ombre dans le miroir. Gracq évoque dans *En lisant « en écrivant »* « un impressionnisme à multiples facettes, analogue à ces fragments de cartes à très grande échelle, impossibles à assembler exactement entre eux, mais aussi, pris un à un, presque rigoureusement fidèles ».

Bernard Vouilloux, après avoir énuméré les figures du tropisme des lisières (rivages, chien et loup, arrière-saison...), décrit la « lettrine » comme signe d'un double entre-deux : « Elle marque emblématiquement par son érection le lieu et le moment où tout commence – où tout commence de l'écriture interrompant le silence des images, la vacance des marges. Elle signale l'avènement de la parole, encore compromise avec le visible : celui-ci y imprime ses arabesques, ses torsions. Elle requiert d'être vue autant que lue[50]. » L'image de la vitre rappelle les idées de Gilbert Simondon à propos du vivant, toujours « à la limite de lui-même, sur sa limite » : « Le fait de faire partie du milieu d'intériorité ne signifie pas seulement être dedans, mais être du côté intérieur de la limite[51]. » Toute une conception du temps et de l'espace est en jeu à partir du moment où l'on se place du point de vue du processus d'individuation. L'univers gracquien donne assez souvent l'impression de correspondre à une dimension unique où espace et temps ne sont pas séparés : « Avant même les structures sensori-motrices, des structures chronologiques et topologiques doivent exister qui sont l'univers des tropismes, des tendances et des instincts[52]. » Au niveau de la vitre, de la surface, de la membrane polarisée « s'affrontent le passé intérieur et l'avenir extérieur ».

Il est dans *Le Roi Cophetua* un miroir « d'une eau si claire et si parfaitement transparente jusqu'au bord que la simplicité de l'encadrement ne paraissait plus, dès qu'on y plongeait les yeux, que discrétion imposée autour d'une matière précieuse ». Deux regards se croisent un instant dans cette glace : c'est bien sur la surface que se produisent les événements. Ce moment figure significativement à la pliure d'un récit consacré au reflet et à la réflexion, aux effets de surface. Deux œuvres : *La Mala Noche,* de Goya, et *Le Roi Cophetua* d'après Burne-Jones, sont décrites avec des distorsions intéressantes : notamment, la description de la peinture anglaise se caractérise par l'inversion de la place qu'occupent les personnages. Le double foyer et l'inversion sont précisément au cœur de ce récit. Si l'œuvre de Burne-Jones est présentée comme une « annonciation », celle de Gracq doit être lue comme le récit d'une annonciation *à l'envers*, advenant au point de rencontre du double foyer.

Une matière dynamisée

La métaphore du « bon conducteur » est centrale dans l'œuvre de Julien Gracq. Le monde de Dostoïevski est « irradié, traversé par l'entremise d'un moi exceptionnellement bon conducteur d'influx et de lignes de force » *(André Breton)*. Le ballet des êtres devient comparable à celui de la limaille se pressant autour de points d'attraction. La passion « n'atteint à toute sa vigueur qu'au sein d'un groupe. Faute de quoi elle n'arrive pas à cet état de transe, de transfiguration. Je ne vois pas de passion dans une île déserte. Mais par contre dès qu'il s'est trouvé un *théâtre*, si la passion n'avait pas existé, il aurait fallu l'inventer » *(Un beau ténébreux)*. Les relations des collectivités, comme celles des êtres, relèvent du magnétisme. A l'intérieur du groupe se produisent des phénomènes d'attraction et de répulsion. Vue d'en haut, la foule d'une ville évoque « une limaille fine peignée et remuée sans cesse par le passage d'invisibles aimants » *(Un beau ténébreux)*, ou l'agitation d'une fourmilière éventrée, tranchée par la bêche.

Entre Albert et Herminien, dans *Au château d'Argol*, nulle différence physique, intellectuelle ou sociale, sinon celles-ci : Albert, dont le front est « habité de lumière » et la chevelure « blonde et aérienne », est une « figure angélique et méditative », seulement préoccupée par les spéculations philosophiques les plus ardues, alors qu'Herminien, « cet ange noir et fraternel », a de multiples curiosités, surtout littéraires et artistiques, et « un aplomb ferme sur la terre ». Albert évoque Dürer et sa mélancolie ; le nom d'Herminien comporte l'idée de blancheur. Placés face à face les deux amis se livrent à une véritable « danse sacrée ». Gracq parle de « la fulguration soudaine, la fiévreuse et électrique atmosphère que recréait à chaque fois la conjonction de ces deux figures polarisantes » : « Tant de goûts étranges mis en commun, de perversions rituelles d'une langue à eux qu'ils s'apprenaient l'un à l'autre, d'idées façonnées par le choc répété de leurs armes spirituelles et acérées, de signaux faits d'une inflexion de voix trop de fois échangée, du rappel d'un livre, d'un air, d'un nom qui tirait à lui mille souvenirs communs à la file, avaient fini par faire flotter entre eux une atmo-

Lettrine de l'Évangéliaire de Gannat,
IX-Xe siècle, saint Matthieu.
« Des buissons de ronces s'entrelaçant
de traîtreux fils de fer »
(Paysage).

sphère dangereuse, enivrante et vibratile, qui se dissipait et renaissait à leur contact comme si l'on eut écarté ou rapproché les lames d'un condensateur électrique. » Dans *Le Rivage des Syrtes*, la principauté d'Orsenna et le Farghestan entretiennent des rapports aussi passionnels que les personnages. Aldo, se rendant de l'Amirauté à Maremma, parle de « ces deux pôles autour desquels maintenant oscillait [sa] vie », partagée entre deux tentations, entre deux fidélités, entre deux regards.

Albert pense à Herminien et à Heide unis « pour un exorbitant atout et par l'incroyable méprise d'un artiste, [comme] le buste du roi de pique à celui de la dame de cœur ». Gracq est fidèle ici à Baudelaire et à l'avant-dernier vers du premier *Spleen* : « Le beau valet de cœur et la dame de pique ». Son premier récit semble placé sous les signes conjugués de Poe et de Baudelaire, couple où chacun est comme le double de l'autre. « A propos de *Bajazet* » suggère une lecture de la pièce de Racine à travers ce thème du double. Bajazet et Atalide ont, dans les « schèmes jumeaux et électifs », un rôle identique de témoins et de victimes. Amurat et Roxane sont étrangement semblables, ce qui explique la condamnation de Roxane. Quant à Orcan, il est « l'ange noir de l'annonciation de cette hécatombe funèbre », comme Herminien est « l'ange noir de la chute et son dangereux héraut ». Dans *Béatrix*, on voit se jouer aux Touches « dans sa nudité le double drame de la fascination de la femme tombée par la pureté, de la fascination du héros chaste par l'ange noir ». La dichotomie est toujours la même. C'est elle qui domine les poèmes de *Liberté grande* : « Les yeux bougent comme le tournesol et l'héliotrope et sur les ruisseaux de lait du crépi de la chambre se diluent dans la tache d'encre d'un papillon noir » (« La Vallée de Josaphat »). *Au château d'Argol* débute par la figure d'Albert et se clôt sur celle d'Herminien, à la manière de certains poèmes qui s'achèvent sur un visage, ou une image, inverse de

celui ou celle par lequel ils ont commencé : ainsi
« Isabelle Élisabeth » ou « Les Nuits blanches ».
« J'ai parfois songé à *retourner* ces vignettes obsédantes, ces tarots d'un jeu de cartes fourbe – à chercher pour *qui* ces figures à jamais en moi singu-
lières pouvaient n'avoir qu'un même envers » (« Le
Grand Jeu »). Entre *Liberté grande* et *Un beau ténébreux,* les points de rencontre sont nombreux :
« Oui, toute ma vie, ces images sèches, ces tarots
obscurs, paquet léger, bizarre éventail de vignettes,
si peu déchiffrables, que je brasse jusqu'à l'écœure-
ment. » Ce thème insistant est enrichi de variations
diverses, se mêlant au passage avec le reflet dans le
miroir et la photographie d'ancêtre : « J'interrogeais
par désœuvrement l'eau verte et dormante de ces
glaces très anciennes ; une rafale plus forte parfois
l'embuait d'une sueur fine comme celle des carafes,
mais j'émergeais de nouveau, spectral et fixe,
comme un marié sur la plaque du photographe qui
se dégage des remous de plantes vertes » (« Le vent
froid de la nuit »). « Devant cette photographie jau-
nie dans son cadre de peluche ai-je jamais pu me
glisser, tarot mêlé au jeu du rêve, entre les feuillets
de mon lit sans songer au jour où – sans âge comme
un roi de cartes – familier comme le double gra-
cieux des bas-reliefs d'Égypte – plat comme l'aïeul
sur fond de mine de plomb, à la belle chemise de
guillotiné, des albums de famille, [...] je retournerai
hanter ma parfaite image » (« Written in Water »).
La guillotine renvoie aux figures des jeux de cartes
(« les troncs sciés à mi-corps ») et, comme le double
des bas-reliefs égyptiens, elle rappelle la part de la
mort : dans *Un beau ténébreux*, Allan évoque les
chambres à coucher enrichies de doubles « comme
les hypogées d'Égypte » qui préfigurent la tombe.

Le jeu de cartes se trouve donc au sein d'une
configuration aux résonances extrêmement riches.
Le vocabulaire qui lui est relatif sert assez souvent
à Julien Gracq[53]. Les cartes elles-mêmes sont à
mettre en relation avec une double caractéristique

de la « bonne forme » selon l'écrivain : emblématique (pour manifester sa différence d'avec le monde de la vie) et fonctionnant « en enceinte fermée », si possible dans des limites réduites (la concentration prépare l'explosion en majesté)[54]. *Sur les falaises de marbre* d'Ernst Jünger rappelle « comme un poème – et ce livre *est* un poème – que le monde de l'art n'est pas notre monde » *(Préférences)*, ou, si l'on préfère, que le monde de l'art ressemble à celui de la vie « dans la mesure à la fois très importante et très incomplète où une cloche ressemble à un chaudron » *(Lettrines)*. Le style de Jünger, « inhumain, minéral », interpose une distance « entre le regard et la chose regardée ». Il faut qu'il y ait « une certaine épaisseur à traverser ». *Sur les falaises de marbre* est un livre emblématique : « De grandes images le traversent, qui ont été, qui sont encore, celles de notre vie d'hommes du milieu du siècle, de nos joies et de nos désastres, mais on ne les y retrouve que comme on retrouve – par exemple – Alexandre le Grand sous l'image emblématique du roi de trèfle : elles sont devenues les figures d'un jeu étrange, d'un *grand jeu*. » L'écu ou le blason sont des formes d'emblème. Gracq est intéressé par plusieurs villes, mais par la forme d'une seule, Nantes. Il lui donne un écu « écartelé, gironné », autrement dit divisé en quatre quartiers avec une combinaison de triangles évoquant le mouvement des ailes d'un moulin en giration, leurs pointes se touchant au centre. De même, la Bretagne, « province de l'âme », possède son blason écartelé : « La mer, le vent, le ciel, la terre nue ». Un poème, « Transbaïkalie », se présente comme le blason de la féminité, en évoquant trois figures aux noms de rivières : Nonni, la femme-enfant, Sélenga, la médiatrice, et Kéroulen, la femme dans le plaisir. Gracq a un goût pour l'enluminure, la miniature, que rappelle l'usage qu'il fait du mot « *lettrine* ».

Erwin Panofsky étudie la fermeture de l'espace qui s'est effectuée dans le passage de la miniature carolingienne à l'enluminure romane : « Les dessins carolingiens à la plume et sans cadre, [...] sont transformés en miniatures aux pigments opaques entourées par une bordure qui délimite strictement la surface de travail. [...] En bref, le fond s'est concrétisé en une surface de travail solide et plane tandis que le dessin s'est concrétisé en un système de surfaces bidimensionnelles définies par des lignes unidimensionnelles : et cette tendance "cartographique" des enluminures romanes, qui apparaît également dans les deux nouvelles formes d'art qui se font jour à cette époque, la peinture sur verre et l'héraldique, est encore renforcée [...] par la transformation des courbes qui indiquaient les collines en rubans aux couleurs vives et au dessin net qui ont perdu tout rapport avec l'espace d'un paysage tridimensionnel et jouent le rôle de simples séparations. Ainsi pour la première fois dans l'histoire de l'art occidental, une consubstantialité a été établie entre les objets solides (figures ou choses) et leur environnement » *(La Renaissance et ses Avant-Courriers dans l'art d'Occident)*. Cette consubstantialité, le cadre cerné des figures, l'abstraction de l'ornement sont précisément des vertus que Gracq apprécie. A quoi il ajoute, ce qui est important, le va-et-vient s'instaurant entre l'œuvre et son lecteur :

> Comme un organisme, un roman vit d'*échanges* multipliés [...]. Et comme toute œuvre d'art, il vit d'une *entrée en résonance universelle* – son secret est la création d'un milieu homogène, d'un éther romanesque où baignent gens et choses et qui transmet les vibrations dans tous les sens *(Lettrines)*.

Eau-mère, plasma poétique, milieu homogène, éther romanesque sont des termes équivalents pour désigner la « consubstantialité » nécessaire à l'élaboration de l'œuvre. Edgar Poe parle, dans *Eureka,* de cohésion et de cohérence *(Consistency)*. Le mot de vibration s'ajoute à ceux de rayonnement, de réverbération ou d'expansion. L'écrivain exerce un

« *tri* automatique sur la masse écumante des images par un regard qui s'éveille surtout à une certaine gamme de vibrations » *(Préférences)*. Cette conception repose sur une énergétique et sur une dynamique de la matière. Quant au livre, « il faut qu'à tout instant l'énergie émise par chaque particule soit réverbérée sur toute la masse » *(Lettrines 2)*. D'où « l'aspiration à suivre dans ses migrations paniques une matière perpétuellement dynamisée, insaisissable autrement qu'en affinités, en attractions, en « correspondances » et « en devenir » *(André Breton)*.

La notion de « transduction », empruntée à Gilbert Simondon, permet de penser à la fois la production de l'œuvre et sa réception : « Nous entendons par transduction une opération, physique, biologique, mentale, sociale, par laquelle une activité se propage de proche en proche à l'intérieur d'un domaine, en fondant cette propagation sur une structuration du domaine opérée de place en place : chaque région de structure constituée sert à la région suivante de principe de constitution, si bien qu'une modification s'étend ainsi progressivement en même temps que cette opération structurante » *(L'Individu et sa Genèse physico-biologique)*. L'opération énergétique, qui est une modulation, est essentielle, centrale : « Moduler est mouler de manière continue et perpétuellement variable. »

Intensités

« Les couleurs ont à la fois, pour les bleus et les rouges, plutôt que le feu sec des gemmes taillées, celui des cabochons faiblement brasillants qui se souviennent encore de la gangue, et, pour les bruns et les jaunes, les bruns violets et certains verts presque dorés, une succulence apéritive que je ne me rappelais nullement : coulée de miel, prunes, raisins secs, transparence de grappes mûres. Il me

70

Vermeer de Delft, La Leçon de musique
(Buckingham Palace, Londres).
« ... c'est tout à coup d'un profil perdu *de cette figure*
étrange [...] qu'est faite − maniaque et toujours
à je ne sais quel souvenir perdu attentive −
*la beauté du visage d'*Élisabeth *»*
(Isabelle Élisabeth).

semble que si j'habitais la ville, je passerais là chaque jour pour satisfaire un appétit de la couleur qui peut s'éveiller et se combler, dans ce lieu seulement, sous deux espèces séparées, aussi différentes de nature que le pain et le vin » *(En lisant « en écrivant »).* « On n'y voit que des feutrages de bruyère sèche, des gaulis nains de châtaigniers, des fougères sur les pentes ombrées, et surtout, à l'époque de la floraison, les deux nuances du jaune – subtilement différentes, mais toutes deux incurablement appariées à la tristesse – du genêt safrané et de l'ajonc couleur de guêpe : le premier, de teinte plus soufrée, plus neuve, mieux accordée à la gamme acide du printemps, le second plus mûr, à la fois concentré et amorti comme un vin vieux, qui brasille sur les buissons d'un vert noir comme un feu de broussailles sur les épines sèches. J'aime, j'ai toujours aimé de prédilection vraie (mais pourtant sans joie) ces pentes éclaboussées d'un jaune mort que crèvent les bosses du granit mangé de lichens : printemps veuf, à goût d'arrière-saison, avec déjà sur lui la couleur des baies de l'automne – jaune triste et défleuri auquel, plus encore qu'aux teintes de la bruyère s'accorde pour moi le retombement, le ressassement plaintif et frileux de la flûte du pâtre de *Tristan* » *(Les Eaux étroites).*

Ces deux descriptions, l'une des vitraux de Chartres, l'autre des différentes qualités de jaune en Bretagne montrent l'art du coloriste chez Julien Gracq. Il est aussi un luministe attentif aux moindres vibrations, aux effets les plus subtils et les plus théâtraux de la lumière. Le verbe « brasiller », qu'il affectionne et que l'on trouve dans les deux descriptions, signifie ressembler à de la braise, produire des étincelles, des lueurs, avoir une teinte de braise. C'est ainsi qu'il l'utilise dans *Un balcon en forêt* : « La guerre brasillait, charbonnait çà et là comme un feu de forêt mal éteint. » Mais ce verbe peut signifier aussi, en parlant de la mer, présenter une traînée de lumière. Ainsi, la lune, une phosphorescence font brasiller la mer. On passe du feu au liquide et, dans *Le Rivage des Syrtes,* du visuel au sonore : « Sur la terre engourdie dans un sommeil sans rêves, le brasillement énorme et stupéfiant des étoiles déferlait de partout en l'amenuisant comme une marée, exaspérant l'ouïe jusqu'à un affinement maladif de son crépitement d'étincelles bleues et sèches, comme on tend l'oreille malgré soi à la mer devinée dans l'extrême lointain. » Des lignes consacrées à Vermeer mettent en avant d'une autre manière cet art des synesthésies : « Le *virginal* élisabéthain qui ensorcelle un des plus mystérieux tableaux de Vermeer, tout vibrant encore, on dirait, de la sonorité liquide d'une touche que le doigt suspendu vient de quitter » *(Les Eaux étroites).* L'expression « sonorité liquide » occupe la place centrale dans cette confusion des sens, mais également les mots « touche » (celle de l'instrument et celle du peintre) et « vibration » (de la lumière et du son). Ce texte est d'autant plus significatif qu'il prend place dans une page où l'on va de Nerval à Rimbaud en passant par Vermeer, le clavecin servant d'instrument de liaison sous les espèces du virginal et de l'épinette. Gracq attache un grand prix à de tels « précipités » où cohabitent des fragments de poésie, de peinture ou de musique. « De telles constellations fixes (les liens emblématiques qui se nouèrent dès les commencements des anciennes familles entre le nom, les armes, les couleurs et la devise ne seraient pas sans jeter un jour sur leur origine), si arbitraires qu'elles paraissent d'abord, jouent pour l'imagination le rôle de transformateurs d'énergie poétique singuliers : c'est à travers les connexions qui se nouent en elles que l'émotion née d'un spectacle naturel peut se brancher avec liberté sur le réseau – plastique, poétique ou musical – où elle trouvera à voyager le plus loin, avec la moindre perte d'énergie » *(Les Eaux étroites)* :

L'embellie des longues journées de pluie qui laissent filtrer dans le soir avancé, sous le couvercle enfin soulevé des nuages, un rayon jaune qui semble miraculeux de limpidité – l'embellie mouillée et nordique de certains ciels de Ruysdael – l'embellie crépusculaire au ras de l'horizon, plus lumineuse, plus chaude, que je vais revoir quelquefois au Louvre dans un petit tableau de Titien qui me captive : *La Vierge au lapin (Les Eaux étroites).*

Quel souvenir gardons-nous d'un paysage, d'un événement, mais aussi d'un morceau musical, d'un tableau, d'une poésie, d'un roman, d'un film ? Comment cela résiste-t-il au temps ? Comment cela colore-t-il le temps ou est-il coloré par lui[55] ? Lorsque de telles questions sont posées, la rencontre avec Proust est inévitable : « Je n'ai jamais pu savoir où j'en étais avec Proust » *(Lettrines).* Parfaite, trop parfaite « précision miraculeuse du souvenir »; le rendu du détail, trop rendu justement. Le mouvement ? Proust l'ignore : « Son œuvre représente moins la création de ce qu'on appelle un "monde" d'écrivain, c'est-à-dire le filtrage du monde objectif par une sensibilité originale, que l'application d'une conquête technique décisive, aussitôt utilisable par tous : un saut qualitatif dans l'appareillage optique de la littérature. Le pouvoir séparateur de l'œil – de l'œil intime – a doublé : voilà la nouveauté capitale » *(En lisant « en écrivant »).* Presque chaque fois qu'il parle de Proust, Gracq diminue l'éloge qu'il en fait et se définit négativement par rapport à lui. Christel, dans *Un beau ténébreux,* s'écrie : « Que le temps perdu soit au moins perdu. Que ce qui fut vide au moins ne puisse en aucun cas être tourné à profit. » Dans *En lisant « en écrivant »,* un parallèle est effectué avec Nerval : « Le passé ne chante jamais chez Proust : il surgit à neuf dans la conscience et la violence presque ; chez Nerval, il est moins contenu matériel qu'il n'est tonalité et éclairage, glissade affective vers un jaunissement d'automne, une tonalité mineure qui vient teinter la vie, au moment même

Monet, Femmes dans un jardin
(musée du Jeu de paume, Paris).
« ... *un éther fécondé de béantes mamelles blanches,
de cumulus de toiles, d'un maelström claquant
de blancheurs, l'impudeur géante
d'un lâcher de voiles de mariées* »
(Les Affinités électives).

où elle est vécue (si légèrement d'ailleurs et comme à distance), des couleurs tout de suite intemporelles du souvenir. Il n'y a jamais chez Nerval recherche de l'or du temps perdu, jamais cet impérialisme tendu de Proust, qui n'a de cesse qu'il n'ait remis une main fiévreuse sur les trésors dissipés. » Gérard, au début d'*Un beau ténébreux*, se demande comment rapporter une conversation qu'il a eue avec Christel :

> Je sens déjà combien je serai inhabile à en rendre la couleur – l'ambiance nocturne et lunaire dans laquelle elle ne cessera de baigner dans mon souvenir. Il faudrait pour cela évoquer Poe, cette atmosphère de naissance et de ressouvenir, de temps encore à l'état de nébuleuse, de série réversible – une oasis dans le temps aride.

C'est la nature même du poème. Le mètre et la rime « font que, même entendu pour la première fois, réglé qu'il est sur un rythme et des retours de sonorité de nature mnémo technique, il revêt déjà la tonalité propre au ressouvenir » *(En lisant « en écrivant »)*. Le prologue d'*Un beau ténébreux* est caractéristique de cette atmosphère « de naissance et de ressouvenir » : *André Breton* parle de la netteté et de la force de surgissement du ressouvenir (mot que l'on trouve encore dans *La Forme d'une ville*). Un climat gracquien consiste donc en la restitution d'instants divisant le présent entre un passé qui est lui-même un souvenir redoublé (ressouvenir) et un futur qu'implique la venue au monde (naissance).

> Ces œuvres qui n'ont pas de fragments, pas d'architecture, rien qu'une *substance* radieuse – dont le pouvoir gît tout entier dans une macération puissante, imprégnante, de toute leur matière, on dirait dans les parfums d'un vase fermé – qui explosent seulement sur le palais en saveur à chaque rappel, sont tout *expansion* instantanée et comblante dans notre espace intérieur : vraiment le « grain de musc qui gît, invisible, au fond de notre éternité » *(Lettrines)*.

Un hémisphère dans une chevelure, les éthers subtils d'un grand bourgogne, l'élixir des vers de Baudelaire. Gracq aime infiniment certains poèmes de Nerval et certaines toiles de Vermeer, le peintre de la concentration dont Gilles Aillaud écrit : « Une minute de la vie du monde passe, a dit Cézanne, peins-la comme elle est. Des gouttes de lumière s'agglutinent sur la ligne de partage invisible des choses, comme attirées par l'aimant de la limite[56]. » Il faut revenir au passage des *Eaux étroites* où Vermeer côtoie Nerval et Rimbaud. De Nerval, Gracq cite « Fantaisie » et le passage de *Sylvie* où chante Adrienne, c'est-à-dire l'atmosphère de ressouvenir, le soir qui tombe, le château dans le grand parc (le jardin), la jeune fille qui descend des Valois (une reine) et l'ancienne romance, ou l'air très vieux, languissant et funèbre. A l'autre bout, un extrait des *Illuminations* (« Soir historique ») énumère le clavecin des prés, l'étang, le « miroir évocateur des reines », les chromatismes légendaires, le couchant. Entre les deux, l'évocation de Vermeer[57] avec « le son grêle et frileux » des « instruments à clavier très anciens », surtout le *virginal* élisabéthain qui conjugue la vierge, la jeune fille (Adrienne) et la reine.

Gracq cherche à obtenir la quintessence d'une émotion ; ses livres sont semblables en cela à une ville idéale : « Et cette teinte, cette coloration attirante et unique qu'y prend le va-et-vient de tous les jours, produit une distillation longue et subtile à laquelle toute sa géographie, toute son histoire ont dû collaborer, mais qui n'aurait pu aboutir sans quelque transmutation alchimique dont elle garde pour elle la formule, c'est peut-être la vraie séduction, la couronne secrète d'une ville » *(La Forme d'une ville)*[58]. Par exemple, dans *Le Rivage des Syrtes*, Gracq a voulu « libérer par distillation un élément volatil, l'"esprit-de-l'Histoire", au sens où on parle d'esprit-de-vin, et à le raffiner suffisamment pour qu'il pût s'enflammer au contact de l'imagination » *(En lisant « en écrivant »).* Peut-être fallait-il pour cela un ouvrage un peu étendu, comme le sera *La Forme d'une ville* où il s'agit de libérer l'esprit-de-Nantes, c'est-à-dire plusieurs années de l'adolescence de Louis Poirier. La finalité reste la même : accomplir le projet de Gérard, mêler en une seule atmosphère naissance et ressouvenir. *La Forme d'une ville* décrit une double « naissance », une double transformation-modulation : « Je croissais, et la ville avec moi changeait et se remodelait, creusait ses limites, approfondissait ses perspectives, et sur cette lancée – forme complaisante à toutes les poussées de l'avenir, seule façon qu'elle ait d'être en moi et d'être vraiment elle-même – elle n'en finit pas de changer. » En même temps, le passé, tout le passé – plié et déplié – explose. La ville est étoilée de tous les souvenirs qu'y accroche la mémoire de Gracq : souvenirs de Nantes et des autres villes plus tard découvertes, souvenirs des lectures et des paysages, les uns pliés dans les autres (souvenirs et ressouvenirs). Quant aux *Eaux étroites,* c'est un texte, comme celui de Sylvie, « traversé d'un bout à l'autre par une ligne mélodique d'une grâce merveilleuse » *(Lettrines),* c'est un livre enchanté qui réalise le miracle de la brièveté.

Il est pour Julien Gracq un autre climat d'élection fait de légèreté, celui du monde lavé à neuf, lié à des disparitions ou à des séparations[59]. Julien Gracq apprécie la Bretagne parce que cette province, comme l'a dit Roger Nimier dans une formule qu'il aime citer[60], ne connaît pas de monuments à visiter. Il ne sympathise pas avec Rome pour la raison inverse. « Pointer au tableau des *must* paysagistes » *(Autour des sept collines)* ou monumentaux l'irrite profondément ; or Rome est « une machine à remonter le temps ». A plusieurs reprises il a expliqué ce qui l'attire dans les paysages urbains, comme le parc londonien de Hampstead Heath : « J'ai aimé retrouver dans ce parc de Hampstead, et dans le chien et loup de ces rendez-vous clandestins des soirs d'été, l'image d'une glissade progressive hors des sentiers frayés, le désordre excitant qui gagne un paysage quand il échappe peu à peu à toute spécification trop claire. Quand il couvre, et autorise en même temps, des écarts plus libres dans les allures de ses promeneurs. Et le nom de *terrains vagues*, que j'ai ailleurs salué, recouvre ici pour moi un désir en même temps qu'une image élue : la confusion qui embrume par places ces lisières des villes en fait des espaces de rêve en même temps que des zones de libre vagabondage » *(La Forme d'une ville)*. Des promeneurs de la méridienne rembrunissent tout un coin de paysage ; ici, c'est le paysage qui protège les vagabondages et les entorses à la moralité parce qu'il est embrumé. « Le sentiment de sa liberté vraie [de l'esprit] n'est jamais entièrement séparable pour moi de celui du *terrain vague* » *(Les Eaux étroites)*. A Rome, deux lieux trouvent grâce aux yeux de Gracq : le mont Palatin « où le vent inclinait les herbes sauvages en plein cœur de la ville », et le Circo Massimo : « Ces clairières urbaines contre nature, ces enclos de solitude amis du vent, restitués à la sauvagerie et aux plantes folles, et où il semble qu'on ait semé du sel, je ne me lasserais pas aisément de les arpenter : l'air qui les balaie, pour toute la place nette que le hasard a faite ici de l'alluvion étouffante du souvenir, a plus qu'ailleurs un goût de liberté » *(La Forme d'une ville)*. Faire que le souvenir ne soit pas « étouffant », comme à Venise justement, « machine à effacer le temps », « en embarcadère vers des limbes temporels, où un appesantissement immobile frappe d'insignifiance les vagues événements d'une histoire marchande et d'une communauté réduite aux acquêts » *(Autour des sept collines)*. C'est l'irrécusable et souveraine qualité de la mer que de refuser « de cautionner le souvenir » : « A son spectacle les années se désaccumulent » *(Lettrines 2)*.

Illustration de José Corti pour Rêves d'encre,
« ... *se hâtant tout au long des interminables
et nobles façades des palais d'hiver
vers la Noël mystérieuse et nostalgique
de cette capitale des glaces* »
(Pour galvaniser l'urbanisme).

4
La manière noire

Tout se passa simplement, convenablement,
et de sa part sans aucune affectation.
STENDHAL *(Le Rouge et le Noir)*

Une épithète de nature

Dans la profondeur, l'objet désigné par la perspective est lumineux comme « une lampe allumée au fond d'une pièce obscure »; il est noir si la scène est diurne : « Très loin devant moi sur la bande de gravier au long de la balustrade, un unique promeneur s'éloignait de dos au bout de son ombre, noir et vertical comme un promeneur de Dali » *(Lettrines 2)*. Du mot « noir », Julien Gracq écrit qu'il est "le mot clé", le mot-force – qui polarise négativement par rapport à l'attraction "luciférienne" tous les champs magnétiques sur lesquels flotte le drapeau de Breton » *(André Breton)*. Il le désigne à l'attention, non seulement dans l'œuvre de Breton, mais, chez tous les surréalistes :

> On se sent même l'envie de nommer exceptionnellement « épithète de nature » un adjectif qui révèle si ouvertement le tréfonds sensible, le tréfonds moral, ou plus exactement cette inclination, cette pente, cette prédestination fatale qui oriente toutes les manifestations de l'être, toutes ses projections et qui ne peut prendre sa désignation pleine et entière qu'avec l'intervention départageante de la notion de sacré » *(André Breton)*.

81

Nul doute que ce mot, et ce qui en est dit, s'applique aussi à celui qui parle. L'enquête menée par Georges Matoré relativement aux couleurs dans *Un beau ténébreux, Le Rivage des Syrtes* et *Un balcon en forêt* montre que la dominante est incontestablement le noir (respectivement 26 %, 29,5 % et 21 %). Il suffit d'ouvrir *Lettrines* : la « conque funèbre » qu'est « l'admirable fond de vallée de Valfroide », le vert noir de l'eau d'un petit lac, les « aspects noirs » de Venise, Montségur, « phare mystérieux de lumière noire » semblent concentrer leur ombre inquiétante dans « le bois le plus étrange » que l'écrivain ait jamais vu : « Quand on se glisse dans ce sous-bois, à trois mètres à peine de la lisière, l'obscurité est complète, nocturne – une nuit méphitique, immobile, imprégnée d'une odeur submergeante de caveau mortuaire, de champignon et de bois pourri, qui semble reculer dans les âges, et qui parle en nous à une âme très ancienne à la fois des bois de cyprès "titanesques, hantés des goules" d'Edgar Poe, et des futaies écrasantes du carbonifère. Quiconque a traversé ce petit bois – il n'a pas deux cents mètres de large – s'est fait une fois pour toutes une idée des puissances maléfiques de l'Urwald. »

« Éclosion de la pierre »

Une goutte d'encre portée sur une *eau-mère*, avec la préméditation compliquée et patiente de l'œuf, éclôt et dévide le mystère de ses organes. A la ressource inépuisable du hasard vient se joindre un sentiment de nécessité mal explicable – tel détail maniaque qui se *met en place* sans réplique – cette révélation de plaque photographique que troue soudain, au travers d'un voile gris de grande pluie océanique, l'autorité spectrale d'une main, d'une joue qui fait signe inimitablement. Les plus minimes de ces détails *reviennent.* Il n'y a plus à choisir. Il n'y a plus à douter de la validité du tour de cartes, de la simple et désespérante réussite. Ces coupes, dix fois, vingt fois multipliées, jusqu'à la lassitude – à la finesse de grain de pierre tendre, au tissu minutieux de planche histologique – à n'en pas douter, c'est toujours une *veine* entre toutes qu'elles recouperaient, une veine inépuisable de métaux merveilleux. Les affinités électives ne cessent pas de jouer à ce niveau très humble où l'eau sculpte indéfiniment la pierre, et ce qui se brasse et se rassemble ici jusqu'au vertige – prisonniers d'un kaléidoscope – ce sont les caries obsédantes, les étoilements fleuris des cristaux, les linéaments d'un même paysage élu, d'une patrie élémentaire. Les barrières de glace, les planchers réversibles des grottes hypostyles, les ciselures démentes des récifs de corail, tout un *règne* paré des attributs glacés du minéral reparaît frais lavé de la lèpre d'une décomposition quotidienne et, derrière le cerceau de papier crevé par la fantaisie, se dénude à l'infini la solennité magique des paysages de l'âge de pierre, de l'âge de glace. Au sentiment miraculeux d'économie que nous rendent la fleur qui s'ouvre, ou cette goutte qui germe, on finira par se persuader, comme quelques-uns le soupçonnent, qu'il n'est peut-être plus très nécessaire d'écrire et, à volonté, on se *noiera* désormais dans une goutte d'eau, dans une goutte d'encre (« Éclosion de la pierre »).

Ce texte est aussi une description de l'acte d'écriture, il est écrit sur de l'eau, *Written in Water* comme le dit un poème de la surface, qui emprunte son titre à l'inscription que Keats fit graver sur sa tombe : « Pourrait-on jamais vivre qu'à *fleur de peau,* se prendre à d'autres pièges qu'à ceux des glaces. » L'événement, toujours, se produit à la surface. Celle d'une aquarelle ou celle d'un regard. André Breton raconte dans *Les Vases communicants* sa capture par l'une et l'autre, et, sous un certain angle, « Éclosion de la pierre » peut être envisagé comme une variation à partir de cette description envoûtée : « ... les yeux qui depuis quinze ans n'ont pas cessé d'exercer sur moi leur fascination, la Dalila de la petite aquarelle de Gustave Moreau que je suis allé si souvent revoir au Luxembourg. Aux lumières, ces yeux, si j'en appelle à une comparaison à la fois plus lointaine et plus exacte, me firent aussitôt penser à la chute, sur de l'eau non troublée, d'une goutte d'eau imperceptiblement teintée de ciel, mais de ciel d'orage. C'était comme si cette goutte se fût indéfiniment maintenue à l'instant où une goutte touche l'eau, juste avant celui où, au ralenti, on pourrait la voir s'y fondre. Cette impossibilité, réfléchie dans un œil, était à damner les aigues, les émeraudes. Dans l'ombre, comme je l'ai vu par la suite, on pouvait s'en faire l'idée d'un effleurement continu, et pourtant sans cesse recommencé, de cette même eau par une très fine pointe retenant un soupçon d'encre de Chine. »

Un certain nombre de termes d'« Éclosion de la pierre » conduisent à voir dans ce texte la description du travail du graveur : la pierre, la carie et la lèpre (la corrosion de l'acide sur les plaques métalliques), la coupe et la ciselure (l'attaque d'instruments tels que le burin, le brunissoir ou le grattoir), le grain, l'eau portée par une eau-mère (l'eau et la matière grasse) et l'eau qui « sculpte » la pierre. *Lettrines* propose l'exemple d'une autre eau attaquant la pierre comme l'acide : « L'eau du torrent mord les pierres. » Ce qui caractérise les techniques de l'impression à plat, « c'est le fait que les parties imprimantes se trouvent ici dans le plan de la planche, c'est-à-dire au même niveau que les éléments non imprimants. Cela est possible grâce à l'utilisation du principe de la répulsion réciproque de l'eau et de la matière grasse. La planche est ici le plus souvent une pierre lithographique, mais on peut également utiliser une tôle de zinc ou d'aluminium, un support gélatineux, etc. Le dessin est réalisé avec un médium gras qui retient facilement l'encre d'impression, grasse elle aussi, tandis que les parties qui doivent rester blanches sont imbibées d'eau et refusent donc l'encre[61]. »

Le rapprochement que Gracq effectue entre cette technique et l'écriture apparaît dans un passage de l'essai sur Breton, quasi contemporain d'« Éclosion de la pierre » :

En desserrant de son mieux les règles mécaniques d'assemblage des mots, en les libérant des attractions banales de la logique et de l'habitude, en les laissant « tomber » dans un vide intérieur à la manière de ces pluies d'atomes crochus qu'imaginait Lucrèce, en mettant son orgueil dans une surnaturelle *neutralité*, il observera et suivra aveuglément entre eux de secrètes attractions magnétiques, il laissera « les mots faire l'amour » et un *monde* insolite finalement se recomposer à travers eux en liberté. Beaucoup trop humble pour se déclarer plus longtemps un « magicien du verbe » il assistera du dehors, en spectateur, à l'élaboration spontanée de cette magie continuelle, se bornant à *signer*, par un acte dont la gratuité comportera toujours une part d'humour, les cristallisations les plus réussies. [...] Il suffira de la surprendre [la poésie], et pour cela de laisser dans un extrême *suspens* de toute la mentalité logique (le langage « qu'on parle » étant une logique pétrifiée) les grappes de mots indéfiniment étoiler une nuit intérieure des arborisations merveilleuses de la neige.

L'écrivain, comme le graveur, doit faire sa place au hasard, à partir d'une connaissance des matériaux qu'il utilise et d'un savoir sur la matière, ce qui justifie la référence à l'atomisme de Lucrèce. L'eau-mère du début d'« Éclosion de la pierre » renvoie sans doute à la matière grasse du graveur. Elle est aussi le résidu d'une solution, après cristallisation d'une substance qui y était dissoute : c'est une eau qui ne peut plus fournir de cristaux, à la fois un reste et une potentialité épuisée, préfigurant donc la clôture du texte. Elle est encore une eau maternelle et le verbe « porter » associe l'idée de dérive à celle de maternité, entraînant dans la suite du texte les termes relevant du vocabulaire de l'organique. Eau-mère peut enfin se comprendre comme le nom du premier écrivain de notre culture, Homère : tous ceux de sa famille viennent nécessairement après lui, portés par lui.

Chaque mot apparaît comme un « échangeur », ou comme une gare de triage avec le réseau de ses rails étendant ses ramifications. Dévider le mystère de ses organes, fleur qui s'ouvre, goutte qui germe, étoilements fleuris des cristaux, ciselures des récifs de corail, autant d'actualisations éphémères du processus de l'éclosion, ainsi surpris dans un développement tentaculaire, rhizomatique, à l'instar du mal contagieux ou du navire transportant Nosferatu, « courant sur son erre » et s'infiltrant dans le port de Brême. A ces images viennent s'en ajouter d'autres : les planches histologiques, l'autorité spectrale d'une main, d'une joue (des mains et des joues de vieillards – quasi spectres –, parcheminées, sillonnées de rides ?), la veine recoupée (à la fois le réseau veineux du corps humain et celui des métaux précieux, leurs défauts)... Les mots cheminent sourdement. « Revenir » mis en italique est appelé par « spectral » (ces détails sont des revenants), et « veine » suggère au lecteur de Gracq l'évocation (dans la suite de Breton) de la ville « saignante d'un vif sang noir d'asphalte à toutes ses artères coupées » *(Liberté grande)*. L'encre d'« Éclosion de la pierre » ne peut être que noire. Si le mot « noir » est absent du texte, il ne cesse de le hanter et fait une apparition surprenante *in fine* dans le futur du verbe « noyer » : noiera (le A est noir dans la tradition rimbaldienne). Qu'on puisse se noyer dans cette encre évoque le passage, dans *Les Eaux étroites,* consacré à la « Roche qui boit » (pierre absorbant de l'eau), baignant dans l'ombre du mancenillier : Gracq parle de « ce miroir aux teintes fumées dont le simple reflet est déjà comme une succion », et il ajoute : « Je ne connais pas de lieu qui semble mieux fait pour s'y noyer. » Cette eau noire, celle de l'Èvre, est l'encre même avec laquelle *Au château d'Argol* fut écrit : « La rivière qui traverse la contrée d'Argol, plus tard, s'est souvenue sans doute de cette eau plombée, brusquement enténébrée par l'ombre portée de ses rives comme par la montée d'un nuage d'orage » *(Les Eaux étroites).*

Ce que Gracq dit de la phrase de Breton vaut

pour la sienne : « A chaque instant, le cours entier de la phrase se montre singulièrement disposé à s'infléchir tout entier à la plus mince sollicitation – à *ricocher* et à rebondir indéfiniment sur une image dont le plan de tangence se révèle favorable. » De même, lorsqu'il parle de l'italique : « L'italique chez Breton vise ainsi à souligner souvent, et très heureusement, au milieu d'une phrase, le *point focal* autour duquel la pensée a gravité, inconsciemment d'abord et de façon hésitante, puis infaillible à partir du moment où le coup de théâtre de la trouvaille intervient [...]. Nous coïncidons par cet artifice, avec le sentiment même d'*éclosion*... » *(André Breton)*. Ce sentiment est essentiel à l'univers gracquien comme à l'esthétique qui le régit. Une suite d'images peut donner l'impression d'une éclosion, comme d'un feu d'artifice : « Les beaux muscles de l'eau, gainés d'un laminage de bulles, d'une nacrure d'aponévrose, comme les veines de la pâte à berlingots » *(Lettrines)*. Quant à l'italique, soit le mot ou l'expression ainsi détachés sont destinés « à faire sentir, par rapport à la phrase, la vibration d'un diapason fondamental », soit « l'italique dénonce une espèce de rébellion instantanée du mot qui, mû par sa force propre d'inertie, échappe soudain par la tangente à la courbe de la phrase et se met à graviter tout seul » *(André Breton)*. Le mot « règne » dans « Éclosion de la pierre », semble relever de la seconde stratégie. Même s'il s'associe aisément à « minéral », et si l'on voit bien comment l'idée de dominante, sinon de domination, se rattache à lui, il a tendance à travailler pour lui-même et à « échapper par la tangente à la courbe de la phrase ». Par exemple s'éveille en lui le mot « reine », par l'entremise d'eau-mère, celui de reine-mère, et par la proximité de minéral, de dure-mère, etc. En revanche, l'expression « se mettre en place », également en italique, résume le mélange de hasard et de nécessité qui préside au travail de l'écrivain ou du graveur. Un acteur vient occuper sur scène l'emplacement parfait, comme par hasard, et cependant mû par un sens infaillible. L'expression « sans réplique » revêt une signification relativement à l'acteur et au « sentiment de nécessité mal explicable ». « Explicable » entraîne « réplique » qui suscite « plaque » (« plique » / « plaque »). Le son « pl » mis en série s'achève par la « pluie océanique », en même temps qu'il comprend le « pli », qui lui-même introduit les cartes à jouer. On arrive au « tour de cartes » par une triple répétition de ce son (« les plus minimes », « il n'y a plus à choisir », « il n'y a plus à douter ») et par la joue (le verbe jouer, donc) et la main qui tient les cartes. A la suite de quoi un vocabulaire peut se déployer dans lequel entrent la réussite et la coupe ainsi que le verbe brasser. On passe de la coupe à la « planche histologique », etc. « Les affinités électives ne cessent pas de jouer » sous forme d'associations, de ricochets, de coqs à l'âne... « Ce système qui donne à un emploi aberrant du langage son caractère nécessaire, son évidence impérative, me paraît reposer sur le pouvoir que les mots ont d'engendrer des séquences associatives relativement indépendantes de la réalité » : Michael Riffaterre analyse à propos des poèmes de *Liberté grande* ce que Julien Gracq appelle le « dynamisme explosif du mot »[62].

Dans « Spectre du *Poisson soluble*», Gracq oppose le poème dans sa présentation traditionnelle au poème selon Breton : « Après tant de poèmes intimidants, "en belle page" sertis d'un blanc aussi glacial que le noir d'un avis de décès [...] voici que le rectangle de la page imprimée se met à *bouger* entre les marges comme le faisceau d'une lanterne sourde, voici que les lignes s'avouent pour ce qu'elles n'ont jamais cessé d'être : un bout de frange mal coupé qui dépasse. Nous suivons une lisière d'écume qui rejette par pulsations des étoiles et des coquillages : nous puisons et nous rejetons sans souci d'épargne : *il n'y a aucun risque*, puisqu'on longe toujours le bruit de la mer. Ce qui nous rend

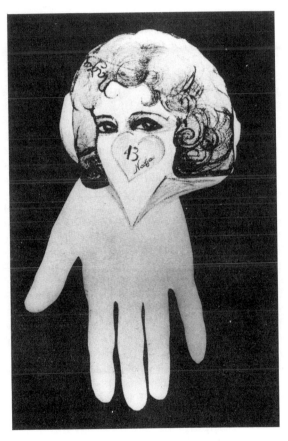

Illustration pour Nadja, *d'André Breton.*
« Les yeux bougent comme le tournesol
et l'héliotrope et sur les ruisseaux de lait
du crépi de la chambre se diluent
dans la tache d'encre d'un papillon noir »
(La Vallée de Josaphat).

poètes en face de ce butin jeté en vrac, c'est l'énormité pour la première fois pressentie et sondée du commun laissé pour compte, la pression instantanément transmise d'un océan d'inexprimé qui *fait bloc*, qui pèse du même poids sur chaque pouce de son lit. Le poème pour la première fois n'écarte plus et ne cherche plus à écarter l'obsession de tout ce qu'il n'a pas choisi d'être : il se fonde en elle, il s'y replonge et s'y dissout, il perd son opacité construite et détachée d'*objet* poétique, et se réduit à la conjonction d'un *élément*, qui baigne universellement les consciences, et d'un *regard*, qui tire à volonté l'arc-en-ciel de son rideau de pluie et l'y replonge, et pour lequel le poète n'a plus d'œil privilégié. Le poème redevient soluble dans la poésie, son orient fragile et changeant nous parle sans cesse d'une *eau-mère*, d'un plasma poétique dont la pulsation l'irrigue et auquel continue de l'unir une vivante consanguinité. Le diamant mallarméen cède la place à la perle *des mers* » (*Préférences*). « Un océan d'inexprimé », « un rideau de pluie », voilà qui détaille « le voile gris de grande pluie océanique ». « L'autorité spectrale d'une main, d'une joue qui fait signe inimitablement » : de nouveau il faut se référer au texte sur Breton. « Qui fait signe inimitablement » peut s'entendre « qui signe inimitablement », la caractéristique du grand écrivain. « L'autorité spectrale » doit être mise en relation avec « Spectre du *Poisson soluble* ». La main et la joue pourraient être celles que l'on voit sur la planche 33 de *Nadja* (le chiffre sur la joue fait indiscutablement signe). « Eau-mère » renvoie à la naissance et au liquide nourricier[63].

« Il est frappant de voir ces grandes rosaces d'images élues s'étoiler en filigrane de page en page à travers l'ensemble des poèmes du *Poisson soluble* – les cristaux, pour reprendre un des mots qui fascinent Breton, se reformer jusqu'à satiété de la solution-mère – aussi diluée, aussi secouée qu'on voudra... » (*Préférences*). Le poème s'extrait de ce fond

90

qui le porte. Gracq explique : « J'ai tendance, après avoir écrit un mot, à le rayer aussitôt pour bien souvent le rétablir, comme si j'avais besoin de beaucoup de *noirs* sur ma page, pour des raisons plus plastiques que littéraires[64]. » Faire émerger du noir ce qui doit l'être est une technique de gravure nommée « manière noire », technique d'impression en creux ou à plat[65].

Au cœur des ténèbres

Julien Gracq mentionne dans ses premiers ouvrages les noms de Piranèse, de Dürer et de Gustave Doré. Dans *Au château d'Argol*, la description d'une gravure s'apparentant « de très près par le style à certaines des œuvres les plus hermétiques de Dürer » tient une place essentielle en fin de volume. Cette gravure qui représente les souffrances du roi Amfortas évoque aussi une œuvre de Gustave Moreau. Il faut voir comment Gracq dispose dans le premier tiers d'*Au château d'Argol* et d'*Un beau ténébreux* une scène nocturne qui fait coupure et sur laquelle s'envole, ou s'enlève, la suite du livre. Dans le premier récit, à cet endroit, une allusion fait signe au lecteur : « Comme sur les pèlerins d'Emmaüs le rayon de lumière dont Rembrandt a enveloppé son Christ. » Pareillement, dans l'autre ouvrage, c'est la référence aux « couples hagards » des gravures romantiques qui, « à la lumière de la lune, cheminent inexplicablement comme des somnambules vers un burg aussi vertigineux, aussi inaccessible qu'une montagne magique ». L'épisode du château de Roscaër comporte plusieurs variations descriptives où Gracq prend plaisir à disposer des éclairs ou des taches de lumière sur un fond uniformément sombre. Dans *Le Rivage des Syrtes*, la visite nocturne d'Aldo à la chambre des cartes prépare l'entrée en scène de Vanessa, « le visage noyé dans l'ombre », mais « la carnation égale et très pâle de ses bras et de sa gorge » irradiant dans l'obscurité. A quoi viennent s'ajouter les nuits à Maremma. C'est dans *Le Roi Cophetua*, récit qui baigne dans sa quasi-totalité dans le noir, que Gracq rivalise avec l'art de la gravure continûment.

Presque dès le début, le ton est donné : l'auteur décrivant, à l'occasion d'un voyage en train, des cimetières de banlieue un jour de Toussaint pluvieux dispose sur un fond noir quelques touches de couleur (bleu-blanc-rouge). Non seulement la pluie raye le paysage de son écriture oblique, mais le paysage lui-même est « couleur de mine de plomb » – et l'on imagine un ciel également de plomb. A la Fougeraie, dans la pièce principale, c'est presque immédiatement la nuit : « L'obscurité noyait déjà les parties hautes où couraient au plafond les reflets du feu, mais le jour qui pénétrait encore par les baies allumait faiblement entre les tapis le parquet luisant, le cuivre des lampes, le couvercle verni du piano. » Une fois la nuit tombée, un éclairage à la bougie prend place qui demeure presque jusqu'à la fin du récit : « Derrière le menu buisson de lumières qui tremblaient, scintillaient seulement les yeux et les lèvres – la masse lourde, presque orageuse, des cheveux noirs se perdait dans l'ombre élargie qui se plaquait sur le mur. » Désormais tout se joue entre les fragments éclairés et le fond opaque où le reste se noie : « La silhouette fondit dans le couloir obscur. » Et plus noire que l'obscurité, véritable « cœur des ténèbres » (comme l'Amirauté la nuit), il y a « cette masse lourde de cheveux noirs qui vivait quelque part épaissement dans la maison enténébrée », réminiscence évidente de Poe.

La confrontation avec l'art du graveur s'accomplit dans la description de la *Mala Noche* de Goya[66]. Le récit prend son relief à partir de cette description et de celle du tableau d'après Burne-Jones qui donne son titre au récit. Tout est dit clairement : le blanc et le noir, comme pourraient battre « mêlées l'aile de la colombe et celle du corbeau », et surtout le travail à partir du fond (qui est aussi sonore : le bruit de la canonnade) : « Je fus frappé de tout ce que cette silhouette qui n'avait bougé pour moi que sur un fond constamment obscur conservait encore d'extraordinairement *indistinct*. Elle semblait tenir à la ténèbre dont elle était sortie par une attache nourricière qui l'irriguait toute ; le flot répandu des cheveux noirs, l'ombre qui mangeait le contour de la joue, le vêtement sombre en cet instant encore sortaient moins de la nuit qu'ils ne la prolongeaient. » Cet engluement des personnages dans le fond est une constante dans l'œuvre gracquienne : « Le baron de Charlus [...] se soude au détail de chaque scène du livre et semble s'absorber en elles, comme ces personnages, dans les décors de bibliothèques qu'a peints Vuillard, qui sont comme maçonnés dans le mur de livres auquel ils s'adossent » *(En lisant « en écrivant »)*. « Toutes les images du Nord, [...] aussi anciennes, aussi doucement soudées à elle que les petits paysages de l'arrière-plan, avec leur ville gothique et leur vue de rivière, le sont dans les tableaux de primitifs au profil du donateur » *(La Presqu'île)*. Il s'agit là d'une rêverie chère à Gracq, qui, travaillant la lumière dans la nuit, ou la nuit dans la lumière, approche au plus près l'art du graveur tel que le décrit Élie Faure à propos de Rembrandt : « Ce qui plonge dans la lumière est le retentissement de ce que submerge la nuit. Ce que submerge la nuit prolonge dans l'invisible ce qui plonge dans la lumière[67]. »

Recherche de la base et du sommet

L'Avis au lecteur, en tête d'*Au château d'Argol*, prend position contre le symbole, pour l'emblème dans cet ancien débat entre symbole et allégorie.

Goya, Les Caprices, La Mala Noche
(Musée royal, Copenhague).
« De grands paysages secrets, intimes
comme le rêve, sans cesse tournoyaient
et se volatilisaient sur elle... »
(Les Trompettes d'Aïda).

Collage de Max Ernst pour
La femme 100 têtes ouvre sa manche
auguste *(coll. D. et J. de Ménil). « Une figure
de style t'accompagnait quand tu croyais te
porter seule à d'aussi coupables extrémités »*
(Liberté grande).

L'univers gracquien est en perpétuel mouvement, les ordres s'interpénètrent, ils échangent leurs qualités. La migration est générale, ce qu'a très bien remarqué Maurice Blanchot lorsqu'il note que Gracq investit le langage à l'aide d'épithètes : « D'abord les objets font place aux éléments : une instabilité générale menace la configuration des choses qu'à chaque instant un groupement différent d'adjectifs peut transmuer en d'autres choses. [Cet univers] existe bien davantage comme unité, tout en lui est lié, les trajets s'abolissent, l'éloignement ne protège plus, nous sommes à la merci de ce qui nous est le plus étranger. Dans la magie, les choses cherchent à exister à la manière de la conscience, et la conscience se rapproche de l'existence des choses. D'un côté, les rochers, la chambre, l'étang semblent receler une intention et cacher une disponibilité énigmatique. De l'autre, les hommes perdent leur liberté, ont des airs de somnambule en plein jour, sont aux prises avec une espèce de glu cosmique, de "dissolution brumeuse et géante"[68] ».

Une autre procédure gracquienne est l'alliance de contraires (le blanc et le noir, le sombre et le clair), et surtout l'association syntaxique de termes sémantiquement inassociables (« éclosion de la pierre »...). Par exemple, on peut lire dans *Le Rivage des Syrtes*, à propos d'un navire : « Son ombre noire glissait comme une clairière de silence. » Le sombre est redoublé (« ombre noire ») ; le clair est suggéré par « clairière ». La dissociation du groupe « glisser silencieusement » s'effectue à travers le terme clairière. On obtient des « synthèses disjonctives » dans lesquelles « la divergence et la disjonction deviennent objet d'affirmation comme telles » (glisser comme une clairière, clairière de silence), et dont le véritable sujet serait l'expression d'une singularité préindividuelle, d'une intensité communiquant « avec toutes les autres singularités, sans cesser de former avec elles des disjonctions, mais en passant par tous les termes

96

disjoints qu'elle affirme simultanément, au lieu de les répartir en exclusions[69] ».

Une troisième procédure, étroitement liée aux deux précédentes, est la métaphorisation infinie, ou ce « procès de contamination ou de viscosité métaphorique » dont parle Anne Fabre-Luce[70] et qui consiste à empiler les comparaisons ou les métaphores les unes après les autres, non pas tant pour leur annulation, mais pour que de leur surimpression un affect se dégage. On peut dire de la prose gracquienne ce que Gracq dit de celle de Breton : « Cette carcasse de prose classique n'est plus qu'un trompe-l'œil, une croûte mince entièrement rongée de l'intérieur par un flux insolite de poésie » *(André Breton)*. Cette prose ductile facilite la circulation et le jeu des intensités. Ambiguïté, pluralité, mixité, trompe-l'œil servent à caractériser le baroque.

La présence, dans *Le Roi Cophetua,* des deux descriptions d'œuvres d'après Goya et Burne-Jones attire l'attention sur l'une des caractéristiques du baroque qui est de substituer au cercle avec un centre unique l'ellipse à deux foyers et que l'on peut retrouver à propos de l'emblème. Gilles Deleuze résume l'opposition entre allégorie (ou emblème) et symbole telle que Walter Benjamin l'expose dans *L'Origine du drame baroque allemand,* en présentant l'allégorie comme une recherche du sommet par la base : « Tantôt nous isolons, purifions ou concentrons l'objet, nous coupons tous ses liens qui le rattachent à l'univers, mais par là nous l'exhaussons, nous le mettons en contact non plus avec son simple concept, mais avec une Idée qui développe esthétiquement ou moralement ce concept. Tantôt au contraire c'est l'objet même qui est élargi suivant tout un réseau de relations naturelles, c'est lui qui déborde son cadre pour entrer dans un cycle ou une série, et c'est le concept qui se trouve de plus en plus resserré, rendu intérieur, enveloppé dans une instance qu'on peut dire "personnelle" à la limite : tel est le monde en cône ou en coupole, dont la base toujours en extension ne se rapporte plus à un centre, mais tend vers une pointe ou un sommet » *(Le Pli)*. Dans la chapelle aux abîmes *(Au château d'Argol)*, divers objets sont rassemblés : horloge de fer, lampe, tombeau, casque, lance. « De bizarres rapprochements, et moins ceux de la ressemblance que ceux à tous égards plus singuliers de l'Analogie, tendant tous à impliquer que cette visite très précisément déroutante n'eût pas été en réalité dirigée vers une chapelle perdue dans la forêt, mais exactement vers quelque château enchanté par la menace des armes louches du Roi Pêcheur. » Chaque emblème tend à entrer dans une série. En effet, dans la chambre d'Herminien, Albert découvre la gravure représentant les souffrances du roi Amfortas, avec l'inscription « Rédemption au Rédempteur ». Albert découvre aussi dans cette chambre une autre série, celle des « plus attachantes réussites de l'art humain acharné à fixer les expressions d'un visage ravagé par une passion violente et anormale » – série dans laquelle prend place l'improvisation musicale à laquelle s'est livré Herminien dans la chapelle. Chaque œuvre comporterait au moins deux séries d'emblèmes se compliquant l'une l'autre. Ainsi, dans *Un beau ténébreux*, une série « Amants de Montmorency » et une « Souvenirs de l'Évangile ». Une série prend toutes les autres « en écharpe », les faisant résonner entre elles, celle d'Edgar Poe qui s'épanouit dans *Un beau ténébreux* : à travers les noms des personnages (Allan et Gérard, anagramme d'Edgar) et diverses références à des œuvres de l'Américain. Cette série traverse aussi bien *Au château d'Argol* que *Le Rivage des Syrtes*. La citation qui se trouve en tête du *Domaine d'Arnheim* éveille le motif de « la reine du jardin » :

> Le jardin était taillé comme une belle dame
> Étendue et sommeillant voluptueusement,
> Et fermant ses paupières aux cieux ouverts...

Le livre se nourrit de « l'épais terreau de la littérature qui l'a précédé » *(Préférences),* métaphore
quasi funèbre. Tout livre est hanté par des revenants, ce qu'exprime le titre *En lisant « en écrivant ».* Ce titre cité (comme il l'est dans le présent
ouvrage) devrait en toute logique être transcrit en
caractères romains, pour sa partie originellement
en italique, réalisant ainsi l'inversion. Par ailleurs,
si l'on observe les couvertures des autres livres de
Gracq, on constate que « en forêt », dans *Un balcon
en forêt,* est en italique, détachant ainsi le mot
« balcon », comme l'est le mot « rivage » dans *Le
Rivage des Syrtes* : le balcon et le rivage sont deux
lieux gracquiens par excellence. L'aspect hachuré
de l'italique renvoie à la manière dont l'ombre est
obtenue dans l'eau-forte. Le travail de l'écriture se
présente toujours comme l'ombre *portée* de la lecture. Non seulement l'italique est oblique, mais elle
est allongée par rapport aux caractères romains.
C'est la torsion si caractéristique des figures du
baroque, le tourbillon, la ligne serpentine, la
flamme qui hypnotise. « La planche étroite des
pieds blancs et mats ondulait et volait devant moi
de marche en marche comme une flamme vive, dar-
dée un instant et aussitôt replongée dans les plis de
la lourde étoffe de suie. » « Entre mille autres, il me
semblait que je l'aurais reconnue à la manière dont
seulement au long de sa marche ondulait sur le
mur la lumière des bougies, comme si elle eût été
portée sur un flot » *(La Presqu'île).* Dans le titre *Un
beau ténébreux,* seul l'article est en italique. On sait
que « beau ténébreux » est le surnom d'Amadis de
Gaule et le qualificatif donné par Sainte-Beuve à la
figure de René : l'épais terreau de la littérature...
Dans le titre de Gracq, ces deux adjectifs semblent
en position affrontée, ou adossée, comme certaines
figures de l'héraldique : il est impossible de savoir
lequel est substantivé.

De Garcia Rodriguez Montalvo à Edgar Poe,
d'Alfred de Vigny à Arthur Rimbaud, l'écart semble

C. D. Friedrich,
Les Falaises de craie de l'île de Rügen
(coll. Oskar Reinhart, Winterthur).
« C'était l'heure où le froid brusque du soir détache
de la banquise ces burgs de cristal »
(La Barrière de Ross).

Les déchiquetures des falaises
du tableau de Friedrich dessinent, retournée,
la silhouette d'un château fantomatique.

*Illustration de Gustave Doré
pour* Les Contes drôlatiques, *de Balzac.*
« ... *nous revenions à la lumière des pures étoiles
antarctiques* » (La Barrière de Ross).

difficile à résorber. L'Avis au lecteur d'*Au château d'Argol* précise, avec une ironie qui est sans doute un déguisement, que l'auteur travaille dans la « pâte » des clichés : « De même que les stratagèmes de guerre ne se renouvellent qu'en se copiant les uns les autres, et nous font éprouver ce sentiment tout à la fois d'étourdissement créateur, de gloire et de mélancolie qui nous saisit à la pensée que la bataille de Friedland c'est Cannes et que Rossbach répète Leuctres, il semble décidément ratifié que l'écrivain ne puisse vaincre que sous ces signes consacrés, mais indéfiniment multipliables. »

Gracq emprunte aux répertoires consacrés, il se sert d'une machinerie préexistante, faisant fond sur le savoir du lecteur ainsi que sur une stratégie des effets susceptibles d'émouvoir ce lecteur présumé. Les emblèmes peuvent se construire par un montage d'accessoires, et la machinerie évoque le théâtre de l'époque baroque. Un jour d'été, entre Salamanque et Valladolid, Roland Barthes imagine une philosophie nouvelle « sur un fond (un roc ?) matérialiste où le monde n'est vu que comme un tissu, un texte déroulant la révolution des langages » : « Devant les *morceaux* du monde, je n'ai droit qu'à la *préférence*» *(Roland Barthes par Roland Barthes)*.

La dernière chambre du labyrinthe

Edgar Poe décrit dans *Le Masque de la Mort rouge* un édifice hermétiquement refermé sur lui-même et dans lequel sept salles s'étendent de l'est à l'ouest, chacune de couleur différente : « La septième salle était rigoureusement ensevelie de tentures de velours noir qui revêtaient tout le plafond et les murs, et retombaient en lourdes nappes sur un tapis de même étoffe et de même couleur. Mais, dans cette chambre seulement, la couleur des fenêtres ne correspondait pas à la décoration. Les carreaux étaient écarlates – d'une couleur intense de sang. » La chambre dans laquelle se réfugie le narrateur du *Portrait ovale* a ses murs tendus de tapisserie et ses volets fermés ; le lit lui-même est entouré de « rideaux de velours noir garni de crépines ». Dans les deux récits, l'architecture générale est bizarre et irrégulière. L'œuvre gracquienne propose des lieux semblables. La chapelle aux abîmes est un espace apparemment « parfaitement clos », baignant dans une « obscurité odorante et presque complète », avec, au sommet de la voûte, une lampe brillant dans un verre rouge. Dans *Le Rivage des Syrtes*, la pénombre de la chambre des cartes, « à toute heure du jour, semblait dissoudre une tristesse stagnante de crépuscule » : la même atmosphère que dans les lieux où l'on cloue des ex-voto, comme la chapelle aux abîmes. Le rouge n'est pas absent de la chambre des cartes : il se trouve sur la bannière contre le mur, sur la carte où une ligne d'un rouge vif désigne la frontière à ne pas franchir, enfin il est dans l'évocation d'un « passage de la *mer Rouge* » (proche, phonétiquement, de la Mort rouge). Une telle pièce, pratiquement fermée à la lumière du jour, n'est pas sans évoquer celle que décrit Leibniz pour expliquer ce qu'est la monade : sans fenêtre, ni trou, ni porte. La chambre obscure a été utilisée comme modèle de la vision, elle a servi également de référence à des philosophes (Locke, Leibniz, Marx, Nietzsche, Freud...). Le pays d'Argol et sa rivière ne sont rien d'autre qui présentent à Albert « un impossible *négatif de la nuit* » où le paysage ne lui est donné à voir qu'*à l'envers*. Gilles Deleuze montre comment la monade leibnizienne prend sens à être rapportée à l'architecture baroque :

> Depuis longtemps il y a des lieux où ce qui est à voir est au-dedans : cellule, sacristie, crypte, église, théâtre, cabinet de lecture ou d'estampes. Ce sont ces lieux que le baroque investit pour en dégager la puissance et la gloire. D'abord la chambre obscure n'a qu'une petite

103

ouverture [...]. Et puis les décors à transformation, les ciels peints, tous les genres de trompe-l'œil qui garnissent les murs : la monade n'a de meubles et d'objets qu'en trompe-l'œil. Enfin, l'idéal architectural d'une pièce en marbre noir, où la lumière ne pénètre que par des orifices si bien coudés qu'ils ne laissent rien voir du dehors, mais illuminent ou colorent les décorations d'un pur dedans *(Le Pli)*.

Intérieur et extérieur sont autonomes, chacun relançant l'autre. Deleuze explique que l'apport du baroque est d'avoir conçu une maison à deux étages, celui du haut, clos (l'intérieur), celui du bas, espace de réception ou de réceptivité (la façade, l'extérieur). Le monde baroque s'organise selon deux vecteurs, « l'enfoncement en bas, la poussée vers le haut ». Les deux étages sont « séparés par le pli qui se répercute des deux côtés suivant un régime différent ». Le Pli « s'actualise dans les plis intimes que l'âme enclôt à l'étage du haut, et qui s'effectue dans les replis que la matière fait naître les uns des autres, toujours à l'extérieur, à l'étage du bas. [...] La "duplicité" du pli se reproduit nécessairement des deux côtés qu'il distingue, mais qu'il rapporte l'un à l'autre en les distinguant : scission dont chaque terme relance l'autre, tension dont chaque pli est tendu dans l'autre ».

Dans les récits gracquiens, les chambres obscures sont des cryptes, des églises, des cabinets de lecture ou d'estampes. Et ce sont des lieux de repli. *Un beau ténébreux* propose une illustration de cette configuration dans le rêve du château assiégé : « Tous à la fois les volets à fente claquèrent, et, doublés de toile noire pour masquer à la nuit les lumières intérieures, communiquèrent aux alignements de la longue façade l'air de claustration lugubre, le deuil boiteux et inégal des visages masqués de ces carrés de soie noire qui pendent au-devant d'un œil arraché. D'une fenêtre descendait, balafrant toute la hauteur de la façade à plis lourds et somptueux, un immense pavillon noir. » La ten-

104

ture noire se voit comme l'intérieur d'un gant qu'on aurait retourné. Dans la chambre des cartes, la bannière rouge tombe « à plis rigides de toute sa longueur contre le mur ». Si l'intérieur est consacré au repli, l'extérieur l'est au dépliement. « Written in Water » exprime le vœu : « Pourrait-on jamais vivre qu'à *fleur de peau*, se prendre à d'autres pièges qu'à ceux des glaces et – déplié comme ces belles peaux de bœuf qui boivent le ciel de toute leur longueur – déplissé, lissé comme une cire vierge au seuil des grands signes nocturnes [...] je retournerai hanter ma parfaite image. » Repli de la pensée, *éclosion* de la « fleur mystérieuse ». L'image de la construction géométrique et refermée du *Masque de la Mort rouge* est inversée :

> La dernière chambre du labyrinthe donne sur une disposition intime de l'âme où l'on craint de regarder : la fleur mystérieuse qu'elle abrite, c'est à la plante humaine qu'il est demandé de la faire s'entrouvrir dans une ivresse d'acquiescement aux esprits profonds de l'Indifférence *(La Sieste en Flandre hollandaise).*

Ce « labyrinthe sans repère » est celui « de l'écran mille fois replié et redoublé sur lui-même des peupliers » aux « voilures serrées » tels qu'on les voit en Flandre hollandaise ou sur l'île Batailleuse. Pli, dépliement, éclosion, repli. Un rien fait passer d'un état à un autre ; il suffit d'un changement imperceptible dans les « subtiles impressions de l'air ». Ce peut être la phrase de Breton, si semblable à une route paresseuse, ou au cours de l'Èvre, « ample, longue, sinueuse, fertile en incidentes, en rebondissements et en échos intérieurs [...]. Ces arabesques insolites de la phrase ployée et reployée sur elle-même comme du verre filé... » *(André Breton).* « Éclosion de la pierre » décrit le processus par lequel prend forme une figure dans le travail de la gravure – c'est-à-dire comment se constitue le texte lui-même. Toute la fin d'*Un beau ténébreux* est le déploiement d'un ensemble de poèmes de *Liberté grande*. Le titre de l'un d'entre eux, « Le Vent froid de la nuit » (emprunté aux *Poèmes barbares* de Leconte de Lisle), apparaît alors. Les dix dernières pages de l'ouvrage consistent à « déclore », verbe que Julien Gracq aime utiliser dans son sens vieilli[71].

La duplicité du pli, le récit obtenu par dilatation, expansion des descriptions, l'amplification ou, au contraire, la miniaturisation (le goût pour les vignettes et les lettrines), le thème de la solitude, celui de la réversibilité, la bulle noire et la bulle blanche (goutte d'encre ou « fine bulle de transparence » de *La Sieste en Flandre hollandaise*), les figures incorporées au fond, comme soudées à lui (le narrateur de *La Sieste en Flandre hollandaise* absorbé par le sol spongieux...), la prolifération des métaphores et des alliances de mots, la théâtralisation du monde, le double foyer, le labyrinthe, la chambre noire, la belle en deuil, autant de traits – la liste n'est certainement pas exhaustive – qui appartiennent à l'esprit du baroque. Dans son livre *Poétique de la dérive*, Daniel Klébaner établit un parallèle entre la dérive et le baroque. Dans un premier temps, il les rapproche en faisant « la dérive parente du baroque, ne retenant que le jeu dans l'exubérance des déterminismes, la profusion dans l'abandon » : « Ils sont des produits de l'errance, un jeu gratuit des formes, une métamorphose où ce qui se métamorphose se perd dans la métamorphose même. » Ensuite, il les oppose : « Si, comme le baroque, la dérive est surabondance, ce n'est pas pour provoquer le vertige de la redondance. Ici, la surabondance des déterminismes est comparable à l'infinité des bruits imperceptibles contenus dans le déroulement d'une vague, et dont la somme produit en nous la perception du bruit que fait alors cette vague. La somme de ces déterminismes en nombre infini, nous la percevons comme une grande indétermination qui nous égare à considérer la dérive. Paradoxalement, ce pullulement de causes atteint ainsi au dépouillement le plus complet. A l'opposé du baroque – et pourtant si proche de lui – la dérive existe dans l'espace d'une grande nudité[72]. » Les deux termes de dépouillement et d'exubérance ne sont pas exclusifs dans l'œuvre de Gracq qui illustre l'un et l'autre (pauvreté et prolifération). Cette œuvre se situe dans l'écartement entre deux extrêmes. A côté de l'immobilité médusante (de qui est médusé), qui siège au centre du cyclone, règne le mouvement, lent ébranlement ou glissade furieuse.

Nosferatu, *de F. W. Murnau.*
« A minuit, par un clair de lune coupant
comme un rasoir, je détachais l'amarre
de la galère funèbre – et voguais »
(L'Appareillage ambigu).

5
Lisières

Mais taisons-nous : cela que je sais est à moi,
et alors que cette eau deviendra noire, je pos-
séderai la nuit tout entière avec le nombre
intégral des étoiles visibles et invisibles.
PAUL CLAUDEL *(Connaissance de l'Est)*

Chemins

Le titre d'un ouvrage du géologue allemand
Eduard Suess, *Das Antlitz der Erde*, a « toujours
fasciné » Julien Gracq. Il lui emprunte l'expression
« la face de la terre » qu'il utilise à de très nombreuses reprises[73]. Cette « face de la terre » que
Gracq a si amoureusement caressée comporte ses
lieux d'élection : la Flandre hollandaise, le bocage,
autre labyrinthe (« Chaque tournant du chemin
pousse une porte précautionneuse, et derrière vous
une autre se referme. Paysage traversé comme une
maison compliquée, une chambre après une
chambre – toutes les portes en chicane, et jamais
deux barrières en vis-à-vis » *[La Presqu'île]*), la planèze de Salers, les plateaux de l'Aubrac et du
Cézallier « au long desquels on marche comme sur
une mer de la lune », la Sologne, les Landes, la Bretagne... Le premier contact de l'écrivain avec
Venise a créé un lien très fort que le temps n'a pas
affecté : il fréquente les Fondamente Nuove pour
éprouver le sentiment d'« une dérive attrayante au
long des siècles morts vers les échouages de la non-
durée » *(Autour des sept collines)*. Il apprécie

109

Madrid au « superbe *négligé* monumental » et Paris « presque de bout en bout charmé par son fleuve, bordé de degrés de pierre comme une piscine, ombragé d'arbres, enguirlandé de lierre, et où semblent conduire par un fil de plaisir toutes ses rues, comme les allées du jardin d'été mènent vers la pièce d'eau » (« Souvenir d'une ville inconnue »).

Gracq cherche à délester les villes de toute force de gravité, contribuant ainsi au programme souhaité par Michel Butor, « hâter le passage vers un nomadisme luxueux tout neuf ». Il n'est pas surprenant qu'il le fasse dans des textes n'appartenant à aucun genre précis. Butor le dit : « La puissance absolue du centre par rapport à l'espace environnant faisait que de quelque point que l'on parte il n'y avait en fait qu'une direction permise, et ceci se traduisait pour les textes par leur linéarisation aussi forte que possible. [...] Si le roman tel que l'ont développé les derniers siècles est l'expression par excellence de la grande ville classique, ce sont de nouvelles formes mobiles et ouvertes, anneaux et réseaux pour lesquels les siècles anciens peuvent nous proposer nombre d'esquisses, qu'il nous faut aujourd'hui mettre au point[74]. » A Londres, le jeune Louis Poirier découvre et expérimente ce qui deviendra son mode d'approche favori du tissu urbain, « la déambulation indéfinie et sans repères » (« Souvenir d'une ville inconnue »). Julien Gracq se fait de Nantes l'image « d'un nœud mal serré de radiales divergentes, au long desquelles le fluide urbain fuit et se dilue dans la campagne comme l'électricité fuit par les pointes » *(La Forme d'une ville)*.

De l'arbre, Gracq aime l'apparence des branchages déployés comme un poumon, c'est-à-dire ni la racine ni le tronc, mais ce qui est le plus proche du rhizome. Les chemins sur les cartes dessinent de tels tracés. Dans tous les cas se manifeste son « tropisme des lisières » qui est d'abord une relation d'un ordre érotique : « Je retrouve le sentiment

110

doux-amer – que le rêve bien souvent nous restitue, mais que je vivais alors familièrement – d'une dérive engourdie, frileuse, le long d'un vaste corps vivant dont on perçoit la respiration toute proche, mais qu'un sort malin empêche de rejoindre » *(La Forme d'une ville).* Jean-Pierre Richard note que dans le voyage érotique gracquien « la femme constitue à la fois le but et le chemin : immanente et transcendante par rapport au désir, à la fois possédée et traversée, si l'on peut dire, vers elle-même, vers sa possession toujours impossible – et c'est bien là, chez Gracq, l'énigme du jouir[75] ».

Dérives

Le substantif « dérive » et le verbe « dériver » sont certainement parmi les mots qui reviennent le plus souvent dans l'œuvre gracquienne. Dans une lettre adressée à Michel Murat, l'écrivain s'explique sur ce qu'est pour lui une description : « Vous dites remarquablement que la description est *pente* (dans mon dernier livre, je dis "dérive" : la différence n'est pas très grande). Tout comme vous dites fort bien qu'elle ne donne jamais à *voir*. Là, sans doute, où je me trouverais en désaccord avec vous, c'est que dans les romans que j'aime, je ne perçois jamais les descriptions comme hors-d'œuvre, "enlisement" ou morceaux autonomes, mais seulement comme retards enrichissants au seuil de l'imminence, et au total aussi naturellement et absolument liés au courant de vitesse sans cesse changeante, de la lecture, que peuvent l'être dans un morceau de musique des blanches, des noires ou des doubles croches qui se succèdent. C'est pour moi, parce que la description est essentiellement dérive et donc mouvement (seulement ralenti) qu'elle donne sur le récit et s'y soude de la manière la plus naturelle[76]. »

Il existe, selon les dictionnaires, quatre verbes « dériver » qui diffèrent de par leur origine, mais

111

dont les significations peuvent se recouper. Le premier vient du latin *derivare* (de *rivus*, ruisseau); il peut être intransitif ou transitif. Dans ce dernier cas, il s'agit de détourner des eaux de leur cours naturel, pour leur donner une autre direction. Ainsi tire-t-on un mot d'un autre par dérivation. La dérivation est un détournement et une manière de « découler » de quelque chose. Un dérivatif permet de détourner l'esprit de ses préoccupations. Intransitif, « dériver » signifie, en parlant d'un cours d'eau : être détourné de son lit, de son cours naturel. Un corps dérivé, chimiquement parlant, est un corps obtenu par la transformation d'un autre. Un verbe « dériver » vient de « river », attacher solidement et étroitement au moyen de chaînes ou de fers, assujettir. Dériver est dans ce cas en relation avec la déliaison. Un troisième verbe (à partir de « rive ») signifie écarter des rives d'un cours d'eau du bois flottant, pour éviter qu'il ne heurte les bords. Enfin, dernier verbe (à partir de l'anglais *to drive*) et dernier sens : s'écarter de sa direction en parlant d'un navire ou d'un avion ; d'où, au figuré, s'abandonner, être sans volonté, sans énergie ; de là aussi les expressions telles que : aller à la dérive, à vau-l'eau... Lorsqu'on a brisé ses amarres, qu'on a levé l'ancre débute l'errance, puisque « errer », c'est d'abord s'écarter, s'éloigner de la vérité, puis : aller au hasard (le vaisseau erre sur les flots); laisser errer son regard, c'est le laisser « flotter » (attention flottante) ou le faire se promener. Être détourné ou se détourner, s'écarter ou être écarté, se promener, flâner, libérer, découler, résulter de... Tantôt agent, tantôt patient... Et presque toujours une relation lexicale avec l'élément liquide... Gracq utilise à plusieurs reprises l'expression « courir sur son erre », notamment à propos de l'un des plus beaux moments du film de Murnau, *Nosferatu* – le plan « du navire qui, courant sur son erre, entre dans le port de Brême et, sous la figure de l'eau tremblante qu'il fend et ride à peine, pénètre comme un coin et

112

vient fissurer l'obscurité du monde[77] ». L'erre est la vitesse acquise d'un bâtiment sur lequel n'agit plus le propulseur. L'expression « courir sur son erre » dit bien qu'il ne s'agit pas d'un vouloir, mais d'une force inhérente à la chose même sur son élément porteur.

Un exemple très connu de dérive, au sens de quitter la rive, dans l'œuvre de Gracq, est le lancement du paquebot décrit dans le poème « Pour galvaniser l'urbanisme » et dans « Les Yeux bien ouverts » : « Quand on enlève les derniers vérins, la coque commence à glisser avec une extraordinaire lenteur, au point qu'on se demande un assez long moment si vraiment elle bouge ou ne bouge pas. [...] On sentait, on *voyait* tout d'un coup qu'il y avait, derrière cet ébranlement presque millimétrique, une extraordinaire *pression.* » Saint-Nazaire, pour cette occasion, est une « ville glissant de partout à la mer comme sa voguante cathédrale de tôle, ville où je me suis senti le plus parfaitement, sur le vague boulevard de brumes qui domine le large, entre les belles géographies sur l'asphalte d'une averse matinale et tôt séchée, dériver comme la gabare sans mâts du poète sous son doux ciel aventureux » *(Liberté grande).*

Le « clinamen » lucrécien est une dérive « philosophique ». Traditionnellement, on voit en lui un mouvement oblique venant modifier un premier mouvement. Une autre interprétation, celle de Gilles Deleuze, le définit comme « la détermination originelle de la direction du mouvement de l'atome. Il est une sorte de *conatus*: une différentielle de la matière, et par là même une différentielle de la pensée[78] ». L'analyse philologique du texte par Mayotte Bollack met l'accent sur l'importance du poids *(momen mutatum)* lié à la déviation « comme l'"oscillation" l'est à la lourdeur[79] ». La masse du navire courant sur son erre, ou glissant à la mer, est une assez bonne illustration de la chute de l'atome ou de son clinamen revus par l'imagination gracquienne. Michel Serres a montré que, pour comprendre

Wu Yuanzhi,
*illustration de l'*Ode à la falaise rouge.
Paysage de la rivière Fei.
« ... le chemin d'eau m'emportait
chaque après-midi à reculons... »
(Moïse).

Grèves de l'île Batailleuse.
« Voici la belle sur son lit d'eau… »
(L'Averse).

Lucrèce, il fallait se référer à une mécanique des fluides et non à une mécanique des solides, et qu'ainsi le clinamen est une différentielle (confortant la position deleuzienne, donc), « et proprement une fluxion ». La question que, selon lui, se pose Lucrèce est la suivante : « La chute des atomes est une cataracte laminaire idéale ; quelles sont les conditions pour qu'elle entre dans l'expérience concrète, celle du flux tourbillonnant[80] ? » Le vocabulaire gracquien combine le tourbillon et l'oblique. Le tourbillon, le tournoiement renvoient à la tornade et à son centre médusant, tandis que l'oblique se réfère explicitement à la *nature des choses* :

> La nature est perverse ! L'homme est pervers ! Heureusement. C'est ainsi que les choses se font. C'est ainsi que se font les rencontres, et toute chance, toute nouveauté vient de là. Comment les choses, les êtres se croiseraient-ils, se féconderaient-ils sans les *pervertir*, sans les faire obliquer sur leur route sans embûches, sans nouveauté. Que ce soit là une tâche diabolique, accordé du reste. Le diable, c'est toujours *l'oblique (Un beau ténébreux)*.

La perversion est conçue comme déviation, et le diabolique comme ce qui désunit, à la fois par l'étymologie et par le sens commun. Avec le poème de Baudelaire auquel Gracq fait allusion lorsqu'il parle de « dériver comme la gabare sans mâts du navire[81] », on n'est pas loin du célèbre « Suave mari magno turbantibus aequora ventis ». Michel Serres a montré que l'on en retenait le début (« Il est doux de contempler le rivage... ») pour signifier « une égoïste sérénité », alors que la seconde partie (« Quand sur la vaste mer les vents soulèvent les flots ») met en avant « les tourbillons en milieu fluide, eaux et vent, annoncés comme un titre et aux origines du monde ». L'image du navire portant Nosferatu venant fissurer l'obscurité du monde s'accorde avec l'exclamation du poète latin : « Dans quelles ténèbres et dans quels dangers s'écoule ce peu d'instants qu'est la vie ! », ainsi qu'avec l'image

116

du diable (le démon de la perversité) désunissant, séparant pour que jaillisse du nouveau. C'est pourquoi la tempête baudelairienne devient un « doux ciel aventureux » et le navire propagateur de la peste un possible messager d'espérance. Dans l'œuvre de Gracq, on ne remonte pas les fleuves comme Marlow pour retrouver Kurtz « au cœur des ténèbres », mais pour que s'épanouisse le sentiment de la naissance et du ressouvenir.

Le fleuve et ses rives

Selon René Char, la poésie, « jeu des berges arides », se différencie du poème, « ascension furieuse ». Le poète veut vivre dans le torrent, dans « la frénésie des cascades », mais il ne le peut continûment, il est aussi « homme des berges ». Avec Julien Gracq, la métaphore se diversifie : « L'œuvre d'un écrivain coule entre des livres, les livres qu'on écrit sur lui » *(La Littérature à l'estomac)*. Cette phrase signifie sans doute simplement qu'au xxe-siècle il n'est pas de possibilité pour une œuvre d'exister sans être accompagnée d'une cohorte de commentaires. On peut penser aussi que l'œuvre de l'écrivain bénéficierait du mouvement, donc d'un devenir, alors que les livres écrits sur elle, ou sur l'écrivain, seraient comme les rives du fleuve qui jamais ne bougeront, vouées à l'effritement, lui-même prélude à l'éboulement. Un personnage d'un film de Jean-Luc Godard remarque qu'on parle toujours de la violence du fleuve qui déborde sur ses rivages, et jamais de la violence des rivages qui enserrent le fleuve *(Numéro deux)*. Le cinéaste a repris cette image pour conseiller une jeune actrice : « Si d'aventure maintenant tu suis des cours de théâtre, n'oublie pas que c'est toi le cours d'eau, et eux les durs rivages qui cherchent à te canaliser-banaliser[82]. » Les commentaires entraveraient-ils la liberté du flot de l'œuvre créatrice ?

117

Peut-être donnent-ils aussi à ce flot une direction, peut-être lui sont-ils indispensables. On ne voit pas que l'œuvre de Gracq ait subi quelque violence de la trentaine de livres qui lui sont consacrés. La plupart, d'ailleurs, tiennent à son sujet un discours convenu. Il existe une doxa concernant Gracq. Puissance du fleuve façonnant ses rives. Sa violence ne réside pas dans le seul débordement. Impuissance des rives qui voient couler le fleuve en ignorant tout de la profondeur de ses eaux et de la force de son courant. Mais encore puissance des rives qui participent aux deux univers. Accotées à l'arrière-pays qui les épaule, elles plongent dans l'eau : sur leurs bords, le fleuve se pacifie, elles constituent une zone de transition, une zone de transit. Bandes du fleuve, elles facilitent les opérations de contrebande, de l'aquatique au terrestre. René Char, lui, ne parle pas de rives mais de berges, mot qui implique un exhaussement. Les eaux de la Sorgue ne sont pas celles de l'Èvre.

La dérive de la métaphore est justifiée. Qu'est-ce qu'une « description vraie » selon Julien Gracq ? « Une dérive qui ne renvoie à son point initial qu'à la manière dont un ruisseau renvoie à sa source : en lui tournant le dos. » *Les Eaux étroites* décrivent d'autres dérives, celles de l'enfance dans une barque sur l'Èvre. L'Èvre coule entre des rives dont les paysages défilent lentement dans le souvenir de l'écrivain :

> Si lentement que glisse la barque dans l'eau stagnante, d'une couleur de café très dilué, ils semblent se succéder et se remplacer à la vitesse huilée des décors d'une scène à transformation, ou de ces toiles de diorama qui s'enroulaient et se déroulaient, et défilaient devant le passager de Luna-Park assis dans sa barque vissée au plancher. Le plaisir exceptionnellement vif, et presque l'illusion de fausse reconnaissance, que m'a procuré dès les premières pages la lecture du *Domaine d'Arnheim* tient, je pense, à la sensation que la nouvelle de Poe communique simultanément de l'immobilité parfaite de l'eau et de la vitesse réglée de l'esquif qui semble moins saisi par un courant que plutôt tiré de

L'Èvre.
« *L'ombre de la forêt sur la rivière*
mêlait à l'eau noire une douce tisane
de feuilles mortes et d'oubli »
(Moïse).

l'avant par un aimant invisible. Plus tard, le cygne de Lohengrin, remontant, puis descendant sur la scène de l'Opéra les lacets de la rivière, m'a rendu une fois encore fugitivement, cette sensation de félicité presque inquiétante qui tient – je ne l'ai compris qu'alors – à l'impression d'accélération faible et continue qui naît d'une telle navigation surnaturelle.

On pourrait gloser sur ce passage de l'œuvre à l'Èvre, sur ces rives « qui viennent à moi et s'écartent comme les lèvres d'une mer Rouge fendue[83]. » Les rives (les livres) qui font la haie devant l'esquif (l'écrivain) sont comme des lèvres s'ouvrant pour faciliter son avancée. Ainsi la phrase sur l'œuvre et les livres qu'on écrit sur son auteur renvoie-t-elle à quatre « personae » : le fleuve et la barque qui dérive, les rives / lèvres et le grand corps dont elles sont les portes sensuelles. Les relations s'inversent. Les rives sont les parties d'un tout, et le fleuve est un ensemble dont l'embarcation qu'il porte n'est qu'un fragment. Faut-il entendre que l'œuvre porte son auteur comme l'eau fait de la barque ? Désormais, l'élément immobile est cet esquif, tandis que les paysages derrière les rives se succèdent les uns aux autres. Rêverie fondamentale qui commande l'écriture d'un poème comme « Moïse » et celle des *Eaux étroites*, et qui conduit à cette métaphore de l'œuvre de l'écrivain coulant entre des livres, signifiant que Julien Gracq n'a pas d'autre origine que cette *eau-mère* qui est une eau noire, et que l'écrivain n'a de rêves que d'encre. Il serait tout autant inutile de se livrer à une analyse psychocritique des images autour desquelles ces œuvres se déploient que de vouloir scruter la vie de Louis Poirier pour découvrir on ne sait quelle clef. Il n'est d'autre sens que celui du parcours, ce que dit la métaphore du cours d'eau.

De la rivière d'Argol qui « roule ses flots au fond d'un abîme naturel aux bords rapides » à l'Èvre, le rythme a changé, mais les eaux sont toujours aussi ensorcelantes et le déroulement aussi serpentin. On est seulement passé de l'enserrant (l'image du serpent est récurrente au début d'*Au château d'Argol*) à l'enserré. *Les Eaux étroites* comporte une référence aux paysagistes chinois de l'époque Song, hantés par « le thème pourtant restreint de la barque solitaire qui remonte une gorge boisée ». *Liberté grande* évoque déjà « ces rivières qui défilent si doucement devant le chant d'un oiseau perdu à la cime d'un roseau, comme posé après un retrait du déluge sur un paysage balayé des dernières touches de l'homme ».

Glisser

La dérive sur le « chemin de l'eau » est toujours vécue comme heureuse, de même que l'autre dérive sur les routes terrestres : en témoignent la question posée un jour à Breton « sur la curieuse tentative qu'il fit – avec Aragon, Vitrac, et un quatrième dont le nom m'échappe – pour mettre en pratique le précepte du *Manifeste* : *Partez sur les routes* » (*Lettrines*), ou la connivence « obscure » que Gracq décèle entre lui et les hippies « revenus au chemin de la vérité » qu'ils imaginent « fleuri, ouvert, pierreux, méandreux, plein de bruits de sources, de rencontres et de lentes voix d'hommes, d'accueil et de surprises » *(Lettrines 2)*. A cette occasion, il cite René Char : « Aller me suffit »[84]. La route, le chemin ont ceci d'exaltant qu'ils sont l'enfance retrouvée : « Et maintenant le sentiment inexplicable de la *bonne route* faisait fleurir autour de moi le désert salé, dit Aldo. Le paysage au fil de la route, comme au fil d'une flèche son empennage » (« La Vallée de Josaphat »).

> Un instant il ferma les yeux et se laissa glisser sous la voûte mouillée, aspirant à pleins poumons la fraîcheur salubre et résineuse ; il retrouvait le sentiment d'accueil profond, initiatique, que lui gardaient toujours ces cavées froides aux tempes ; ainsi, au soleil déclinant, passé le col et quitté l'alpage grésillant et tout crayeux encore de soleil, il aimait se laisser absor-

ber comme par une eau froide et fermée par le tunnel des sapins du versant de l'ombre – ainsi maintenant il se laissait couler, éprouvant voluptueusement de la plante du pied dans les virages la masse de la voiture qui dévalait. Un moment il souhaita se confier jusqu'à la gare à cette pente ombreuse et froide – maternelle – les yeux fermés, les oreilles sifflantes, comme un skieur qui se laisse couler de sa montagne jusqu'à l'hôtel : les seuls moments de sa vie qui lui avaient paru valoir la peine de les vivre avaient ressemblé à cette vrille qui s'enfonçait toujours plus bas à travers les arbres. Il soupçonna qu'Irmgard n'était peut-être que le nom de passage qu'il donnait ce soir à cette glissade panique. Il n'avait eu dans sa vie qu'une maladie grave ; chaque nuit, quand la fièvre, qui le faisait délirer, le laissait tomber dans le sommeil plus pesant qu'une pierre, il avait refait le même rêve ; une Sibérie immensément gelée, une piste entre des sapins noirs, la neige doucement phosphorescente de la nuit – et, fascinantes, inévitables, comme le plaisir solitaire, ces deux planches sous ses pieds sur lesquelles toute la nuit, la tête lourde et légère, la tête perdue, au travers de la terre morte il glissait *(La Presqu'île).*

Le verbe associé à la dérive est « glisser ». Il désigne le mouvement élu de l'œuvre gracquienne. Erwin Straus fait de l'acte de glisser l'exemple même pour comprendre les propriétés du « sentir » qui, pour lui, est « un processus d'explication avec le monde », une « transformation permanente dans la confrontation du Je et du monde ». Glisser est un processus continu d'un instant à l'autre qui donne l'espace et l'étendue ; mais glisser exige la confirmation du mouvement précédent par le mouvement ultérieur, ou, si l'on préfère, d'un moment par l'autre. Dans cet acte sont indissociablement mêlés ce qui est agréable et ce qui est menace (perdre tout repos au milieu des circonstances changeantes). Le texte de *La Presqu'île* transcrit mimétiquement cette expérience pour le lecteur en le faisant glisser du « présent » du personnage à divers moments de son passé, y compris un rêve qui, véritable mise en abyme, « dure toute la nuit » ; et en le faisant slalomer entre des comparaisons variées (le ski, le plai-

122

sir solitaire, la pierre qui tombe, la vrille, la Sibérie). Chaque image doit être confirmée par la suivante, avec chaque fois l'angoisse de voir le sol se dérober sous ses pieds – ceux du narrateur et ceux du lecteur – et l'indicible plaisir[85].

Cette glissade est un aria (plaisir solitaire), quand la quantité se métamorphose en qualité ; elle est aussi comme le prélude du dernier acte de *Tristan (La Solitude)* et de la scène qui le suit, la seule dont est absente Isolde. « Quand Van Gogh écrit à son frère : "Pour atteindre à la haute note jaune de cet été, il a bien fallu se monter le coup un peu", il ne parle pas d'une couleur descriptive qui lui aurait servi à identifier un champ de tournesols. S'il emploie ce terme musical de note, c'est parce que dans ce jaune, le monde sonne ; et il sonne dans la mesure où Van Gogh, dans ce jaune, habite un monde qui n'a pas encore cristallisé en objets, et avec lequel il communique au rythme d'un vertige ascendant, où la présence qui s'appelle Van Gogh, toujours en porte à faux sur la vie de Vincent, se déploie en tourbillon solaire jusqu'à la rupture finale. Or, le comment de la présence s'exposant à son pouvoir-être dans la moindre sensation, n'est exprimable que par un style[86]. » Gracq appelle cela « le timbre », « un certain *timbre* irremplaçable et jamais entendu » *(André Breton)*, fidèle à Wagner dont la véritable découverte, selon Adorno, est la couleur sonore, « l'art de l'orchestration au sens fort, en tant que participation productive du timbre au processus musical : "De sorte que cette couleur elle-même devenait action"[87]. »

Chemins qui ne mènent nulle part

Moïse est entraîné sur le « chemin d'eau » à reculons. *Le Roi Cophetua* utilise à plusieurs reprises l'expression de *« profil perdu »* qui vient du domaine de l'art et qui désigne un visage vu de côté et en arrière de trois quarts, cachant donc en partie les traits du profil normal : « Le visage qui ne s'était jamais laissé apercevoir qu'à la dérobée, et qui conservait toute l'indécision du *profil perdu*. » Cette expression est préparée, annoncée de loin, comme si, bien plutôt, c'était elle qui faisait tache d'huile, remontant le fil du récit et contaminant d'autres mots (expression, élégance...). « Profil perdu » renvoie à une posture favorite dans l'œuvre de Julien Gracq et qui est de « tourner le dos » – celle des personnages de Piero della Francesca qui, « souverainement non concernés, tournent le dos à la scène capitale » *(En lisant « en écrivant »)*. Cette posture entretient une relation étroite avec l'art de jouir d'un paysage : « J'ai toujours aimé par-dessus tout, dans les paysages les plus célèbres, le coin parfois difficile à découvrir – comment dire ? – d'où l'on *tourne le dos* à la vue » *(Un beau ténébreux)*. Par exemple, « au bout, sous une porte voûtée très sombre, tout Venise était dans un petit carré d'eau noire, luisant et frisant furieusement sous le soleil avec un clapotement inlassable » *(Un beau ténébreux)*.

« En littérature, toute description est *chemin* (qui peut ne mener nulle part), chemin qu'on descend, mais qu'on ne remonte jamais. [...] La description, c'est le monde qui ouvre ses chemins, qui devient chemin, où déjà quelqu'un marche ou va marcher » *(En lisant « en écrivant »)*. Erwin Straus distingue l'espace du paysage de l'espace géographique. « Le paysage est invisible parce que plus nous le conquérons, plus nous nous perdons en lui. Pour arriver au paysage, nous devons sacrifier autant que possible toute détermination temporelle, spatiale, objective ; mais cet abandon n'atteint pas seulement l'objectif, il nous affecte nous-mêmes dans la même mesure. Dans le paysage, nous cessons d'être des êtres historiques, c'est-à-dire des êtres eux-mêmes objectivables. Nous n'avons pas de mémoire pour le paysage, nous n'en avons pas non plus pour nous
124

La Flandre hollandaise.
« *Couché plus bas qu'aucune autre créature vivante*
sur l'oreiller fondamental [...] de plain pied
avec le mufle bénin des vaches... »
(Moïse).

dans le paysage. Nous rêvons en plein jour et les yeux ouverts. Nous sommes dérobés au monde objectif mais aussi à nous-mêmes. C'est le sentir[88]. » Erwin Straus dit aussi que dans le paysage nous nous sentons perdus. C'est très exactement la description de l'expérience fondamentale de *La Sieste en Flandre hollandaise* : « Le désert a ses perspectives où l'imagination s'engouffre, la forêt la vie cachée de sa pénombre et de ses bruits – ici la sensation intime qu'on s'est perdu, pour être sans fièvre, se fait plus subtile et plus absorbante. On peut cheminer pendant des heures d'une case à l'autre de cet immense jeu de l'oie, dans le bruissement obsédant des peupliers et l'odeur d'herbe écrasée, jamais la vue ne va plus loin que la prochaine digue et le prochain rideau d'arbres ; du fond plat de chacune des alvéoles, nul ne voit et nul n'est vu ; derrière la première digue s'allonge une digue pareille, et derrière l'écran des arbres un autre rideau de peupliers. » Plus d'horizon, plus de perspective, plus de panorama, plus d'observateur observé... Des chemins qui ne mènent nulle part. « Entortillé dans le paysage ainsi que dans les *fils de la Vierge* de septembre, on emporte avec soi comme un pollen quelque chose de sa substance qu'on s'incorpore » *(Lettrines 2)*. Gracq a donné l'exemple d'une « route » qui ne mène nulle part, avec son récit inachevé intitulé *La Route*. Jean-Noël Vuarnet voit dans ce texte « une sorte de complément au dernier épisode du *Rivage des Syrtes* » : « Un tel fragment matérialise dans sa forme même l'image d'une fin des temps où ne subsiste, précisément, que le fragment : fragment où s'inscrit ce qui gît désormais hors du monde cadastral, le *Dehors* dont parle Blanchot, aussi bien que l'intensification dont parle Nietzsche ; fragment où s'inscrit le texte imprononcé d'un roman d'après la fin des temps et comme la géographie d'un monde retombé en enfance[89]. » L'intensification, liée à la notion de qualité pure, n'est pas absente d'*Au château d'Ar-*

126

gol, et l'idée du fragment est inscrite dans la thématique de ce premier roman dont le sujet semble être une union brisée, dès les retrouvailles des deux amis, par la présence de Heide, « principe de cette singulière altération de leurs rapports », puis retrouvée dans les dernières pages. Aussi les images signifiant la séparation et la renaissance abondent-elles depuis « les membres dispersés du jour » jusqu'aux pierres tombées de la chapelle aux abîmes qui, sur l'herbe noire, « luisaient comme les membres blancs et dispersés d'un héros abattu par traîtrise ». Il est néanmoins exact qu'à la différence de ce récit *La Route* présente « une image visible du temps » : « Cette route qui va s'effaçant – "chemin qui ne mène nulle part" – est hétérogène au monde qu'elle traverse : ceux qui la parcourent, une dernière fois, ne sont pas du même monde que ceux qui, du bord, les regardent... » Pas du même temps, puisque les voyageurs de *La Route* sont les derniers représentants d'une civilisation et que les habitants des bords sont les premiers d'une autre... Pas du même monde, puisque, à ce stade, s'opposent sans s'affronter, comme à travers une vitre, un « ordre presque spirituel » et le « tout-venant de la glèbe ». Cette opposition, factuelle et provisoire, redouble, à un moment historique donné, celle des nomades et des sédentaires[90] ». *La Route* est donc « le poème du nomadisme retrouvé ». Pour glisser à la philosophie, vers Deleuze en passant par Leibniz, Jean-Noël Vuarnet ajoute : « *Nomadologie* poétique non sans analogie, peut-être, avec celle que, de son côté, développe Gilles Deleuze sur le mode théorique. » Si Julien Gracq se trouve du côté du nomade, Louis Poirier serait plutôt du côté du promeneur, du flâneur selon Walter Benjamin.

127

Le bruit souverain

Julien Gracq évoque l'art de la fugue, cette forme musicale typiquement baroque dont Bach a été le principal illustrateur, pour expliquer la liberté avec laquelle le poète passe sans transition d'une image à une autre. Lorsqu'on écrit « en lisant », on vient toujours « après ». Ainsi l'image des eaux étroites et de la dérive est-elle empruntée à Edgar Poe. Le sujet de la fugue est énoncé dans *Le Domaine d'Arnheim*. *Au château d'Argol* émet la réponse, comme deuxième voix, et naturellement la conduite de la première voix a été modifiée par cette réponse. Le sujet n'est pas reproduit exactement, l'imitation est irrégulière. Elle se réalise par augmentation, ou diminution, par mouvement contraire ou renversement (inversion), par mouvement rétrograde, ou à l'écrevisse (à reculons), et enfin par la combinaison de tous ces procédés. De métamorphose en métamorphose, on arrive aux *Eaux étroites*. Cette vision ne prend pas en compte les changements d'orientation qui affectent le développement de l'œuvre. L'art de la fugue, c'est avant tout pour Gracq une pratique du coq à l'âne, une manifestation de liberté, un art de glisser, d'échapper à la prise (« On ne peut saisir l'homme qui glisse », dit Erwin Straus), et non une savante et rigoureuse mathématique.

Une autre analogie avec la musique baroque serait la présence dans l'œuvre gracquienne d'une basse continue, qui serait, selon les moments, la modulation du chant du monde, une rumeur d'émeute, un grondement d'orage, dans les stades « le Bruit souverain éclate où les cœurs se libèrent, et remplit le stade jusqu'au haut des gradins », « un hosanna de cris éperdus qui pleuvaient d'un congrès d'alouettes invisibles » *(Lettrines 2)*, la rumeur de Nantes, le « bruit de fond imperçu et moteur [...] qui est le ronronnement et la vitesse de croisière de la lecture », et même « le silence premier, à la fois compact, porteur et nourricier, qui resurgit et fait surface comme d'un grand fond, aussi concrètement audible que le tic-tac de la pendule dans la pièce qui s'assoupit » *(Lettrines 2)*, et, par-dessus tous les autres, le bruit de la mer, l'exemple invoqué par Daniel Klébaner pour opposer la dérive et le baroque. Or cet exemple vient de Leibniz. On ne perçoit pas le murmure de chaque vague mais le bruit de la mer, remarque le philosophe, et cette perception consciente « se produit lorsque deux parties hétérogènes au moins entrent dans un rapport différentiel qui détermine une singularité » (G. Deleuze) – une qualité. Le problème de l'écrivain est de décrire, de donner à percevoir cette qualité. Le pouvoir séparateur de l'œil « intime » fait sortir le clair de l'obscur, en l'y plongeant, c'est-à-dire en décomposant la perception unique en de petites perceptions approximatives dont la succession établira l'idée de cette basse continue et fondamentale. Tout le final d'*Un beau ténébreux* est accompagné par la rumeur toute-puissante de la mer. Elle est transmise par accumulation et répétition d'expressions telle que : choc assourdi, vagues cataractantes, sourd tonnerre, coups de bélier, etc. Elle l'est aussi d'une autre manière :

> A cette heure avancée du jour, dans cette arrière-saison perdue, dans ce grand corps vidé avec l'été de son sang et de son tumulte, un air plus fin, comme un cristal clair, accueillait des vibrations plus ténues, plus confuses, les plus légers bruits prenant leurs aises – froissement d'une feuille, déferlement lointain d'une vague, analysé, *décomposé* en un miracle de ralenti par une ligne inégale d'écueils obliques, vent léger, insistant comme la passée d'une main, dans les arbres du parc – appelaient soudain à eux une attention anormale, adhérente, un affinement maladif de l'ouïe, fuyaient d'instant en instant, comme le mourant la mort de soupir en soupir inégal, le silence imminent à travers d'exténuants, d'irrespirables intervalles.

Ces petites perceptions sont autant de représentants du monde dans le moi, et, comme le dit Gilles Deleuze, « l'infini actuel dans le moi fini, c'est exactement la position d'équilibre, ou de déséquilibre, baroque » *(Le Pli)*. Il s'agit de pousser l'imagination à sa limite en obligeant la pensée à penser le tout comme totalité dépassant l'imagination, sans que le processus intellectuel annihile la plénitude émotionnelle – la définition même d'une forme de sublime. L'unité ne doit pas être une unité d'assemblage, une résultante. Le passage d'un détail à un autre s'accompagne d'une transformation de l'ensemble au fur et à mesure que la progression s'effectue : et cette transformation, ce rythme fonde les petites perceptions dans une unité plénière. Elles sont soudées entre elles comme les formes de la coupole byzantine traversées par la lumière pour créer l'espace de la Gloire.

> Plus que tout peut-être, il songea qu'il aimait de l'Océan en été ce que la Méditerranée n'a jamais – et que l'Atlantique n'atteint qu'à certains jours privilégiés sur les plages qui regardent vers l'ouest – cette heure de fête rapide et menacée, aussi précieuse, aussi passagère que le *rayon vert*, qu'il appelait la *gloire des plages*. La marée montante et presque étale, avec cette exaspération de son tonnerre sur le sable ferme, qu'on lui voit à ce moment-là, ces derniers coups de bélier plus rageurs contre un obstacle qui se durcit. Le sable rétréci – rien qu'une mince lisière assiégée – où la foule des baigneurs se bouscule et se piétine presque avec ces gestes des bras levés qu'on voit aux bords du Gange, ou chez les adorateurs du soleil. Le globe ébloui qui descend en face, les crêtes écumeuses transpercées par la lumière poudroyante, les diamants et les aigrettes qui voyagent sur l'embrun, l'armée des toiles de tente rayées qui claquent sur leurs montants comme des oriflammes, le bruit de foule pareil à un bruit de forêt – tout cela atteignait pour lui un moment à une espèce de point suprême, de *fête complète*, écumeuse et fouettée, où se mêlaient, à l'heure même où Vénus sort de la mer, l'exubérance des corps jeunes, l'orient de la perle, la tombée de neige des cimes de glaciers, la brutalité d'une charge de cavalerie *(La Presqu'île)*.

Tout est dit de l'ambition gracquienne. Exprimer le « suc inexprimable de l'heure qu'il est » *(Lettri-*

130

nes 2), surtout quand cette heure menacée est celle de la dépense pure, de l'explosion sensuelle, d'un gaspillage de splendeur : le corps de la femme émerge d'un espace tout entier *consacré*, auréolé, comme le Christ rayonnant sur le tympan des églises, des gouttelettes de lumière et du fracas des vagues.

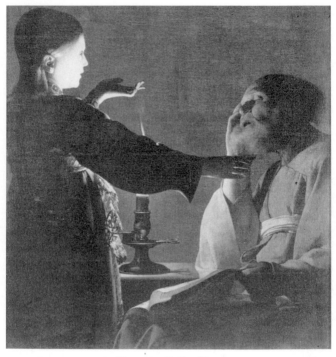

Georges de La Tour,
Saint Joseph et l'Ange (*musée de Nantes*).
« ... *avec la fascination d'un accord longuement tenu*
où courent se noyer comme en une eau dormante
les arabesques de la mélodie, revient me hanter
le silence » (Les Hautes Terres du Sertalejo).

6
L'invisible auteur du songe

> Il n'y avait là rien de particulièrement
> remarquable ; et Alice ne trouva pas non plus
> *très* extraordinaire d'entendre le Lapin dire
> entre ses dents : « Oh, mon Dieu ! Oh, mon
> Dieu ! je vais être en retard ! »
> LEWIS CARROLL *(Alice au pays des merveilles)*

Bonheur-du-jour

« A travers la porte vitrée de la salle d'attente... »
Ainsi débute *La Presqu'île*. La salle d'attente et la
vision à travers la vitre pourraient représenter
l'existence humaine cloîtrée dans un huis clos
désespéré, les hommes enfermés attendant quelque
chose qui ne viendra jamais, ou qui n'arrivera que
trop sûrement. *Au château d'Argol*, la remarque en
a souvent été faite, est de la même année qu'un
livre dans lequel le monde matériel, la Nature,
l'homme lui-même sont décidément « de trop », *La
Nausée*. Lorsque, en 1940, Julien Gracq écrit dans
l'ouverture d'*Un beau ténébreux* : « Le sentiment de
la toute-puissante *réserve* des choses monte en moi
jusqu'à l'horreur », il est difficile de ne pas voir là
une réponse au livre de Sartre. Le mot « réserve »,
impliquant à la fois une distance et une richesse,
s'oppose à la prolifération obscène des choses, vraiment gluantes, telle que *La Nausée* la donne à ima-
giner. Comme le narrateur de *L'Ile de la fée,* Gracq
pourrait dire : « Il est un plaisir toujours à la portée
de l'humanité déchue, – et c'est peut-être l'unique,

– qui doit même plus que la musique à la sensation accessoire de l'isolement. Je veux parler du bonheur éprouvé dans la contemplation d'une scène de la nature. » Cette émotion n'exclut pas, bien au contraire, l'« horreur », sorte de frémissement sacré. Cet *étonnement*, qui est l'effet du sublime, « est cet état où l'âme saisie d'horreur jusqu'à un certain point voit tous ses mouvements comme suspendus » (Edmund Burke). Les choses, refusant de « se prêter au jeu », tissent d' « efficaces complots de silence, de bois et de pierre ». L'homme, le narrateur, n'a plus qu'à devenir « un fantomatique voleur de momies », et non « une conscience mal à l'aise et qui pourtant se laissait aller de tout son poids, en porte à faux, sur ce morceau de bois inerte » *(La Nausée)*. Il ne s'agit pas de constater une coupure radicale : « Je sentais avec ennui que je n'avais aucun moyen de comprendre. Aucun moyen. Pourtant c'était là, dans l'attente, ça ressemblait à un regard. [...] Les choses, on aurait dit des pensées qui s'arrêtaient en route, qui s'oubliaient, qui oubliaient ce qu'elles avaient voulu penser et qui restaient comme ça, ballottantes, avec un drôle de petit sens qui les dépassait » *(La Nausée)*, mais de se laisser porter, ballotté d'une variation de couleur à une autre, d'une « subtile impression de l'air » à une saute du vent, d'un rayon de lumière au tintement de l'eau dans une fontaine. La salle d'attente de *La Presqu'île* n'est pas le vrai lieu de l'attente : « On n'attend vraiment personne ici. »

La description qui ouvre le récit s'achève sur une femme âgée, une « vieillarde » : « Il était difficile de penser qu'elle fût entrée là et qu'elle en sortît jamais : elle semblait plutôt attendre, dans la lumière oblique de la croisée, sur le fond des bruns poisseux d'atelier, un peintre qui cherchât le *caractère*». Tout à fait le contraire de la vieille femme dont Roquentin, le front « contre le carreau », suit avec agacement le déplacement : « C'est ça le temps, le temps tout nu, ça vient lentement à l'existence,

134

ça se fait attendre et quand ça vient, on est écœuré parce qu'on s'aperçoit que c'était déjà là depuis longtemps. La vieille approche du coin de la rue, ce n'est plus qu'un petit tas d'étoffes noires. Eh bien oui, je veux bien, c'est neuf, ça, elle n'était pas là-bas tout à l'heure. Mais c'est du neuf terni, défloré, qui ne peut jamais surprendre. Elle va tourner le coin de la rue, elle tourne – pendant une éternité. » Avec humour, la vieillarde de Gracq, engluée dans une atmosphère très sartrienne (les bruns pois-seux), est vouée à l'immobilité... et à l'attente. « Sujet pour petit-maître hollandais ou flamand », elle attend celui qui tentera de sublimer son carac-tère pittoresque, peintre « de caractère », ou roman-cier à la Maupassant. Vraiment, personne n'est attendu ici.

Gracq dit à Jean-René Huguenin avoir apprécié *La Modification*, et *Le Voyeur* dont « l'érotisme gla-çant [l']a frappé ». Mais il formule dans *Préférences* une appréciation moins élogieuse : « Par rapport au roman de Sartre, Robbe-Grillet est un transfuge qui abandonne l'homme, coupé d'un monde écœurant et insignifiant, et tente de passer dans l'autre camp, du côté du monde lui-même, sans plus lui présenter nos éternelles exigences de correspondance et de signification. Un monde désensibilisé, justiciable seulement (c'est d'ailleurs encore trop) de la règle à calcul, du compas et de l'équerre, – un monde où d'ailleurs des morceaux d'hommes apparaissent parfois pincés dans l'enchevêtrement de ses volumes, mais exclusivement à la manière d'une nature morte ou d'un fragment anatomique. » On peut déceler dans *La Presqu'île* plusieurs clins d'œil signalant une intention discrètement parodique. Par exemple, dans la description initiale : « La visière baissée d'une casquette bougeait faiblement par instants derrière la vitre, flanquée d'un pavil-lon d'oreille qui pinçait un crayon » (le retour du verbe « pincer » serait comme une trace de cette intention), ou dans la précision des heures entre lesquelles prend place l'action décrite : 12 h 53 (33, si l'on tient compte du fait que le personnage est arrivé avec vingt minutes d'avance) et 19 h 53, alors que l'on sait la gêne éprouvée par Gracq à la lecture d'une phrase de ce genre : « Elle se mit au piano et joua la sonate *y grec* – *opus 75* » où il voit une « référence au monde inerte du catalogue, de la fiche, que le sang romanesque soudain n'arrive plus à irriguer » *(Lettrines)*. Toute la description du début de *La Presqu'île* peut être lue comme une tranquille subversion de certaines procédures romanesques de ce siècle. Elle est comme un petit meuble dont il faudrait ouvrir les tiroirs. L'un de ces tiroirs est le mot désert. Rappelant dans *En lisant « en écrivant »* l'« attention inépuisable donnée aux *bonheurs-du-jour* » par André Breton, Gracq signale qu'ensuite sont venus « les faiseurs de plans, et les techniciens à épures », et il cite à ce propos un mot de Nietzsche « Le désert s'accroît. Malheur à celui qui porte en lui des déserts. » La première phrase de la description divise géométriquement l'espace en deux (la droite et la gauche), avec d'un côté une ombre projetée et de l'autre un soleil « de plomb »; d'un côté, une couleur (de chocolat) sombre, de l'autre, « le miroitement un peu tremblé des routes chaudes », un effet visuel suggérant une teinte décolorée. Une marquise « ajourée » induit l'idée de découpes, d'ouvertures, alors que le désert des rails renvoie plutôt au rectiligne et au compact. Comme, en fait de couleur, le compact est du côté de la marquise, un effet de chiasme est suggéré. A la « coupure » de l'espace correspond une coupure de la phrase marquée par un point virgule. La présence de « mais » au début de la seconde proposition indique une relation d'opposition qui se réfracte dans chaque élément des deux propositions : l'ombre de la marquise est projetée « sur » et « contre » (verticalité et horizontalité), et dans la verticalité un mouvement contradictoire est signalé par les verbes « tomber » et « monter ». La jonction

136

d'un terme à un autre s'effectue d'abord à travers un regard, celui d'un personnage nommé Simon. Cet observateur cède vite la place à un « on » indéfini (« on apercevait »), lui-même relayé par les choses et leur activité autonome (« le soleil tombait », « le miroitement montait »). Il ne ressort pas, comme on peut le lire dans *Pour un nouveau roman*, « que ce soit d'abord par leur *présence* que les objets et les gestes s'imposent », ni que, ces objets n'ayant jamais de présence en dehors des perceptions humaines, une subjectivité totale soit visée. Il n'y a que des « bonheurs-du-jour », c'est-à-dire, pour reprendre un mot de la philosophie médiévale qu'aime utiliser Gilles Deleuze, des *heccéités* : « Toute individuation ne se fait pas sur le mode d'un sujet ou même d'une chose. Une heure, un jour, une saison, un climat, une ou plusieurs années – un degré de chaleur, une intensité, des intensités très différentes qui se composent – ont une individualité parfaite qui ne se confond pas avec celle d'une chose ou d'un sujet formés. [...] Les heccéités sont seulement des degrés de puissance qui se composent, auxquels correspondent un pouvoir d'affecter et d'être affecté, des affects actifs ou passifs, des intensités » *(Dialogues)*.

Liberté grande mentionne les « délirantes géométries euclidiennes des gares de triage ». De fait, cette organisation géométrique se défait très vite, la seconde phrase de *La Presqu'île* en témoigne. Elle est apparemment construite comme la précédente, divisée par un point virgule. Chaque proposition est elle-même scindée par un tiret qui décale et isole un fragment par rapport à l'ensemble. Quatre fragments sont ainsi délimités qui présentent apparemment un chiasme parfait autour d'une vision de détail et d'une vision générale. Mais il n'y a plus de droite ni de gauche (indications déjà bien floues) – simplement, par deux fois l'expression « de ce côté », qui ne peut désigner les mêmes lieux puisque, ici, la vue est fermée et que, là, elle s'étend très loin.

Des oppositions du type « sur/sous », « s'élever/tomber » existent, mais comme un des deux termes est métaphorique et l'autre pas, tout repère s'en trouve brouillé (« sur les traverses/sous la coction » ; « une marquise s'élevait/tombé à la roture »). Ce brouillage apparaît aussi au niveau syntaxique. Gracq donne leur autonomie à des groupes qui s'éloignent du mot auquel ils se rapportent : « Et posés sur cette litière torréfiée, la lumière aveuglante des rails, etc. » Posés renvoie à rails : le sens est clair, mais la syntaxe est rudoyée. Un autre exemple est dans le prologue d'*Un beau ténébreux* : « Il arrive que par certaines après-midi, grises, closes et sombrées sous un ciel désespérément immobile – comme sous la maigre féerie des verrières d'un jardin d'hiver –, dépouillées de l'épiderme changeant que leur fait le soleil et qui tant bien que mal les appareille à la vie, le sentiment de la toute-puissante *réserve* des choses monte en moi jusqu'à l'horreur. »Dépouillées renvoie à choses, mais l'on pourrait croire que cet adjectif se rapporte à « après-midi ». L'espace est flottant, les qualités migrantes. « Ce sont les heccéités qui s'expriment dans des articles et pronoms indéfinis, mais non indéterminés... » *(Dialogues)*. De là l'usage de « on », « certaines », « un »...

Gracq a dit ce qui le séparait de la littérature existentialiste comme du nouveau roman : les valeurs d'« exil » qui sont celles de *L'Étranger* ou de *La Nausée* ne sont pas plus les siennes que l'opacité du monde extérieur des romans de Robbe-Grillet. L'œuvre gracquienne se démarque volontiers de ces univers qui lui sont contemporains. On peut mesurer l'écart qui sépare Gracq de Sartre sur ces quelques lignes empruntées à *La Nausée* et qui abordent un thème commun aux deux auteurs : « J'ai peur des villes. Mais il ne faut pas en sortir. Si on s'aventure trop loin, on rencontre le cercle de la Végétation. La Végétation a rampé pendant des kilomètres vers les villes. Elle attend. Quand la ville sera morte, la Végétation l'envahira, elle grimpera sur les pierres, elle les enserrera, les fouillera, les fera éclater de ses longues pinces noires ; elle aveuglera les trous et laissera pendre partout des pattes vertes. Il faut rester dans les villes, tant qu'elles sont vivantes, il ne faut pas pénétrer seul sous cette grande chevelure qui est à leurs portes : il faut la laisser onduler et craquer sans témoins. » Dans *La Presqu'île*, par exemple, Gracq tient implicitement un discours dans lequel il précise sa position dans le siècle, mais ce discours, ne se présentant pas comme tel, demande à être découvert. Un autre tiroir du petit meuble est le mot « marquise » qui apparaît dès la première phrase. Il ramène à l'esprit le fameux texte de Valéry, lui-même analysé par Gracq dans *En lisant « en écrivant »*. Marquise « reste rigoureusement connoté par l'adjectif *exquise*, toujours présent musicalement en filigrane : finesse, joliesse »... La connotation fonctionne dans *La Presqu'île* où il s'agit pourtant des vitrages qui abritent les quais d'une gare : l'adjectif « ajourée », associé à marquise, se dit d'une broderie ou d'une dentelle.

La toile de Pénélope

Julien Gracq insiste sur « la somme de décisions sans appel, brutales ou subtiles, qu'implique toute première page » : « La vérité est que le romancier ne *peut* pas dire "La marquise sortit à cinq heures" : une telle phrase, à ce stade de la lecture, n'est même pas perçue : il dépose seulement, dans une nuit non encore éclairée, un accessoire de scène destiné à devenir significatif plus tard, quand le rideau sera vraiment levé. Le tout à venir se réserve de reprendre entièrement la partie dans son jeu, de réintégrer cette pierre d'attente d'abord suspendue en l'air... [...] Si le roman en vaut la peine, c'est ligne à ligne que son aventure s'est courue, ligne à ligne qu'elle doit être discutée, si on la discute » *(En lisant « en écrivant »)*. Bien sûr, ce défi ne peut être relevé.

Marquise entre dans le vocabulaire renvoyant à l'aristocratie (reine, château...) et à son contraire, la roture. Ajouré annonce la frise, mais aussi le dentelé des figures des cabinets d'anatomie. La description comporte une seconde marquise, significativement « exilée » dans l'enchevêtrement des rails « de seconde zone », c'est-à-dire dans un désert que sa relégation rend deux fois plus désertique. Chaque mot de la description peut faire l'objet d'une investigation sur ce qu'il annonce et sur la manière dont il voyage, en proximité ou lointainement. Les coups de tampon des wagons préfigurent le préposé au guichet, ainsi que le mot « rame », l'administration consommant des rames de papier ; le train des gares deviendra le train des vagues en passant par un train de plaisir et le train enragé de la circulation automobile. Une phrase peut rassembler des éléments qui, ensuite, partent chacun dans leur direction. Ainsi : « Il vit devant lui son après-midi s'étendre libre, vacante et remuée, un peu solennelle, comme les lourds nuages blancs ballonnés qui commençaient à monter par-dessus la crête de la route. » Les trois termes « nuages blancs ballonnés » se dispersent avec le mot « crête » quelques lignes plus loin : « Il se fit dans son esprit un *blanc* presque parfait de quelques secondes. Un nuage passait devant le soleil, à sa droite les branchettes de la haie se tenaient immobiles dans l'air soudain gris, par-dessus leur crête un panneau de basket-ball hissait tout seul, très haut sur deux jambages de métal, une réclame jaune et rouge pour l'essence *Shell.* » Les associations peuvent être purement sonores : casquette s'agrège à placette et proprette, puis à brouette, assiette, etc., qui entraînent jeunette, douillette, chemisette, maisonnette, etc. Les diminutifs à suffixe en « ette » entrent dans le vocabulaire du « modèle réduit » où dominent des

140

adjectifs comme petit ou menu, et un adverbe comme faiblement... Une comparaison militaire est lancée avec « comme d'une sentinelle sa guérite » : elle se poursuit dans tout le récit. Tel mot joue sur ses homonymes, tel autre sur ses antonymes, tel autre encore est simplement répété. L'association peut reposer sur des liens très distendus, comme torréfier et toril ou cantine et courtine. Dans le dernier exemple, courtine peut renvoyer à plusieurs sens : rideau de lit, tenture derrière un autel, partie du pavillon qui forme le manteau (en héraldique), façade d'un bâtiment comprise entre deux pavillons, mur rectiligne compris entre deux bastions ; il peut donc entrer dans plusieurs champs sémantiques (le militaire ; les travaux domestiques et féminins tels que la broderie et la dentelle), comme il peut annoncer le « pavillon » d'oreille. Il faut également penser à ce qui rappelle l'arsenal gracquien connu : l'opposition de l'obscurité et de la lumière, l'huile de l'asphalte luisante, le regard et la blessure (« fermer la vue », « lumière aveuglante », « l'œil blessé »...). Avec ces énumérations, on reste loin du compte. Ce travail d'entremêlement et d'entrecroisement est celui du tissage ou de la broderie, c'est le tricotage serré des reflets de l'eau ensoleillée sur les parois des murs ou des ponts, c'est le travail de l'écrivain. Gracq parle à propos de Proust de « son merveilleux travail au crochet, où chaque maille se lie souplement, non seulement à la précédente et à la suivante dans l'ordre de fabrication, mais aussi transversalement, au-dessus et au-dessous d'elle, à toute la texture du tissu dans sa masse » *(En lisant « en écrivant »)*. Mais cette manière de faire « retire en même temps quelque chose à la temporalité dramatique, au mouvement d'écoulement sans retour de la prose ».

« C'est le couvent sur lequel la mer festonne ses vagues, la langue tirée, avec l'application d'une brodeuse, d'une Pénélope rassise et tranquille, d'une empoisonneuse de village entre ses fioles accueillantes et le pain qu'elle coupe à la maisonnée – le pain qui soutient et qui délasse – le pain qui nourrit. » Un autre poème de *Liberté grande* évoque une femme « peut-être assise à coudre dans cette lumière bonne des soirées diligentes, des mains soigneuses […]. Et tu penses que je suis loin, derrière cet horizon où s'enfonce un train empenné de ses douces lumières. » Une fois encore, les images sont prises dans un tourniquet. Pénélope attend son époux voyageur en tissant et en défaisant son travail. Pour attendre Irmgard (qui vient vers lui dans un train), Simon entreprend un périple circulaire : à l'aide des « subtiles impressions de l'air » et des variations de son humeur, il tisse à sa façon dans sa tête la robe d'Irmgard, « dansante et légère sous la buée des lampes ». Quant à Gracq, il tresse un texte avec des mots parmi lesquels, en premier, ceux de la couture et, plus largement, du domaine des tissus : aiguille, fil, liseré, franges, nappe, courtine, drapeau, rideau, tapis, courtepointe, robe, border, froisser, friper, déplisser, etc. Lorsque Gracq souhaite que les œuvres romanesques (les siennes donc) soient abordées ligne à ligne, et non selon « des groupements simplificateurs très étendus et pris en bloc », il distingue, d'après le vocabulaire deleuzien, deux « plans ». Un plan d'organisation, plan de transcendance qui « organise et développe des formes, genres, thèmes, motifs, et qui assigne et fait évoluer des sujets, personnages, caractères et sentiments : harmonie des formes, éducation des sujets » *(Dialogues)*, et un « plan de consistance » qui ne connaît que des heccéités. Avec *La Presqu'île*, et le modèle de la robe tissée/brodée, il semble qu'il soit arrivé à réaliser ce plan de consistance. Alors que, chez le sédentaire, « le tissu intègre le corps et le dehors à un espace clos », le nomade, lui, « en tissant indexe le vêtement […] sur l'espace du dehors, sur l'espace lisse ouvert où le corps se meut » *(Mille Plateaux)*. Ce que fait Gracq à partir des espaces lisses par excellence, la mer ou la fourrure végétale

de certaines régions comme la Flandre hollandaise :
« Il n'y a pas de couture à cette robe verte – pas de
lacune à ce revêtement pelucheux et universel » *(La
Sieste en Flandre hollandaise)*, ou l'Aubrac, quand
« la terre nappée de basalte hausse et déplisse dans
l'air bleu une paume immensément vide à l'heure
plus froide où tes pieds nus s'enfonceront dans la
fourrure respirante, où tes cheveux secoueront dans
le vent criblé d'étoiles l'odeur du foin sauvage, pendant que nous marcherons ainsi que sur la mer
vers le phare de lave noire, par la terre nue comme
une jument ». Le texte gracquien se constitue en
patchwork (un peu semblable aux longues jupes de
gitane aux bandes biaises), un bout à bout, sans
couture ni lacune, sans envers ni endroit, réversible
comme les cartes des jeux. Ainsi se présente *La
Presqu'île* une juxtaposition de sensations du « présent », de un ou plusieurs souvenirs, de possibles
envisagés, de sensations du « présent » de nouveau,
etc. D'une certaine manière, c'est la composition des
Lettrines et de la plupart des textes les plus récents
de Gracq. Le « presque » du titre indique peut-être
que Gracq a le sentiment que, désormais, il a
« presque » rejoint la forme idéale, les textes précé-
dents représentant autant d'approximations. Dans
ce livre, « il » est presque lui. C'est aussi le livre où
le romanesque et l'autobiographique se recouvrent
« presque ».

Litiges de mitoyenneté

La robe sans couture est la tunique du Christ
que les soldats tirent au sort puisqu'ils ne peuvent
se la partager. Ce même passage de *L'Évangile
selon Jean* (XIX, 23) sert à André Bazin à contester
le montage cinématographique afin de sauvegarder
« la robe sans couture du réel ». La question est bien
celle des raccordements des pièces du patchwork.
Comment d'un montage faire une robe sans cou-

ture ? Comment joindre, ou rejoindre ? Comment éviter en même temps que soit gelé le mouvement de la phrase ? La journée décrite par *La Presqu'île* débute par « la tristesse aride de midi », « le petit nirvana cruel suspendu au milieu de la journée d'été » – sorte de petite mort. Ailleurs, il est question de « la jointure béante qui raccorde à l'après-midi l'heure du déjeuner ». Cette journée est, si l'on peut dire, amputée de sa tête (le matin). Elle commence par un vide, une béance qui angoisse d'ailleurs le personnage (des verbes reviennent dans le texte : souder, coller à, mais aussi décoller, s'envoler) et se termine sur une plénitude *possible*. Entre-temps, il aura fallu « beaucoup d'artifices pour conjurer le manque intérieur, le transcendant supérieur, l'extérieur apparent » *(Dialogues)*. Ce parcours en zigzag constitue le patchwork lui-même. Les raccordements se font en principe chaque fois qu'il y a interruption, soit du trajet de l'automobile, lorsque Simon s'arrête, soit de la bonne humeur de Simon par la survenue de ce que Gracq nomme des « gouffres privés » ou des « petits précipices intimes ». Dans ce dernier cas, le raccordement se fait tout seul : « Mais ces petits précipices intimes qui s'ouvraient sans prévenir, l'espace d'une seconde, au travers de ses journées, s'enjambaient vite : l'instant d'après il n'y pensait plus. » Les arrêts de la voiture sont une manière pour Simon de retrouver un équilibre : « Ces arrêts de quelques minutes, quand il roulait longtemps, le réajustaient et l'équilibraient un peu à la manière du diapason de l'accordeur : dans le silence que creusait le répit du moteur, les bruits vivants de la terre venaient faire surface avec une puissance de surgissement vierge ; une petite chanson nulle et pénétrante qui le mettait à flot, un élément porteur qui noyait sans violence le souci sous sa nappe refermée d'eau claire. Il se sentait de nouveau raccordé, aussi soudainement que dans l'écouteur du téléphone on perçoit la tonalité. » La robe sans cou-

144

ture est celle du désir. Elle n'ignore pas les vides, mais, sur le plan de consistance, même le vide (le « blanc »), « la rareté des particules et le ralentissement ou le tarissement des flux, font partie du désir, et de la propre vie du désir, sans témoigner d'aucun manque » *(Dialogues)*.

La robe sans couture est également celle d'une écriture qui s'obtient en desserrant et non en resserrant. Gracq dit qu'il aime « user de l'élasticité de construction de la phrase latine » et que sa pente naturelle « est de donner à chaque proposition, à chaque membre de la phrase, le maximum d'autonomie » ; de même, « ce qui commande chez un écrivain l'efficacité dans l'emploi des mots, ce n'est pas la capacité d'en serrer de plus près le sens, c'est une connaissance presque tactile du tracé de leur clôture, et plus encore de leurs litiges de mitoyenneté. Pour lui, presque tout dans le mot est frontière, et presque rien n'est contenu » *(En lisant « en écrivant »)*. L'utilisation des deux points, qui « marquent la place d'un mini-effondrement dans le discours » et qui sont « la trace d'un menu court-circuit », est comme l'équivalent des « petits précipices intimes » : les uns et les autres s'enjambent très vite et ne rompent pas un *continuum* « débarrassé de l'obsession de la suture ». La soudure s'effectue ligne à ligne, grâce à la transduction. L'existence des lignes frontières et les litiges qui leur sont liés suscitent l'inquiétude et l'activité de « la pointe décisive de [la] tête chercheuse » qui tire la phrase derrière elle, évitant le gel de la prose.

Marcher sur la mer

Comme *Ulysse* de Joyce, donc, *La Presqu'île* décrit la journée d'un homme, mais ne comporte pas de monologue intérieur (un dialogue continu avec l'extérieur, plutôt). Son personnage principal, qui se nomme Simon, est une sorte d'Ulysse attendant sa Pénélope voyageuse. Le prénom de Simon peut faire référence à Simon Pierre, pêcheur de profession promu à un grand avenir (un Roi pêcheur en quelque sorte), et qui marcha sur les flots pour rejoindre Jésus, alors qu'il était dans un doute profond : « Comment le rejoindre »[91]. On lit dans *Lettrines* : « Je me demande encore d'où pouvait surgir l'humour de ce rêve, où je recevais une bizarre carte postale dont je me rappelai seulement au réveil, avec une netteté singulière, l'énigmatique légende : *Les Grandes Heures de l'histoire. Bords du lac de Génésareth. Jésus prêche à 187 mètres au-dessous du niveau de la mer.* » Génésareth est un lieu rattaché à l'histoire de Simon Pierre : s'il faut trouver des raisons à l'humour de ce rêve, elles ne manquent pas, du jeu de mot pêcher-prêcher à l'image de la pierre tombant dans le gouffre, en passant par le retournement de l'expression « marcher sur [sous] la mer ». Marcher sur la mer peut renvoyer à la confrontation à une figure paternelle dans un rêve d'Aldo qui voit Marino marcher sur les eaux « comme un pantin dérisoire », ou à la communion amoureuse, dans « Aubrac ». Cette expression est associée au miracle : elle revient par deux fois dans l'épisode de « la nuit des ivrognes » relaté dans *Lettrines*. Dans le même ouvrage, pour définir l'importance de Novalis dans la littérature, Gracq a ce mot : « C'est la première fois qu'elle [la littérature] déménage du Parnasse, pour aller camper du côté de *Génésareth* », ce qui peut s'entendre de diverses façons : comme une allusion au catholicisme de Novalis, mais aussi au fait que Novalis s'est voulu le messager de la bonne nouvelle[92]. Comment rejoindre Irmgard, sinon en marchant sur les flots, puisqu'elle arrive portée par eux : « Il aperçut la valise et la robe claire, que la vague des voyageurs charriait à sa lisière même, dansante et légère sous la buée des lampes, comme un bouchon dans l'écume. »

Que dit Aldo ? « Nous dansons comme un bouchon sur un océan de vagues folles qui à chaque instant nous dépassent. » Simon lui-même n'est rien d'autre qu'un bouchon ballotté au long d'une journée, pris dans autant d'individuations dynamiques, baignant dans une temporalité flottante. Comment deux bouchons peuvent-ils se rencontrer ? C'est affaire de clinamen et de désir. Sur ce point, Gracq s'oppose encore radicalement à Sartre. Pour ce dernier, le désir est manque d'être : « Si le désir doit pouvoir être à soi-même désir, il faut qu'il soit la transcendance elle-même, c'est-à-dire qu'il soit par nature échappement à soi vers l'objet désiré. En d'autres termes, il faut qu'il soit un manque – mais non pas un manque-objet, un manque subi, créé par le dépassement qu'il n'est pas : il faut qu'il soit son propre manque de –. Le désir est manque d'être, il est hanté en son être le plus intime par l'être dont il est désir. Ainsi témoigne-t-il de l'existence du manque dans l'être de la réalité humaine » *(L'Être et le Néant)*. Pour Gracq, le désir n'a rien à voir avec un manque intérieur impossible à combler. Le désir, comme l'explique bien Deleuze, est un agencement : « Des successions de catatonies et de précipitations, de suspens et de flèches, de coexistences de vitesses variables, des blocs de devenir, des sauts par-dessus des vides, des déplacements d'un centre de gravité sur une ligne abstraite, des conjonctions de lignes sur un plan d'immanence, un "processus stationnaire" à vitesse folle qui libère particules et affects » *(Dialogues)*.

Il y faut une ascèse, avec des risques et des périls. Le désir a tissé pendant sept heures, continûment, afin que ce moment précis, ce précipité final, soit l'instant merveilleux où l'on marchera sur les flots. Avec l'incertitude que l'on ne puisse se rejoindre parce qu'il sera trop tard, ou parce qu'on n'aura pas été suffisamment vigilant, ou encore par crainte que la réalisation ne soit pas à la hauteur de l'attente...

Le Titien, La Vierge au lapin *(Louvre).*
« La petite ville noble dentelle
un abrupt de rêve sur l'horizon… »
(Villes hanséatiques).

Burne-Jones, Le Roi Cophetua et la Jeune Mendiante
(British Museum, Londres).
« *Il est difficile de se taire au point où se taisaient*
ces deux silhouettes paralysées » (Le Roi Cophetua).

Le tard-venu

Le problème du temps dans *La Presqu'île* ne se résume pas à conjuguer plusieurs dimensions : le souvenir (ou le ressouvenir), les possibles et un présent sollicité de part et d'autre. Une « sensation bizarre » ne cesse de pointer en Simon, celle « de *tard-venu* » – l'idée qu'il pourrait être trop tard. Peut-être trop tard pour l'écrivain qui hérite d'« un jeu déjà joué, marqué, où les cartes ont une valeur et un mode d'emploi » (Serge Daney). Trop tard peut-être pour Simon dont l'attente aurait épuisé le désir. Dans *Le Rivage des Syrtes*, à l'occasion de l'enterrement du vieux Carlo, Aldo se rappelle une parole de celui-ci : « C'est maintenant, et c'est trop tôt », et il se dit que, « moins heureux que le vieillard Siméon », le vieux Carlo n'avait sans doute pas vu « le seul *signe* » pour lequel il gardait les yeux bien ouverts. Dans *L'Évangile selon Luc* (II, 23-35), un homme nommé Siméon avait été averti par l'Esprit saint qu'il ne verrait pas la mort avant d'avoir vu le Christ ; cela s'étant produit, il dit : « Maintenant, maître, renvoie ton esclave en paix. » Dans *Un beau ténébreux*, il est écrit de *La Vie de Rancé*, de Chateaubriand, en référence à l'histoire de Siméon, que ce livre est le « *Nunc dimittis* le plus pathétique de notre littérature ». Il n'est peut-être pas trop tard pour ceux qui, comme Aldo, expriment l'absolu du désir : « Ce que je voulais n'avait de nom dans aucune langue. Être plus près. Ne pas rester séparé. Me consumer à cette lumière. Toucher. » Après tout, la promesse sera peut-être tenue pour Simon, comme elle l'a peut-être été pour l'écrivain puisqu'ils maintiennent la tension retorse de l'ascèse dans les lignes flottantes du temps, afin que se produise l'événement.

La complexité du sentiment qui s'attache à cette sensation de « tard-venu » est mise en évidence dans un passage des *Eaux étroites* : « S'il y a une constante dans la manière que j'ai de réagir aux

150

accidents de l'ombre et de la lumière qui se distribuent avec caprice tout au long de l'écoulement d'une journée, c'est bien le sentiment de joie et de chaleur, et, davantage encore peut-être, de promesse confuse d'une autre joie à venir, qui ne se sépare jamais pour moi de ce que j'appelle, ne trouvant pas d'expression meilleure, *l'embellie tardive*. [...] Une impression si distincte de réchauffement et de réconfort, plus vigoureuse seulement peut-être pour moi que pour d'autres en de telles occasions, n'est pas sans lien avec une image motrice très anciennement empreinte en nous et sans doute de nature religieuse : l'image d'une autre vie pressentie qui ne peut se montrer dans tout son éclat qu'au-delà d'un certain "passage obscur", lieu d'exil ou vallée de ténèbres. Peut-être aussi (l'image du jour penchant vers le crépuscule figurant communément le cours de la vie) la suggestion optimiste d'une halte possible dans le déclin, et même d'une inversion du cours du temps, est-elle faite à notre sens intime par ce ressourcement, ce rajeunissement du soleil de l'après-midi. » Il est dit, à propos d'une embellie, dans *La Presqu'île*, que, pour Simon, « l'émotion ne coïncidait jamais tout à fait avec sa cause : c'était *avant* ou *après* – avant plutôt qu'après ». L'émotion suscitée par une embellie peut donc intervenir avant l'embellie elle-même, celle-ci apparaissant alors comme une « tard-venu ». La réversibilité constamment à l'œuvre dans les textes gracquiens associe la sensation de tard-venu tantôt à Simon, tantôt à l'embellie.

L'embellie tardive est un phénomène naturel, mais Gracq, dans *Les Eaux étroites*, cite des exemples empruntés à la peinture, notamment « l'embellie crépusculaire au ras de l'horizon, plus lumineuse, plus chaude » du tableau de Titien, *La Vierge au lapin*. Irmgard peut être également celle que Simon n'a cessé d'embellir tout un après-midi, et qui arrive tardivement. Gracq ne mentionne pas dans la description qu'il fait de l'œuvre de Titien les personnages présents au premier plan, notamment la Vierge qui tient un lapin blanc et qui pourrait tout aussi bien être l'embellie. Elle, sainte Catherine et Jésus enfant sont soudés à l'arrière-plan comme Gracq aime que le soient les personnages : la même lueur dorée dans le ciel se retrouve sur la peau et certains des vêtements de ces trois figures. Marie est aussi sûrement la reine de ce jardin, la reine des bergers, que Heide est par son nom liée à la lande. Cette fusion étroite est redoublée par le geste de la Vierge tenant d'une main la tête de l'enfant et de l'autre le dos du lapin, suggérant ainsi une même impression tactile de rondeur et de chaleur.

La langue tirée

Irmgard est évoquée « allongée sur la bruyère rousse et violette d'une friche de la Sologne » : le soir tombe, le ciel est tout jaune, dans des fougères se voient « les menus derrières pavoisés de blanc » des lapins. Irmgard secoue le sable de ses sandales, « en tirant un peu la langue comme une écolière qui s'applique ». La difficulté provient ici non seulement des sentiments attachés à l'embellie tardive, mais encore du rassemblement emblématique d'objets qui ont chacun leur sort dans le texte, ou dans l'ensemble de l'œuvre de Gracq. Dans « La Barrière de Ross », l'un des poèmes de *Liberté grande*, un personnage féminin compte les secondes, « la langue un peu tirée d'application comme une écolière ». Mona est comparée à une jeune écolière, et Vanessa est surprise sortant de son bain : « Dans son innocence ambiguë et son application maniaque d'écolière, on eût dit que cette bouche abandonnée, si crûment à son affaire, *tirait la langue*, vivait avec une intensité de fleur carnassière dans le seul geste aveugle de happer et de retenir. » L'on pourrait remarquer, comme Grange à propos de Mona : l'idée que l'on se fait de ces gestes, ou de ces images, saute « incroyablement ». Et ce n'est pas tout. Un poème, attribué à Henri, est cité dans *Un beau ténébreux* : « Si je me lève et si je marche auprès de cette femme endormie, avec cette langue tirée et ces gestes de somnambule qui me dénoncent, malgré moi je chercherai à mon côté la coûteuse blessure qui m'a fait si pâle – par où le sang perdu a refroidi cette pièce triste jusqu'à la mort[93]. » La langue tirée, comme la blessure, passe du féminin au masculin, et vice versa.

Si l'on envisage le sort du lapin dans *La Presqu'île*, on constate que la « petite voiture » de Simon, arrêtée au bord de la route, « lève la croupe [...] comme un lapin qui s'assied sur son derrière un instant pour réfléchir, avant de recommencer à détaler », et que Simon embrassant Irmgard sur la nuque « devinerait ses yeux grands ouverts, nus et tendus comme ceux du lapin qu'on soulève par les oreilles[94] ». Les éléments rassemblés (une écolière, un lapin, une reine, un jardin, mais aussi des têtes coupées, un jeu de cartes) rappellent irrésistiblement *Alice au pays des merveilles* dont il n'est fait mention dans *La Presqu'île* qu'à travers le sourire du chat, qui a la propriété de s'effacer.

Les images et les références s'enchaînent avec la logique que l'on prête aux rêves. On peut dire d'eux ce que Gracq reconnaît à certains de ses textes courts, comme les poèmes de *Liberté grande*, qui « ont l'"allure du rêve", du style particulier aux rêves[95] ». La reine du jardin peut être une écolière, une jeune fille, la Vierge, une figure maternelle même[96], une reine mère, sa taille changeant au gré des passages. La langue tirée désigne une empoisonneuse de village, une écolière appliquée, un homme éveillé à la coûteuse blessure, une jeune femme exprimant un désir carnassier, la mer, Pénélope enfin attendant Ulysse, tandis que l'image de la Vierge se métamorphose en celle d'Alice. Les références culturelles n'échappent pas en effet à ce mouvement général : par exemple, le geste du personnage surpris « le pied suspendu » a peut-être son origine dans la Gradiva, mais tout aussi sûrement dans les figures des anges des annonciations. Le thème de l'annonciation comporte d'ailleurs l'idée de pressentiment, l'ange (qui est un archange) étant en quelque sorte la « personnification » de l'attente de Marie : il est par son message à l'origine de cette attente, et il est le garant qu'elle sera comblée. Les annonciations picturales décrivent plusieurs moments de l'événement à travers les gestes de la Vierge (trouble, réflexion, interrogation, soumission) ; les titres eux-mêmes distinguent entre *Annunciazione* et *Annunciata*. Un personnage comme Aldo passe par des étapes différentes et les images du *Rivage des Syrtes* relatives à l'accouchement montrent que l'événement ne se résoudra pas sans que du sang ne soit répandu. Vanessa, dans les jardins Selvaggi, est incontestablement l'ange de cette annonciation. La référence à la Vierge dans d'autres textes est ainsi justifiée, mais se trouve posée une nouvelle fois la question relative à l'identité des personnages. Chez Julien Gracq, les anges ont un sexe (féminin) et les « annoncées » sont toujours des hommes. Vanessa est à la fois l'ange et la reine du jardin. Ange, elle remplit la fonction de Gabriel et elle est un ange cruel et funèbre secouant son épée de feu sur une ville foudroyée (comme Orcan dans Bajazet est « l'ange noir de l'annonciation de cette hécatombe funèbre » *[Préférences]*). Elle est aussi l'Étrangère, l'ange étant par définition celui qui vient d'ailleurs, le messager du *tout autre*. Mais elle est encore la chaude ténèbre d'un ventre féminin, ou une noire chevelure vivante... L'expression de « servante-maîtresse », utilisée à propos de la femme du *Roi Cophetua* (elle convient aussi à Kundry), rend bien compte de la double nature de Marie au moment de l'annonciation : « Ecce ancilla domini », mais aussi celle devant laquelle l'ange s'agenouille par déférence :

154

« – Servante-maîtresse altière, Très haute devant le Très-haut » (Tristan Corbière, « Armor. La Rapsode foraine ») Les fils de la Vierge sont en même temps les cheveux de l'ange, et les mots que Julien Gracq tisse, tresse et déploie sont les phylactères qui prolongent l'ange comme un étendard. La multiplicité des textes dans les scènes des annonciations (la Vierge lit les prophéties d'Isaïe au moment de l'arrivée de l'ange, et parfois un évangéliste est présent, comme dans *L'Annonciation* de Benedetto Bonfigli, qui consigne l'événement en même temps qu'il se déroule…) rappelle que tout texte gracquien n'est que le récit d'un événement déjà raconté *(Les Amants de Montmorency, Parsifal…)*, ou préfiguré (dans le portrait de Piero Aldobrandi, par exemple). Une telle indistinction frappe de suspicion toute étude schématique du thème du double dans cette œuvre où l'annonciation elle-même peut être « confondue » avec la Visitation : « Le front penché très bas, le visage perdu dans l'ombre, la verticalité hiératique de la silhouette pouvaient faire penser à quelque Vierge d'une Visitation » *(Le Roi Cophetua)*. Les bleus et les jaunes de Vermeer sont « les sucs de la terre, non plus les phosphorescences de la Visitation » *(En lisant « en écrivant »)*. La Bible comporte plusieurs annonciations (Joachim, Élisabeth, Marie) et la Visitation, qui est la rencontre de deux femmes, en est une à sa façon. Marie joue cette fois le rôle de l'ange auprès d'Élisabeth (la salutation) ; Élisabeth s'incline devant elle. Servante et maîtresse, les figures dédoublées des jeux de cartes (« Isabelle Élisabeth »)… Le « texte » de l'annonciation croise donc dans l'œuvre de Gracq celui d'*Alice au pays des merveilles*, et *La Vierge au lapin* est à leur point de rencontre.

Cette « précieuse complexité » relève d'une attitude générale qui consiste à se vouloir riche de tous les sens, et aussi à se jouer de ceux qui cherchent des significations. L'article défini qui prédomine dans les titres des ouvrages de Julien Gracq n'est pas contradictoire avec les heccéités s'exprimant dans des articles et pronoms indéfinis. Le lecteur est invité à découvrir en eux, grâce à « un affinement » ou à « un pouvoir séparateur », des multiplicités. La Presqu'île par excellence est la Bretagne, mais le titre homonyme renvoie d'abord à cette presqu'île particulière décrite dans l'ouvrage ; s'enchaînent ensuite les commentaires sur le « presque », les « lisières », etc. Rien de plus singulier que le roi Cophetua, mais s'agit-il de ce roi mentionné par Shakespeare, de celui qui est peint par Burne-Jones, de celui que décrit Julien Gracq, de Jacques Nueil, d'Othello, d'« un beau ténébreux », d'un roi mage, de l'ange de cette « annonciation sordide » ? « Vague unique dont je suis la mer successive ». Derrière le bruit de la mer, le murmure de chaque vague doit être perçu. Si le style particulier aux rêves est retrouvé, c'est « en dehors de toute référence à un contenu réellement rêvé », à la suite d'un travail très concerté, comme l'est celui sur les mots qui passent d'un champ sémantique à un autre, à la façon dont Buster Keaton, dans *Sherlock, Jr.*, glisse d'un décor dans un autre. De la « pente » on va à la « côte », c'est-à-dire au « rivage », ou à la « rampe », c'est-à-dire au « théâtre » : de « raccorder » ou d'« ouverture », le sens est tantôt musical, tantôt autre... Comme beaucoup de ses contemporains, Julien Gracq aime le jeu avec les mots, mais sans raideur, dogmatisme ou esprit de système. En cette matière, il n'est pas plus oulipien qu'il n'est surréaliste dans le domaine des rêves. Ses relations avec son époque consistent, pour une bonne part, en « litiges de mitoyenneté ».

Gracq s'est expliqué sur sa relation aux rêves :

Chacun se rend compte qu'il existe deux types de rêves, aussi radicalement différents de nature que le seraient par exemple un fait divers relaté dans le journal et un sonnet de Mallarmé qu'on réunirait sous le nom de « littérature ». Il y a le rêve banal, courant, qui n'est le plus souvent qu'un centon décousu et plat des événements de la journée, et ce que j'appelle le rêve oraculaire, parce qu'il projette comme une ombre portée sur les heures à venir – insolite, totalement original, d'une unité évidente, et comparable à l'œuvre d'art en cela aussi qu'il nous laisse changés pour des heures, exceptionnellement des journées. Celui-là, c'est le seul qui vaille qu'on en fasse usage, malheureusement, comme pour tous les rêves, le détail s'en volatilise très vite. Il reste le plus souvent une impression globale très forte qu'on rattache, si on cherche à la matérialiser, à des images qui sont souvent substituées aux vraies images du rêve, ceci parce que l'unité propre au rêve n'est pas de même nature que celle qu'on cherche à lui garder une fois éveillé. Il m'est arrivé d'utiliser dans mes romans, à deux ou trois reprises, des rêves réels – ou du moins le souvenir, sans doute en partie recomposé, que j'en gardais. C'est une insertion qui n'est pas aisée, si l'on admet que la fiction exige une certaine unité, et que le souvenir du rêve signifie toujours, dans la vie, le surgissement du *tout autre*. C'est pourquoi ces rêves sont toujours, dans mes livres, donnés comme effectivement rêvés par les personnages, et non fondus, incorporés, dans le déroulement normal du récit[97].

Dans les années 1940, Gracq a écrit quelques récits de rêve, dont « Un cauchemar » qui témoigne du « litige » avec le surréalisme, d'autant que ce dernier « a toujours tenu, sans le dire, la mémoire en haute suspicion » *(En lisant « en écrivant »)*. La relation des rêves rapportés par Gracq avec des sujets d'origine religieuse (Jésus prêchant sous les eaux, « Marino » marchant sur la mer), si elle est loin d'être systématique, revient suffisamment pour attirer l'attention, et comme la tonalité de ces rêves est plutôt parodique, on y verra un malaise relativement à la notion de « sacré »[98]. Dans son essai sur André Breton, Gracq souligne – il commence même par ce point – « l'atmosphère évangélique » qui entoure Breton. *Un beau ténébreux* est vraisemblablement le texte de Gracq qui comporte le plus de récits de rêves, ce qui n'étonnera pas étant donné la date à laquelle il fut rédigé. A la suite de l'un de ces récits, Gérard fait la remarque suivante, qui doit certainement, pour le lecteur, prendre tout son sens : « Peut-être le rêve est-il chargé seul de la *contrepartie* du dialogue intérieur – ce perpétuel dialogue hugolien du bouffon et du prince – dans les périodes de notre vie où nous nous prenons trop continûment, trop sottement au sérieux. J'ai toujours rêvé plus abondamment, – plus indésirablement – dans les périodes de ma vie gouvernées par une trop longue, une trop tyrannique *dominante* ». Par la suite, lorsque cette « trop tyrannique dominante » aura été exorcisée – une hypothèse pourrait être que cela fut contemporain du *Rivage des Syrtes* –, le rêve sera en quelque sorte marginalisé, à la fois comme difficilement incorporable et comme tabou, parce que « tout autre ».

Le preneur de rats

> Un ouvrage littéraire est bien souvent la mise bout à bout et le tricotage intime dans un tissu continu et bien lié – telles ces couvertures faites de bouts de laine multicolores – de passages appuyés à l'expérience réelle, et de passages appuyés seulement à la conformité au caprice de la langue, sans que le lecteur y trouve rien à redire, sans qu'il trouve même à s'apercevoir de ces changements continuels de références dans l'ordre de la « vérité » *(En lisant « en écrivant »)*.

Écrire, c'est passer « du moi confus et aphasique au moi informé par l'intermédiaire des mots ». Le lecteur n'est pas nécessaire. Il « n'est admis à cet acte d'autosatisfaction qu'au titre de voyeur ». Et cependant la lecture a toujours été une préoccupation de Gracq : pour le passage heureux, sans obstacle, qui s'opère chez lui entre lire et écrire, et pour la relation du lecteur aux textes. Gracq utilise à deux reprises, dans *En lisant « en écrivant »,* l'image du preneur de rats de Hameln. Une fois à propos de Céline, une autre à propos des siècles passés. Dans les deux cas, l'utilisation est ambiguë, car elle est critique, et, en même temps, l'image est

158

celle d'un auteur un peu magicien, enchanteur et méphistophélique, qualités qui appartiennent à des préférences gracquiennes comme Chateaubriand, Wagner, Breton ou Valéry. Il est une page de ce dernier à laquelle Julien Gracq devrait souscrire :

> J'ai longuement rêvé autrefois à cet art subtil de disposer d'un élément assez arbitraire afin d'agir insidieusement sur le spectateur, tandis que son regard est attiré et fixé par des objets nets et reconnaissables. Tandis que la conscience retrouve et nomme les choses bien définies, les données significatives du tableau, – nous recevons toutefois l'action sourde, et comme latérale, des taches et des zones du clair-obscur. Cette géographie de l'ombre et de la lumière est insignifiante pour l'intellect ; elle est informe pour lui, comme lui sont informes les images des continents et des mers sur la carte ; mais l'œil perçoit ce que l'esprit ne sait définir ; et l'artiste, qui est dans le secret de cette perception incomplète, peut spéculer sur elle, donner à l'ensemble des lumières et des ombres quelque figure qui serve quelque dessein, et en somme une fonction cachée, dans l'effet de l'œuvre. Le même tableau porterait ainsi deux compositions simultanées, l'une des corps et des objets représentés, l'autre des lieux de la lumière. Quand j'admirai jadis, dans certains Rembrandts, des modèles de cette action indirecte (que ses recherches d'aqua-fortiste ont dû, à mon avis, lui faire saisir et analyser), je ne manquais pas de songer aux effets *latéraux* que peuvent produire les harmonies divisées d'un orchestre... Wagner, comme Rembrandt, savait attacher l'âme du patient à quelque partie éclatante et principale ; et cependant qu'il l'enchaînait et l'entraînait à ce développement tout-puissant, il faisait naître dans *l'ombre de l'ouïe*, dans les régions distraites et sans défense de l'âme sensitive, – des événements lointains et préparatoires, – des pressentiments, des attentes, des questions, des énigmes, des commencements indéfinissables *(Variété II)*.

Julien Gracq dit qu'il souhaite que ses livres « tiennent tellement à la langue qu'ils en soient pratiquement intraduisibles[99] ». Ce souhait (qu'il juge « irréalisable ») ne s'accomplira pas par l'utilisation de mots rares tels que « faucarder », « aspidistra », etc., ou inconnus tels que « ilve », « acride », etc., mais par l'art des effets latéraux à son degré extrême. Gracq donne un nom à ces effets, le « domaine du *coin de l'œil* ». Il s'agit d'abord d'une disposition particulière de l'écrivain à l'égard de son travail : « Tout se passe comme si, dès que j'entame un récit, la zone de vision qui m'est impartie restait par rapport au fil de ce récit strictement marginale, comme si, dès que je commence de l'écrire, je ne disposais plus que de ce coup d'œil particulier qu'ont les femmes, où l'image vient se former sur la frange extrême de la rétine *(the tail of the eye),* et qui leur permet de percevoir vaguement sans se retourner un suiveur dont elles entendent le pas derrière elles dans la rue » *(Lettrines).* Il s'agit ensuite d'une « essence pressentie de l'œuvre » sous le contrôle de laquelle s'effectue la lecture comme l'écriture – à la différence près que cette « essence » diffère sans doute d'un acte à l'autre. Il s'agit enfin des qualités propres à l'instrument et de la manière d'en tirer parti au mieux. « Le pouvoir d'une phrase bien souvent ne s'explique que quand on lui restitue les catalyseurs absents du texte, mais rôdant à son arrière-plan et figurant comme son inconscient linguistique – qui seuls ont permis par leur proximité cachée les réactions complexes de sa chimie » *(En lisant « en écrivant »).* « Tout ce qu'on appelle *bonheurs d'écriture,* par rapport au style de journal, est le plus souvent – par exemple en ramassant dans une seule expression deux ou même trois significations simultanées – facteur d'indétermination descriptive, et favorable au contraire à l'évocation libre[100]. » Il est resté à Julien Gracq d'un exemple donné lors de sa première classe de français, lorsqu'il entra en rhétorique, « le sentiment et le goût de l'image larvée, que met en route une seule indication dynamique sans que rien vienne la préciser ou la cerner si peu que ce soit. Le style de Benjamin Constant est plein de ces images-là, à la fois visibles et invisibles, selon l'angle de lecture, et qui communiquent un peu à la prose ce que la moire donne à une étoffe : le sentiment le plus économique du mouvement » *(En lisant « en écrivant »).*

L'attitude de Gracq face au langage est faite de réserve et de confiance *quand même*. Réserve en raison de la confusion de certains vocables, confiance à cause d'une « vertu magique » : « Il est devenu avec le temps, avec le tri incessant de l'usage, avec les incessantes adaptations, avec les millions de liaisons entrecroisées, visibles ou occulte qui se sont créées entre ses éléments, une espèce de monde substitué, aux harmoniques innombrables, aux virtualités illimitées, une des créations les plus étonnantes de l'homme, sinon la plus étonnante[101]. » L'écrivain est tiré par la langue comme il tire la langue, si bien que ses livres sont soudés à elle, intraduisibles.

Un exemple ultime où constater que le mot « est une forme d'expression *à halo* », et que « *toute la langue* – en état de sursaturation, prête à coaguler par grumeaux à un choc même ténu – flotte présente et convoquée autour d'un fragment de texte écrit » *(Lettrines 2)* : la rencontre du motif des « jours alcyoniens » et de l'expression « le point doré de périr ».

Le motif apparaît à propos de la pointe du Raz et de Chateaubriand. « Chaque fois que j'ai revu la pointe, c'était le même temps, la même lumière : jour alcyonien, calme et tiédeur, fête vaporeuse du soleil et de la brume, "brouillard azuré de la mer où blanchit une voile solitaire" comme dans le poème de Lermontov. Chaque fois c'est la terre à l'endroit de finir qui m'a paru irritée, non la mer. Je n'ai vu le Raz que souriant, assiégé par le chant des sirènes, je ne l'ai quitté qu'à regret, en me retournant jusqu'à la fin : il y a un désir puissant, sur cette dernière avancée de la terre, de n'aller plus que là où plonge le soleil » *(Lettrines 2).* « Il a eu la chance suprême : les chefs-d'œuvre donnés dans la vieillesse, où tout est philtre et sortilège : jours alcyoniens, concentration des sucs, limpidité, trans-

Les Six Jours de Paris, au Vel d'Hiv, en 1938.
« Comme du haut des falaises
d'un vélodrome plein à craquer... »
(Les Jardins suspendus).

La pointe du Raz.
« La mer fondamentale, à la fois juge et partie »
(Le Jardin engourdi).

parence des soleils d'octobre, et cette main parfaite, qui, avant les premiers tremblements, sépare comme jamais la lumière de l'ombre » *(Préférences)*. Les jours alcyoniens désignent une période de calme de la mer (sept jours avant et sept jours après le solstice d'hiver), pendant laquelle on dit que l'alcyon fait son nid. La rencontre de l'alcyon était donc considérée dans l'Antiquité comme d'heureux présage. La référence obligée est celle de Chénier et de *La Jeune Tarentine* :

> Pleurez, doux alcyons, ô vous, oiseaux sacrés
> Oiseau chers à Thétis, doux alcyons, pleurez.

et, par-delà, Virgile, « Dilectae Thetidi alcyones... » *(Géorgiques)*. La Bretagne, Chateaubriand, Chénier, Virgile, Lermontov... et le « regret souriant » de Baudelaire qu'il faut retrouver par association. Art de la référence enterrée et de la citation en masquant d'autres : c'est en quelque sorte le mortier avec lequel travaille Gracq. Calme, tiédeur, fête vaporeuse du soleil et de la brume, concentration des sucs, limpidité, transparence des soleils d'octobre... Union du transparent et du vaporeux, du calme et de la fête, d'une saison plutôt estivale et d'une autre franchement automnale, de la vieillesse comblée et de la jeunesse fauchée, de l'instant menacé et de la plénitude. Le moment des « jours alcyoniens » correspond à la pointe d'immobilité au creux du tourbillon, ou bien suspendue au-dessus de la tempête, ou encore au « point doré de périr ».

> Ce matin tout à coup en me levant, j'ai senti au plein cœur de l'été, comme au cœur d'un fruit la piqûre du ver dont il mourra, la présence miraculeuse de l'automne. C'était sur cette journée, douce, chaude encore, à la merveilleuse lumière voilée (mais je ne sais quoi d'un peu atténué, d'un peu lointain : cet affinement vaporeux d'un beau visage aux approches de la consomption) un grand flux d'air frais, régulier, salubre, emportant – l'espace soudain sensible, clair et liquide, comme une chose qu'on peut boire, qu'on peut absorber – une de ces sensations purement spatiales,

164

logées au creux de la poitrine, les plus enivrantes, les plus pleines de toutes, où la beauté se fait pure *inspiration*, qu'on mesure à un certain gonflement surnaturel de la poitrine, comme une Victoire antique. Longs jours alcyoniens, qui bercent comme un hamac d'une nuit à l'autre, la face sans cesse renversée contre le ciel trop nostalgique, trop tendre − journées emportées comme les palmes d'un atoll, toutes fondues, toutes dociles dans le grand flux terrestre à la fraîcheur fondamentale − journées de pressentiment, d'éventements d'ailes, d'adieux mystérieux, de divinations confuses, de divine et tendre légèreté, point doré de périr, jusqu'à la douleur, du *bien-être*, sourire insensé de douceur du vague, du large, jusqu'à la torpeur, jusqu'à la fascination. Ah ! rien que la mer, rien que le sable − cette divine transparence d'un jour, cette parabole infinie, cette douce brume lumineuse qui transperce le cœur d'*ailleurs* − et comme un sacrifice à la beauté mortelle du jour sur cette côte perdue, comme le pressentiment d'un poète, l'intimation confuse déjà des brumes de l'hiver au creux de cette mollesse paradisiaque, la fumée légère qui monte des tranchées des goémoniers.

L'expression « point doré de périr » se trouve au cœur de ce passage d'*Un beau ténébreux*, « comme au cœur d'un fruit la piqûre du ver dont il mourra ». Elle est également en quelque sorte associée aux jours alcyoniens dans *Lettrines 2*, figurant quelques pages seulement avant le texte sur la pointe du Raz : « Mais en 1789 la patine était venue, les statues étaient tavelées, les arbres centenaires, la maturité achevée et parfaite − le point doré de périr se posait sur les frondaisons d'Octobre. » La maturité achevée et parfaite, comme celle de Chateaubriand (les frondaisons d'octobre), mais aussi l'anticipation, la présence miraculeuse de l'automne au plein cœur de l'été, la sensation « avant », la menace (un beau visage aux approches de la consomption, ou de la décollation). Le même adverbe « soudain » (ou « tout à coup ») − adverbe *gracquien*, s'il en est − servant à dire la prise de conscience de la piqûre mortelle, ou la survenue de l'embellie en Bretagne :

Le parc de Hampstead Heath, à Londres.
« Dans les paysages vrais,
tout autant que dans les tableaux
continuent à m'intriguer ces flâneurs
de la méridienne ou du crépuscule… »
(Un beau ténébreux).

Il y a bien des surprises dans le climat de « la presqu'île », et même en août des jours de soleil cru où rien, sinon peut-être un peu de pâleur convalescente, ne distingue Concarneau de Collioure ou de Cassis. Mais surtout – sauf peut-être dans les mois noirs où un vent d'une fureur inhumaine flagelle les maisons comme des bêtes assommées, où des semaines entières les nerfs malades tressaillent sous la volée de détonations des portes claquées, il y a les jeux de l'embrun, du nuage, de la brume, autour d'une lumière plus tendre d'être menacée : ce reflet trouble de tain argenté qui sertit la côte, comme la lumière de la neige qui monte d'en bas, aucun grain si noir qui ne puisse à chaque instant se déchirer d'une lueur, et pas une journée presque où ne tremble comme nulle part, sur le monde lavé à neuf, soudain toute la beauté précaire de l'embellie *(Lettrines)*.

Le point comme ce qui point, ce qui pique ou ce qui commence à paraître, mais aussi ce qui est sur le point de disparaître, « la terre à l'endroit de finir », de périr (comme ce verbe poindre que l'usage a réduit à quelques formes seulement), ou ce qui pointe comme ces « cimes spectrales » gravées par Gustave Doré – point doré comme la couleur du soleil oblique, « la mélancolique lessive d'or du couchant » : « Ô derniers fruits d'une saison condamnée ! dans cet achèvement du jour, maturité suprême de l'année irrévocable. *C'en est fait* » *(Connaissance de l'Est)*. Variation et commentaire sur un propos de Chateaubriand qui mêle les âges de son existence et qui ne sait plus, relisant ses *Mémoires,* « s'ils sont d'une tête brune ou chenue ». D'un siècle postérieur, Gracq, tirant la langue, *toute la langue,* juxtapose « une pluralité d'ici et d'ailleurs, diégétiques ou métaphoriques, qui glissent sans cesse les uns dans les autres » (Élisabeth Cardonne-Arlyck), et cette pluralité est également un vertigineux précipité de la culture occidentale, de Virgile à Claudel, par lequel se trace « le chemin phosphorescent laissé par l'invisible auteur du songe » (Jean Louis Schefer).

Éléments
pour une biographie :
dans les années profondes

> Tout cela se passait dans des temps très
> anciens.
> Je parle d'un temps qui sans doute ne re-
> viendra jamais.
>
> JULIEN GRACQ *(Lettrines 2)*

La fleur japonaise

Aucune biographie de Gracq n'est possible parce
que les éléments matériels en sont pratiquement
inconnus et que l'histoire de la sensibilité de l'écrivain a déjà été écrite par lui, disséminée dans ses
livres, et en cela inachevée. On sait notamment
qu'un tiers seulement des dix-neuf cahiers de notes
qu'il a rédigés a été publié. Cette « biographie » est
à chercher aussi bien dans les récits que dans les
« préférences », ou les poèmes en prose. Elle est au
sens propre une *vie écrite*.

On connaît la comparaison par laquelle Marcel
Proust conclut le compte rendu qu'il fait de l'expérience de la madeleine : « Et comme dans ce jeu où
les Japonais s'amusent à tremper dans un bol de
porcelaine rempli d'eau, de petits morceaux de
papier jusque-là indistincts qui, à peine y sont-ils
plongés s'étirent, se contournent, se colorent, se dif-
férencient, deviennent des fleurs, des maisons, des
personnages consistants et reconnaissables, de
même maintenant toutes les fleurs de notre jardin
et celles du parc de M. Swann, et les nymphéas de

la Vivonne, et les bonnes gens du village et leurs petits logis et l'église et tout Combray et ses environs, tout cela qui prend forme et solidité, est sorti, ville et jardins, de ma tasse de thé » *(Du côté de chez Swann)*. Gracq reprend la comparaison et la retourne contre Proust en lui faisant subir une transformation ironique : « L'émerveillement qu'il me cause me fait songer à ces sachets de potage déshydratés où se recompose dans l'assiette, retrouvant même sa frisure, soudain un merveilleux brin de persil » *(Lettrines*, p. 39). Mais, dans le même volume, on peut lire à propos de l'un des souvenirs de théâtre de l'écrivain : « Jamais dans mon souvenir l'aquarium magique du théâtre n'a tiré de quelques feuillets soigneusement déshydratés une pareille fleur japonaise » (p. 150). En désignant deux « contenants », la mémoire et l'« aquarium magique » du théâtre, Gracq rappelle l'idée d'un théâtre de la mémoire : la mémoire comme théâtre, et le théâtre comme lieu de mémoire. Il y faut la présence d'une eau revitalisante (sous-entendue par les mots « aquarium » et « déshydratés ») pour que le souvenir se recompose dans sa lumière singulière. Il faut une « recharge affective » dotée du « pouvoir d'éclosion du philtre amoureux ». Ces expressions sont utilisées par Julien Gracq à propos de Stendhal et de sa relation à l'Italie – l'Italie qui « s'est toujours confondue pour lui [...] avec l'usage du théâtre et de l'opéra » : « De la part de comédie présente chez l'Italien [...], Stendhal a tiré et fait épanouir comme une fleur japonaise toute une féerie de mœurs qui l'a tenu envoûté jusqu'à ses derniers jours » *(En lisant « en écrivant »*, p. 56).

Dans l'œuvre de Julien Gracq, il n'y a pas de madeleine, et les profils et l'élégance surtout sont *perdus*. Gilles Deleuze écrit de l'expérience de la mémoire involontaire : « Le vrai contenant n'est pas le bol, mais la qualité sensible, la saveur, la chaîne des choses et des gens qui furent connus à Combray, mais Combray comme essence, Combray comme pur Point de vue, supérieur à tout ce qui a été vécu de ce point de vue lui-même, apparaissant enfin pour soi et dans sa splendeur, dans un rapport de coupure avec la chaîne associative qui ne faisait vers lui qu'une moitié de chemin. Le contenu est si bien perdu, n'ayant jamais été possédé, que sa reconquête est une création. Et c'est précisément parce que l'Essence comme point de vue individuant surmonte toute la chaîne d'association individuelle avec laquelle elle rompt, qu'elle a le pouvoir, non pas simplement de nous rappeler même intensément le moi qui a vécu toute la chaîne, mais de le faire revivre en soi, en le ré-individuant, d'une existence pure qu'il n'a jamais vécue. Toute "explication" de quelque chose, en ce sens, est résurrection d'un moi » (*Proust et les signes*, p. 144). La figure de l'implication, c'est-à-dire de l'emboîtement, de l'enveloppement, conjuguée à celle du dépliement, du développement est familière à Julien Gracq, c'est pourquoi il fait sienne la fleur japonaise chère à Proust. « Tout comme un album de photographies de famille qu'on feuillette au hasard nous parle de notre passé, mais d'un passé à la fois gommé des événements vifs et pourtant indiciblement personnel, nous communiquant en même temps le sentiment vital du contact avec la tige-mère et la tonalité exquise, et faiblement souriante encore, du *fané*, de tels lieux lèvent, eux, énigmatiquement un voile sur le futur : ils portent d'avance les couleurs de notre vie ; au contact de cette terre qui nous était de quelque façon promise, toutes nos pliures se déplissent comme s'ouvre dans l'eau une fleur japonaise : nous nous sentons inexplicablement en pays de connaissance, et comme au milieu des figures d'une famille encore à venir » (*Les Eaux étroites*, p. 10-11). La « biographie » de Julien Gracq est comme cette fleur, elle est « expliquée » à travers l'œuvre entière.

La différence entre Gracq et Proust apparaît au mieux dans la manière dont chaque écrivain envisage la résurgence du passé. Dans *A la Recherche du temps perdu*, le passé survient, alors que, dans l'œuvre de Gracq, il « sous-vient », il vient par en dessous. Ici, il creuse des galeries, là, il s'élève comme un édifice. Dans *Les Eaux étroites*, il est question de la « réversibilité du Temps » attachée à « ces ravins ingrats de la lande occidentale que tache sans les égayer le jaune mort des ajoncs » (p. 67) : « Il me semble que j'y marcherais tout le jour : ravins de La Hague, qui dévalent, au creux humide des pentes gonflées et rondes, comme un sillon entre les seins vers la mer couleur de lilas – ravins à bruyères de la Montagne limousine, remplis du tintement de l'eau et les sonnailles des vaches, éclaboussés de rose et de jaune violent comme par ces tapis que l'Orient étale à sécher, dans la pire solitude, sur les rocs du gué. Ce n'est pas une trace fabuleuse que je viens chercher dans les landes sans mémoire : c'est la vie plutôt sur ces friches sans âge et sans chemin qui largue ses repères et son ancrage et qui devient elle-même une légende anonyme et embrumée [...]. Là où cesse le chemin, le barrage et la clôture, là où ils n'ont jamais pu mordre sur le poil sauvage, le mors et la bride aussi sont ôtés de l'esprit : le sentiment de sa liberté vraie n'est jamais entièrement séparable pour moi de celui du *terrain vague* » (p. 67-68). La réversibilité du temps tient à ce caractère d'immémorialité : « Rien n'a bougé ici ; les siècles y glissent sans trace et sans signification comme l'ombre des nuages. » *La Forme d'une ville* revient différemment sur ce travail du temps à propos du passé qu'a vécu l'enfant Louis Poirier dans la ville de Nantes, « où les pavés inégaux qui étaient alors ceux des rues ne cautionnent pas, n'étayent pas *l'édifice immense du souvenir*, mais où ces années d'anticipation exaltée entretiennent avec celles d'aujourd'hui et de demain un dialogue libre. Ce passé-là, de ses sept années plus rêvées que vécues, ne dort que d'un œil : ce qu'il restait d'inaccompli dans une

172

vie à demi cloîtrée continue à l'arrière-plan de ma vie son cheminement souterrain à la manière de ces rhizomes qui crèvent de loin en loin le terreau du jaillissement inattendu d'une pousse verte » (p. 21-22). Un passage d'*En lisant « en écrivant »* accorde cependant les deux écrivains, règle le litige de mitoyenneté. « Ce que Proust a cherché, il l'a cherché avec une parfaite cohérence la plume à la main ; ce n'était pas l'acuité du souvenir, même toute-puissante, qui pouvait le lui donner, c'était le seul pouvoir de l'art, car la mémoire ne restitue jamais un passé-présent. Le Sésame ne résidait ni dans les pavés, ni dans les madeleines, mais dans le seul privilège de l'écriture, et ce que cette écriture ressuscitait pour lui, ce n'était pas Illiers, les fleurs de la Vivonne, ou le jardin de la tante Léonie, mais le seul présent-passé irremplaçable de *La Recherche du temps perdu* » (p. 174).

L'existence de Julien Gracq est donc une *bio-graphie* ; écrite, elle est aussi lue. *En lisant « en écrivant »* examine la question de l'accommodation temporelle qu'implique la lecture, et distingue Temps de l'Histoire, temps du souvenir et temps de l'attente (p. 177). Ces distinctions peuvent être d'un usage plus général. On peut avancer, par exemple, que les romans gracquiens sont un savant dosage de ces temporalités : *Un beau ténébreux* et *Un balcon en forêt* sont plutôt du côté du souvenir (mais n'ignorent pas l'attente), alors qu'*Au château d'Argol* et *Le Rivage des Syrtes* sont plutôt du côté de l'attente (tout en n'ignorant pas le souvenir), et *Un balcon en forêt* et *Le Rivage des Syrtes* connaissent le temps de l'Histoire (même s'il s'agit plutôt de l'« esprit-de-l'Histoire »). Les autres textes *(Lettrines, En lisant « en écrivant », Les Eaux étroites, La Forme d'une ville, Autour des sept collines)* sont du côté du souvenir, c'est-à-dire de la réversibilité du temps, *Les Eaux étroites* et *La Forme d'une ville* plus que tous les autres : si le premier est tout entier nervalien, le second, avec son titre évoquant

173

Baudelaire à travers Breton – conjuguant plutôt l'un et l'autre –, joue de la proximité et de la distance avec Proust ; il s'en démarque en débutant par la notation sur les pavés inégaux et s'en rapproche en terminant sur « les noms de pays ». L'existence de Gracq, telle que nous pouvons la percevoir, « est de bout en bout la réanimation songeuse et temporellement décloisonnée du souvenir : la couleur affective du passé, rien de plus » (*En lisant « en écrivant »*, p. 177).

Les éléments de biographie qui suivent sont avant tout constitués de citations ou de références aux textes gracquiens (dans l'édition José Corti), ou aux entretiens que l'écrivain a donnés. Des abréviations ont été utilisées pour renvoyer aux œuvres : A (*Au château d'Argol*, éd. 1945), AB (*André Breton*, éd. 1948), A7 (*Autour des sept collines*, éd. 1988), Ee (*Les Eaux étroites*, éd. 1976), EE (*En lisant « en écrivant »*, éd. 1981), FV (*La Forme d'une ville*, éd. 1985), L (*Lettrines*, éd. 1967), L2 (*Lettrines 2*, éd. 1974), LG (*Liberté grande*, éd. 1969), LP (*La Presqu'île*, éd. 1970), P (*Préférences*, éd. 1961), Rp (*Le Roi pêcheur*, éd. 1948), RS (*Le Rivage des Syrtes*, éd. 1951), Ubf (*Un balcon en forêt*, éd. 1958), Ubt (*Un beau ténébreux*, éd. 1945). Les entretiens sont désignés par le nom du questionneur ou de la revue où ils ont été publiés : Carrière, Coello, *Givre*, *L'Herne*, Roudaut.

Le paysage d'éveil (1910-1920)

« Aspects paradisiaques de la terre cultivée dans l'île Batailleuse [...] La belle fourrure des saules, qui reborde l'île de petits-gris comme une pelisse étalée. [...] Le sol sablonneux et léger, vite égoutté, des charmants sentiers méandreux entre les saules – les fermes épanouies sur leur terre-plein fortifié

174

458 St-FLORENT-LE-VIEIL - Coteaux du bas St-Florent

Phototypie Vassellier, Nantes

Saint-Florent-le-Vieil
Le haut clocher du mont Glonne.

qui défie la crue : il y a partout ici de beaux jardins de fleurs [...]. Et partout, en rangées, en carrés massifs de loin visibles par-dessus le moutonnement des têtards, la belle voilure frissonnante des peupliers, leur merveilleux flamboiement d'octobre qui fait de toute l'île un paysage de Gauguin, et qui sème à la volée sur les prairies sèches la claire monnaie jaune des petites feuilles en as de carreau » (L, p. 140-141).

Le paysage de l'enfance est peuplé de « têtards », de saules (ou frênes) têtards dont les racines sont mises à nu le long des rives de l'Èvre (Ee, p. 25), ou dont Julien Gracq constate la disparition, tout comme celle des prairies de la Sèvre à Nantes. Le terme désigne un arbre écimé et taillé de façon à favoriser le développement des repousses supérieures, et qui a par conséquent comme une touffe au sommet du tronc. La mer est déjà présente dans ce paysage : « Le vent rebrasse à pleines mains la belle fourrure argentée des saules, d'un gris d'olivier, leur imprime la même bousculade écumeuse qu'a la grosse houle sur les récifs » (L, p. 216). Cette « grise et haute fourrure » fait comme un ourlet voluptueux au-dessous de la « muraille » des peupliers. C'est face à ce lieu, à Saint-Florent-le-Vieil (Maine-et-Loire), « dème campagnard de Nantes », placé sur la route de Bretagne, que naît Louis Poirier le 27 juillet 1910. Pour un écrivain, une origine plus mythologique convient – pas moins, en ce qui concerne Julien Gracq, que la pluie d'or de petites feuilles « en as de carreau », si semblable à celle de Danaé (L, p. 155). « L'arbre de l'eau et l'arbre de l'air s'apparient et se conjuguent sur cette lisière tendre » (L, p. 218).

« Il n'y a pas de souvenir d'un parfum, c'est lui qui rouvre le souvenir » (L2, p. 21). L'enfance, c'est d'abord un ensemble d'odeurs liées à des saisons, ou à des moments forts. « Le *peuplier* : l'odeur jaune, odeur *passée* comme passe une couleur, un peu surie, un peu poussiéreuse de ses feuilles sur les

176

prairies du bord de la Loire, en septembre, a été pour moi l'odeur même de l'automne commençant : je la respirais chaque année, enfant, quand nous allions l'après-midi en promenade vers le Marillais pour la fête de *l'Angevine*, qui est le 8 septembre. Tous les *jaunes* du peuplier, du jaune flamboyant, immatériel et spectral d'octobre, au miel brun-doré, vernissé et poisseux des gros bourgeons d'avril qui se déplissent, sont sans exception des jaunes de Gauguin » (L2, p. 47-48). L'odeur de l'automne, c'est aussi celle, « chavirante, pénétrante », « des *barges* de chanvre roui qu'on poussait à l'eau immergées sous leur charge de sable, que les paysans chevauchaient pieds nus et amarraient à la berge comme des radeaux » (L2, p. 21). L'odeur des soirs d'enfance, en été, est « cette froide, pénétrante odeur de vase et de poisson qui sort [de l'eau] dès que le soleil descend [...] – le frisson brusque qui court sur la peau dès que monte cette odeur assez fine, un peu avant que ne descende la première fraîcheur » (L, p. 217). Enfin, « une cage de parfums, un vase d'odeurs trop lourdes, jusqu'à faire défaillir – comme autrefois dans ma jeunesse en sortant de la maison par une matinée lumineuse de juin soudain me clouait au sol le parfum trop solennel, comme une route d'initiation, un chemin vers des arcanes, du reposoir de la Fête-Dieu près de notre porte » (Ubt, p. 17).

« L'image unifiée d'un paysage, du paysage natal par exemple, telle que nous la gardons en nous et la vérifions depuis l'enfance, est faite – au-delà – des changements saisonniers qui ne sont pas vraiment saisis comme changements, mais plutôt comme simples attributs de sa substance successivement perçus – d'une combinaison de cycles périodiques aux rythmes très variés. A Saint-Florent par exemple, dans le paysage que depuis toujours j'ai sous les yeux à travers ma fenêtre, ces cycles sont de trente ans environ pour les peupliers, qu'on abat alors, puis qu'on replante, du double, ou davantage,

pour les saules, tandis que le rythme de l'extension
et du renouvellement des bâtisses, autrefois plus
que séculaire, tend aujourd'hui visiblement à
s'accélérer. Longtemps, pendant mon enfance, j'ai
eu devant les yeux, en face de la maison sur la rive
de l'île Batailleuse, une superbe rangée de peupliers déjà mûrs : rien ne me déconcerta davantage
que de voir mettre à bas, un beau jour, ces colonnes
de mon Parthénon. Depuis, j'ai vu deux cycles com-
plets se succéder dans cet ordre d'architecture »
(EE, p. 91-92).

Gracq consacre plusieurs pages à son père (L2,
p. 160-167), commerçant voyageur, qui chaque soir
« entretissait et étoffait », tel un Ulysse débonnaire,
la chronique des lieux visités, celle « d'un temps
perdu ». De son père, Gracq dit qu'il en est très différent, mais qu'il tient de lui le penchant qu'il a
pour la poésie « qui monte de la Terre ». Un souvenir d'une expérience paternelle (« prenant le frais
après dîner par la plus belle nuit d'été, et enten-
dant à travers les vitraux un chœur d'enfants qui
répétait dans l'église ») semble trouver un écho
dans un souvenir de Grange : « Un autre bruit qui
lui semblait remonter du fond de l'enfance : c'était
la *récitation* d'une dizaine de gamines, dans la
minuscule école en contrebas de la route qui ressemblait à une maréchalerie. Il sentait battre en lui
comme une petite vague inerte et désespérée qui
était comme le bord des larmes » (Ubf, p. 32).

La vie elle-même, au début du siècle, est ordon-
née sans surprise : « Avec la lessive, les confitures,
les nettoyages de la Toussaint, le rangement du
grenier, la mise en bouteilles, la salaison du porc,
l'année d'une maison du bourg, pleine de branle-bas
rituels et périodiques, ressemblait encore à demi à
l'année paysanne » (L2, p. 155). « La Toussaint est
restée dans mon souvenir la grande fête – la grande
fête lugubre – de l'année ; [...] Il y a des souvenirs
transposés de tout cela dans une nouvelle que j'ai
écrite : *Le Roi Cophetua*. Naturellement cette pré-

sence de la mort restait abstraite et prenait plutôt la forme du deuil ; mais la mort a fait partie de mon paysage d'éveil, comme le retour des saisons, des travaux des champs et des vendanges. Beaucoup plus fréquente, beaucoup plus directe et moins dissimulée qu'elle ne l'est d'habitude pour un enfant » (Carrière, p. 123). Parmi les rites obligés, la messe le dimanche, et la confession et la communion au moins une fois par an, à Pâques. « Mes parents se conformaient en cela à l'usage, mais je ne crois pas que cela allait plus loin, il me semble que ni mon père, ni ma mère n'avaient beaucoup de préoccupations religieuses. Moi-même j'ai pratiqué jusque vers mes dix-huit ans, puis cette pratique devenue vide est tombée de moi sans drame et sans problème » (Carrière, p. 124). « Pendant plusieurs années après la guerre, j'ai entendu dans l'église de Saint-Florent un ex-caporal, désireux sans doute de ne pas perdre son coup de langue, enrichir à certaines fêtes de l'année la liturgie de quelques brillantes sonneries de clairon : il y avait là un mélange des genres qui n'était pas sans éloquence » (FV, p. 153).

De cette enfance à Saint-Florent, Gracq a gardé des souvenirs profonds. Celui auquel il a donné le plus grand développement est le parcours de l'Èvre en barque qui occupe l'ensemble des *Eaux étroites* : il lui rattache plus d'une expérience fondamentale, Poe, Nerval, *Les Chouans* de Balzac, Vermeer... et l'écriture du premier ouvrage, *Au château d'Argol*. Malgré les changements survenus dans le paysage aimé et qu'il recense dans des pages de L2 (140, 150-168), Gracq, comme Du Bellay, pourrait dire que plus lui plaît le séjour qu'ont bâti ses aïeux « que des palais romains le front audacieux », plus le Mont-Glonne que le mont Palatin, et l'Èvre angevine que le Tibre latin...

Le premier souvenir de l'écrivain remonterait au 2 août 1914 : la mobilisation générale, des gendarmes agitant un télégramme et criant : « Ça y

est ! » (voir Ubf, p. 92-93 et p. 191-192). « J'arrivais d'un bourg rural, où les tensions internes, probablement, ne manquaient pas en temps normal, mais où la guerre, comme un énorme aspirateur, s'était montrée capable d'éponger pour un moment, d'un corps social sans grande épaisseur, tous les poisons qu'il recelait. Il me semble que la guerre de 1914 fut au village, pour les habitants demeurés *dans leurs foyers*, une époque de trêve spontanée, profonde. Son aspect tragique avait échappé à un enfant de huit ans, mais non le sentiment de vivre, comme il respirait, au sein d'une petite société naturelle presque parfaitement détendue, où nulle place n'était disputée, nulle préséance contestée, nulle croyance discutée » (FV, p. 148-149). « Ma petite enfance – de quatre à huit ans – s'est déroulée sur fond de guerre, une guerre qui représentait, vue d'un bourg de l'arrière, un lent et régulier massacre étalé sur quatre ans. On ne réparait même plus les routes et les chemins ; le plus clair de l'activité du maire – un vieux gentilhomme de la campagne – consistait à courir les champs dans son tilbury pour annoncer aux familles, selon le rythme des « offensives », les derniers morts au champ d'honneur. Ma famille proche était épargnée, mais toutes les familles étaient plus ou moins touchées » (Carrière, p. 123). « Deux choses me frappent particulièrement, quand j'essaie de me remémorer cette époque : la présence, dès mes premiers souvenirs, de la lecture, et la présence en arrière-plan, presque de bout en bout, de la guerre. L'une liée à l'autre, car je n'avais guère connaissance de la guerre que par la lecture, particulièrement, chaque semaine, celle de *L'Illustration* à laquelle mes parents étaient abonnés. La guerre ne me déplaisait pas : elle tendait, au-delà de l'horizon monotone du bourg, une espèce de diorama fantastique, à demi irréel, où les événements, les images se bousculaient, excitaient violemment l'imagination. Moins la guerre de tranchées, qui m'ennuyait plu-
180

tôt, que la guerre navale : je me rappelle avoir lu le récit tout frais de la bataille du Jutland, à cinq ans, en 1916, comme on pouvait dans l'antiquité lire Homère. Le fait que j'ai su lire de très bonne heure, et le fait que les expériences vraiment marquantes de l'enfance me sont venues pour la plupart par l'intermédiaire de l'écrit ont dû compter dans ma manière de me développer » (Carrière, p. 117-118). Enfin, « un des souvenirs les plus vifs que je garde de la période de la Grande Guerre est celui des omnibus de nuit de la ligne : odeur de charbon mouillé, bouillottes, faible lueur des lumignons jaunâtres, grelottement ininterrompu des glaces mobiles, tressautant dans leur cadre de bois contre la ténèbre rayée de pluie oblique, haltes de nuit ensommeillées où une voix scande et répète un nom inintelligible en s'enfonçant dans le brouillard » (FV, p. 11-12).

D'octobre 1916 à juillet 1920, Louis Poirier fréquente l'école communale de Saint-Florent. Plusieurs expériences marquent cette période :

1° Les lectures. « Je n'ai jamais vu un livre à la maison, que les vieux livres de prix de ma mère rangés pour toujours au fond d'une armoire derrière l'eau de Cologne et la boîte à bijoux » (L2, p. 165). « A l'école où j'allais, l'instituteur avait un fonds d'une vingtaine de livres, une sorte de bibliothèque circulante. Alors, je lisais ce que je pouvais trouver : Erckmann-Chatrian, *Bonbonnel le tueur de panthères*, *Les Aventures du capitaine Corcoran*, *Sans famille* d'Hector Malot. [...] Et puis j'ai lu Jules Verne, et Fenimore Cooper. Jules Verne m'apportait beaucoup de choses : le goût de la géographie et même celui de l'histoire ; la guerre de Sécession dans *Nord contre Sud* ; la révolte des Cipayes avec *La Maison à vapeur*. Et puis il y avait dans Jules Verne l'ébauche, déjà accessible, de formes littéraires qui m'ont passionné plus tard. Par exemple, la nouvelle policière à la Poe dans *Matthias Sandorf*, l'énigme comme dans *Les*

Enfants du capitaine Grant, une préfiguration de Villiers de L'Isle-Adam dans *Le Château des Carpathes* » (Roudaut, p. 18-19). Gracq n'a cessé de le rappeler : la lecture de Jules Verne a été capitale : « A sept ans, à huit ans, à dix ans, c'est à travers Jules Verne que la face de la Terre est venue à moi, sous la forme la plus stimulante, celle de la conquête pacifique » (Carrière, p. 119). Sur Jules Verne : L, p. 37-38 et 157 ; L2, p. 11 et 153 ; Ee, p. 45 ; EE, p. 22, 110, 123-124 ; FV, p. 21, 36, 38, 100, 116, 135, 171, 193, 207-208, 212...

2° Les vacances à Pornichet, où, chaque été, il a l'habitude de passer une quinzaine avec ses parents et sa sœur. « Les *stations* du train enchanté qu'était pour moi chaque année le wagon qui nous emmenait à Pornichet, leur liste connue par cœur, immuable comme une litanie, donnaient à ce chemin de plaisir, dans la gradation de l'attente progressivement comblée, une solennité qui n'était guère inférieure pour l'enfance à ce que peut être, dans la gradation de l'angoisse, celle des stations d'un chemin de croix » (L2, p. 85). « Lorsqu'il était tout enfant, le débarquement des vacances dans le grand vent au bord de la plage, – cette fièvre qui s'emparait de lui dès que par la portière du train, à plusieurs kilomètres encore de la côte, on voyait les arbres peu à peu rabougrir et se rapetisser – l'angoisse qui lui venait soudain à la gorge à la seule pensée que sa chambre à l'hôtel, peut-être, ne donnerait pas directement sur les vagues. Et le lendemain il y aurait aussi ces châteaux de sable où le cœur battait plus fort qu'ailleurs de seulement se tenir, parce qu'on savait, et en même temps on ne croyait pas, qu'y battrait bientôt la marée » (Ubf, p. 140). « Dès que je débarquais à la gare, l'odorat pour moi s'éveillait là comme nulle part, s'aiguisait en passant et en repassant sans cesse au gré des avenues la ligne de crête qui partageait la petite ville en deux versants d'épaisses senteurs : d'un côté le varech mouillé, de l'autre la résine chaude –

et l'une et l'autre me dilatent encore la narine comme ne le fait aucune odeur » (L, p. 167-168 ; voir aussi LP, p. 132). « La presqu'île qu'il allait traverser, avec ses îlots de terres basses mangées de toutes parts par les marais, était l'ancien pays de ses vacances d'enfant – mais ces semaines qu'il passait contre le bord même des vagues, sans plus s'en décoller qu'une mouche de sa vitre, au point de pleurer de les perdre de vue à la nuit tombante, n'avaient guère laissé de place aux excursions dans les friches mornes de l'intérieur » (LP, p. 51). « Du droit qu'il tenait de ses souvenirs d'enfance, il avait toujours regardé d'instinct la Bretagne comme une *réserve* à laquelle il n'était pas question qu'on pût toucher » (LP, p. 66).

Aux vacances à Pornichet sont liées d'autres rencontres, avec la vie luxueuse et le cinéma. « Dans le Pornichet de 1914, et même encore des années vingt, pour accéder à la caste des anciens vacanciers, ayant pignon sur sable, une étape, comme dans les romans de feu Paul Bourget, était observée, et clairement marquée » (L2, p. 179). « Entre dix et douze ans l'idée que je me faisais de la vie luxueuse s'était centrée sur le casino de Pornichet » (L, p. 163). La population des villas de Pornichet est constituée de la bourgeoisie d'une grande ville, et Gracq revient dans FV, p. 179-180, sur cet aspect des plages du nord de l'estuaire de la Loire. Sur la terrasse du casino, le soir, parfois un écran était tendu, face à la mer. Louis Poirier vit sans doute alors des films avec Gloria Swanson et Pola Negri, « peut-être même *Les Mystères de New York* : je garde de ces soirées aujourd'hui encore, malgré moi, l'idée indéracinable que la citronnade est un breuvage de luxe, qu'on ne saurait se permettre en toute occasion » (L, p. 164-165). Évidemment, le bruit de la mer était de la partie : « Ces *grandes orgues* de la nature, qui envahissaient peu à peu la scène, ajoutaient beaucoup pour moi à l'émotion montante du drame » (L, p. 164). La famille Poirier rentre par la plage noire : « L'odeur du *cupressus* glissant dans le noir par-dessus la haie de fusains annonçait la villa — puis, la porte ouverte, la senteur fraîche de sapin lavé qui était l'odeur même des vacances nous accueillait ; par la fenêtre de la chambre le bruit de la mer revenait plus faiblement, et l'émotion de la soirée continuait de déferler avec les vagues jusque dans le sommeil, qui venait très vite après ces journées fouettées par le vent de mer » (L, p. 165). Sur Pornichet, voir aussi : FV, p. 22, 182-183 et p. 187-188 ; L2, p. 159.

3° Nantes. Au retour des vacances, la famille Poirier s'arrête parfois à Nantes. « Cela se passait pendant les années de la guerre de 1914-1918 ; le tramway, la savonnerie, le défilé glorieux, majestueux, du train au travers des rues, auquel il ne semblait manquer que la haie des acclamations, sont le premier souvenir que j'ai gardé de Nantes. [...] Au total, ce qui surnage de cette prise de contact si fugitive, c'est — montant de ses rues sonores, ombreuses et arrosées, de l'allégresse de leur agitation, des terrasses de café bondées de l'été, rafraîchies comme d'une buée par l'odeur du citron, de la fraise et de la grenadine, respiré au passage, dans cette cité où le diapason de la vie n'était plus le même, et depuis, inoublié — un parfum inconnu, insolite de modernité. Et ce parfum reste lié, est toujours resté lié pour moi à une saison élue, où tous les pouvoirs secrets, presque érotiques, de la ville se libèrent » (FV, p. 26). « Un trouble, dont rien d'abord ne dégage le sens, marque plus d'une fois la rencontre avec ce qui doit compter pour vous ; mais l'aiguille aimantée un long moment oscille et s'affole avant de désigner la masse métallique qui l'a perturbée » (FV, p. 23). Plus de quarante ans après, à Chicago... « Dans *Adams Street*, où je descends du taxi au milieu des gratte-ciel, soudain resurgit du fond de la mémoire une sensation très ancienne et oubliée : cette pénombre encavée du *canyon* des rues sous le ciel éclatant, c'est l'impres-

184

*« Du côté de l'amont,
l'approche de Nantes se faisait, il y a soixante ans,
par de vastes glacis de prairies nues »*
(La Forme d'une ville).

sion même qu'à sept ou huit ans me donnait *Nantes*, et ses immeubles de cinq étages assombrissant les avenues, quand nous y faisions escale pour quelques heures en revenant de la mer. Je ne connaissais que les maisons de Saint-Florent. Ce qui fait hélas ! la rareté de la fameuse expérience de la *madeleine* de Proust, c'est que souvent le seuil d'excitation s'élève avec l'âge : pour ressusciter la rue Crébillon de mon enfance, il ne faut à soixante ans pas moins que le *Prudential Building* » (L2, p. 194-195).

4° En 1919 et 1920, Louis Poirier prend des leçons de piano à Ancenis « chez les demoiselles R. » : « Je ne sais si une sensibilité d'enfant est capable d'enregistrer, de déceler dans une scène vécue le timbre exact que viendra réveiller plus tard la lecture d'un grand romancier – mais si cela peut être, c'est bien rue Barême, à neuf ou dix ans, que j'ai découvert Balzac » (L2, p. 172, et p. 173 pour la description de « cet enlisement lent, cette rigidité et ce froid funèbre qui figeait peu à peu, longtemps avant la mort, un couple de vieilles filles ruinées au fond d'une ruelle de sous-préfecture »).

5° Le désir à cet âge se fixe sur quelques objets insolites : le piège à mouches vers sept-huit ans (L, p. 111) et le boomerang vers neuf ans (L, p. 111-112). On peut apprécier la valeur symbolique humoristique que prennent, rétrospectivement, ces deux objets. Le piège à mouches penche vers le preneur de rats, mais, à trop vouloir interpréter, le commentateur risque de voir ses développements lui faire retour, comme un boomerang.

Les années de formation (1921-1928)

De 1921 à 1928, c'est l'internat au lycée Clemenceau de Nantes (qui ne prend d'ailleurs ce nom qu'en 1922, voir L, p. 84-85, et FV, p. 153). Cette période, qui représente la coupure d'avec le « paradis », est marquée d'expériences essentielles. A commencer par celle que connut Baudelaire :

> Tous imberbes alors, sur les vieux bancs de chêne,
> Plus polis et luisants que des anneaux de chaîne,
> Que, jour à jour, la peau des hommes a fourbis,
> Nous traînions tristement nos ennuis, accroupis
> Et voûtés sous le ciel carré des solitudes,
> Où l'enfant boit, dix ans, l'âpre lait des études.

« Le régime de l'internat, dans les années 1920 de ce siècle, était strict. Aucune sortie, en dehors des vacances, que celles du dimanche ; encore fallait-il qu'un *correspondant* vînt prendre livraison de nous en personne au parloir, et, en principe, nous y ramener le soir. Je ne sortais qu'une fois par quinzaine ; le reste du temps, je n'apercevais de la ville que la cime des magnolias du jardin des Plantes, par-dessus le mur de la cour, et la brève échappée sur la façade du musée que nous dévoilait le portail des externes, quand on l'ouvrait pour leur entrée, à huit heures moins cinq et à deux heures moins cinq. Mais cette réclusion si stricte était à sens unique. Deux fois par jour, comme la marée, avec le flot des externes, la rumeur de Nantes parvenait jusqu'à nous, tantôt filtrée, tantôt orchestrée » (FV, p. 3-4).

Les lycéens portent un uniforme, « noir, aux palmes d'or brodées sur les revers » (FV, p. 173). La discipline est rigoureuse (FV, p. 150) et « presque toutes les situations étaient d'inconfort, depuis le dortoir glacé jusqu'au linge parcimonieux et au poisson ammoniacal, depuis la bise des corridors jusqu'à l'huile de foie de morue apéritive (administrée, il est vrai, seulement à la demande des familles) » (FV, p. 150), l'église le dimanche matin et les douches le jeudi matin (FV, p. 154-155), sans compter les leçons de violon pendant les récréations (L2, p. 174). Plusieurs passages d'*Un beau ténébreux* reposent sur les souvenirs de cette époque, notamment la confession de Christel, p. 20-22. Dans *Préférences*, « Lautréamont toujours » rappelle le « léger vent de folie » qui soufflait alors sur Nantes et jusque « sous le toit de plomb du quartier des internes » (P, p. 127-129).

Louis Poirier a fait de solides études dans ce lycée. Certaines classes le passionnaient. « Ce que je n'ai jamais pu accepter, dès que je les ai connues, c'étaient les contraintes de l'internat et de la vie en commun, vingt-quatre heures sur vingt-quatre. Certaines heures de classe, où on me parlait – et souvent fort bien – de ce qui m'intéressait : la littérature et la géographie, figuraient, dans la journée grise et misérable de l'internat, à peu près les seules éclaircies : j'avais tendance à les accueillir comme de l'eau fraîche : elles représentaient plutôt un petit espace de liberté, particulièrement précieux. Je mettais en elles d'autant plus d'attente que les autres perspectives étaient bouchées. En fait, je leur dois beaucoup » (Carrière, p. 122). Le fluide glacial, la poudre à éternuer et autres *farces et attrapes* étaient réservés aux classes d'histoire. La scolarité de l'élève Poirier fut brillante : il collectionna les premiers prix, les nominations au concours général et les mentions au baccalauréat.

« J'allais passer un dimanche sur deux chez ma grand-tante, dont la bonne Angèle, toute lisse et rose sous son *bergot* breton, venait prendre livraison de moi après la messe, au parloir. Un dimanche sur deux, et le jeudi de chaque semaine, – trois fois sur quatre –, c'est la promenade réglementaire du lycée qui me tenait lieu de"sortie". Le but de ces promenades apéritives et hygiéniques était habituellement quelque terrain vague où une partie de ballon pouvait s'engager, quelque *zone verte*, à l'époque toujours plus ou moins lépreuse, en lisière de la ville » (FV, p. 42). Ces promenades sont plus particulièrement décrites dans FV, p. 46-47, 49, 54, 55-57, 59-60, 72-75, 120... Quelques-unes marquèrent le futur écrivain. Celle qui avait lieu quelques dimanches de l'été et qui conduisait dans un petit domaine rural de la banlieue, nommé La Colinière :

« Les images surannées que j'en garde restent dédiées secrètement en moi au dieu Pan, et à une certaine qualité d'ivresse où la fermentation propre à la puberté se mêle en aveugle à celle de la Terre » (FV, p. 82). Une autre promenade, du jeudi celle-ci, dans la prairie des Mauves, est à l'origine d'une « bizarre illumination quiétiste : le sentiment, au moins approximatif, qu'il était parfaitement indifférent, et en même temps parfaitement suffisant et délectable, de me tenir ici ou d'être ailleurs, qu'une circulation instantanée s'établissait entre tous les lieux et tous les moments, et que l'étendue et le temps n'étaient, l'un et l'autre, qu'un mode universel de confluence » (FV, p. 121). Le souvenir de cette expérience « ressuscite chaque fois que je retrouve les grandes surfaces d'herbe », en Flandre hollandaise, sur la planèze de Salers, ou les plateaux de l'Aubrac et du Cézallier. Une autre promenade, unique, emmena les lycéens sur l'Erdre, à bord d'un petit vapeur. Cette promenade retrouve certains des plaisirs des dérives sur l'Èvre. On sait qu'à de telles expériences est attaché un sentiment d'intimité, « proche de celui que donne une allée de jardin », comme la rivière du pays d'Argol se souvient de l'eau « plombée » de l'Èvre. A Poe également se rattache l'évocation de l'Ancien Observatoire : « A la maison Usher comme au château de Dracula, à toutes les maisons hantées du roman comme aux "maisons du pendu" de la peinture, l'Ancien Observatoire se mit à servir à la fois de référence matérielle instinctive et de truchement imaginatif » (FV, p. 70-71).

Lors des sorties du dimanche, parfois son grand-oncle emmène l'enfant visiter le musée de peinture à l'égard duquel il contracte une véritable répulsion, le considérant comme une annexe du lycée. (L2, p. 132-133). En revanche, avec la bonne Angèle, les promenades peuvent s'orienter vers le stade où se déroulent des matches de rugby : « Quand j'arrivai à Nantes, j'étais déjà, depuis un

189

an ou deux, lecteur du *Miroir des sports*, dès ce moment abondamment illustré de photographies. Comme tous les enfants qui ont joué de bonne heure dans la cour de l'école, j'avais une idée approximative des règles du ballon rond, plutôt simples, mais les photos du *Miroir* ne m'en donnaient aucune de celles du rugby. Le jeu me fascina tout de suite, comme m'ont fasciné au long de ma vie, successivement tous les jeux aux règles alambiquées, et d'abord inintelligibles, qui semblent se fermer sur leur secret, comme je l'ai été vers quatorze ans par les mouvements abscons des pièces sur les soixante-quatre cases... » (FV, p. 166). En effet, c'est alors que l'un de ses camarades lui apprend « approximativement » les mouvements des pièces aux échecs. « Je n'avais pas d'échiquier, j'en fabriquai un avec une planchette et de l'encre. Puis je taillai des pièces, grossièrement, avec un couteau. Muni de ce matériel rudimentaire, dans un coin de l'étude, le dimanche, je poussais du bois sans me lasser, à peu près n'importe comment, en compagnie de quelque garnement consigné » (L2, p. 175-176). Julien Gracq gardera toute sa vie un intérêt pour ce jeu : « J'ai dû tout aux livres, et presque rien à la pratique du jeu, restée chez moi très intermittente » (L2, p. 176).

Au cours des années de lycée, un certain nombre de plis sont acquis et des expériences fondamentales ont lieu. En mai 1924, « les fils d'instituteur rapportèrent au lycée un écho de la jubilation qui avait secoué les géniteurs dans leurs lointaines écoles publiques, devant la victoire du *Cartel des gauches* » (FV, p. 169-170). Cet événement ne touche pas l'enfant ; en revanche, cette année est celle de la révélation de l'opéra avec une représentation de *Tosca* au théâtre Graslin. Là-dessus il faut lire d'abord Ubt, p. 22-23 ; ensuite FV, p. 93-94, L, p. 82, L2, p. 61 et 73, A7, p. 103 et 141. « Le lundi matin, au lycée les internes qui avaient eu la chance d'accéder au poulailler racontaient la repré-

Sixième Année. - N° 349.
NOUVELLE SÉRIE : N° 8.

Le Numéro : **40** Centimes.

Jeudi 26 Août 1920.

LE MIROIR

DES SPORTS

PUBLICATION HEBDOMADAIRE ILLUSTRÉE, 18, RUE D'ENGHIEN, PARIS

Phot. de l'un des envoyés spéciaux du " Miroir des Sports ".

LE FINLANDAIS H. KOLEHMAINEN, VAINQUEUR DU MARATHON OLYMPIQUE

H. Kolehmainen, qui, en 1912, à Stockholm, remporta trois victoires sensationnelles, dans les 5,000 mètres, les 10.000 mètres et le cross-country, a gagné, à Anvers, la course de Marathon (42 kil. 750). Le voici cent mètres avant l'arrivée au stade.

sentation, détaillaient pour les absents les performances des ténors et des barytons. La littérature a mis du temps à se dégager pour moi de l'ennui scolaire : *Andromaque*, *Le Cid*, "expliqués" acte par acte – Molière, La Fontaine, qui pour moi ne s'en est jamais remis. Le *tout autre*, la "vraie vie", libérée de toute souillure pédagogique, c'était l'opéra. Naturellement le répertoire était celui de la province : Massenet, Gounod, Bizet, Lalo, Meyerbeer, Puccini, Ambroise Thomas, dont le piano des jeunes filles à marier continuait à moudre les airs, le dimanche, par toutes les fenêtres des rues » (Roudaut, p. 21).

Louis Poirier jusqu'à sa quinzième année, « et sans doute passablement au-delà », feuillette dans le grenier familial *Le Chasseur français*, l'almanach Vermot et « un guide Michelin périmé » (FV, p. 18). Julien Gracq a gardé le goût des plans, des cartes (les portulans et autres cartes anciennes, mais aussi les cartes routières) : « Les itinéraires le fascinaient ; c'était un avenir clair et lisible qui pourtant restait battant, une ligne de vie toute pure et encore non frayée qu'il animait d'avance et faisait courir à son gré au travers des arborisations des chemins » (LP, p. 50-51). Le lycée lui propose d'autres cartes (la carte géologique de la France qui l'hypnotise) et d'autres lectures. Dans ce domaine, « c'est le lycée qui m'a ouvert l'esprit. D'abord à Edgar Poe que j'ai lu vers douze-treize ans et qui m'a toujours passionné. L'Edgar Poe des nouvelles (je n'ai connu le poète que plus tard). Celui de la *Maison Usher*, du *Scarabée d'or*, de la *Rue Morgue*. J'ai lu Stendhal plus tôt que je n'aurais dû, vers 15 ans. C'est une lecture que j'aurais sans doute dû faire plus tard. J'ai pourtant presque su par cœur *Le Rouge et le Noir* » (Roudaut, p. 19). « Quand j'eus fini le livre, je le recommençai aussitôt. Puis encore, et encore. Pendant toute mon année de seconde, le livre à couverture verte ne quitta jamais le fond de mon pupitre, en étude ; de cinq heures à sept

192

heures et demie, je travaillais, ou plutôt je retardais mon plaisir ; de sept heures et demie à huit heures, chaque soir, je rouvrais le volume magique et je reprenais place sur le tapis volant ; à la fin de l'année, si on me lisait par hasard une phrase du livre, je pouvais réciter presque sans erreur la demi-page qui suivait. [...] Il y a quarante ans, je pense, que je n'ai relu le *Rouge* : oubli profond qui m'avertit et m'alerte encore, parce qu'il est celui de l'amour. *Le Rouge et le Noir* a été en littérature mon premier amour, sauvage, ébloui, exclusif, et tel que je ne peux le comparer à aucun autre : c'est de cet amour que je veux me souvenir, non de son objet (bien entendu toujours admirable) » (L2, p. 122-124). Stendhal reste un domaine d'élection. « Si je pousse la porte d'un livre de Beyle, j'entre en Stendhalie, comme je rejoindrais une maison de vacances : le souci tombe des épaules, la nécessité se met en congé, le poids du monde s'allège ; tout est différent : la saveur de l'air, les lignes du paysage, l'appétit, la légèreté de vivre, le salut même, l'abord des gens. Stendhal fonde à l'écart pour ses vrais lecteurs une seconde patrie habitable, un ermitage suspendu hors du temps, non vraiment situé, non vraiment daté, un refuge fait pour les dimanches de la vie, où l'air est plus sec, plus tonifiant, où la vie coule plus désinvolte et plus fraîche – un Éden des passions en liberté, irrigué par le bonheur de vivre, où rien en définitive ne peut se passer très mal, où l'amour renaît de ses cendres, où même le malheur vrai se transforme en regret souriant » (EE, p. 28-29).

L'intérêt de Gracq s'est déporté plutôt vers *La Chartreuse de Parme* « où les paysages de Lombardie et des Alpes ont le flou voluptueux et embrumé des paysages de Watteau » (EE, p. 31-32 ; p. 53, la référence se fait plus précise à *L'Embarquement pour Cythère*).

Une autre découverte est celle des poètes du XIXe siècle. Par exemple, Nerval dans les *Morceaux choi-*

sis de la bibliothèque scolaire du lycée (Ee, p. 27-28). Ces *Morceaux choisis* suscitent parmi les élèves « un débat scolastique aux formes fixes : ce débat n'admettait que trois options : le *Lac*, le *Souvenir* de Musset et la *Tristesse d'Olympio*. [...] Si j'étais pour le *Souvenir*, je le devais sûrement à l'ascendant écrasant sur moi de P., un rhétoricien ignare que son père bourrait d'argent de poche et qu'on admettait le dimanche par quelque passe-droit incompréhensible dans les bordels de la rue des *Trois-Matelots* : il en ressurgissait à l'étude du soir dans un état quasi comateux ; c'est là qu'un jour, d'une voix pâteuse et revenue de tout, il m'avait initié entre deux sommeils à la lecture de *Rolla* » (L2, p. 104-105). « Comme tous les lycéens, j'ai écrit des alexandrins, fort mauvais, vers ma treizième ou quatorzième année » (Carrière, p. 119). Parmi les autres lectures, *Lewis et Irène,* de Paul Morand : « A seize ans, qui devaient être l'âge où je l'ai lu, Lewis me présentait l'image même, prestigieuse, de la *vie inimitable*, modèle 1924 », au point d'inciter l'adolescent à se présenter au concours des Hautes études commerciales, « pour lequel on venait de créer au lycée une classe de préparation » (EE, p. 196).

Sur Poe, voir : AB, p. 58 et 99 ; P, p. 100, 192 et 179-182 ; L, p. 22-23, 50, 56 et 100-101 ; L2, p. 224 et 231 ; Ee, p. 15-17, 20 et 49-53 ; EE, p. 91, 222, 238 et 269 ; FV, p. 14, 55, 70, 97, 143 et 199 ; A7, p. 142 ; Ubt, p. 16.

Sur Stendhal, voir : P, p. 62 et 166 ; L2, p. 122-124 ; EE, p. 23-25, 28-37, 41-48, 52-72, 108, 114-115 et 131 ; FV, p. 87, 90, 92-93, 158 et 181 ; A7, p. 23-24, 107, 119, 134 et 141.

Sur Nerval, voir : L, p. 24, 154 et 186 ; L2, p. 49 ; Ee, p. 27-30 ; EE, p. 77, 105-107, 169 et 180-181 ; A7, p. 36-37 et 109.

A cette période se rattachent d'autres découvertes fondamentales qui orientent l'imagination du futur écrivain. Nantes, d'abord : « Une ville qui vous reste ainsi longtemps à demi interdite finit par symboliser l'espace même de la liberté. Le courant d'air vif qui, chaque fois que j'y circule, irrigue encore si plaisamment les rues de Nantes, ne les irrigue que pour moi [...] Ce n'était pas le souffle de la mer qui dilatait les rues : c'était seulement cet allègement mental qui s'empare de nous à tous les carrefours où, pour notre imagination, l'imprévisible s'embusque. La fin de l'enfance, l'adolescence, sont irriguées d'images motrices avec une telle véhémence, les possibles s'y bousculent si fort en nous, qu'ils déchaînent un vertige devant l'énormité du *laissé-pour-compte* abandonné par chaque journée à l'inaccompli. Cette vie qui passait au large, qui me frôlait sans cesse de son courant, et pourtant me laissait échoué sur la grève, animait pour moi jusqu'à l'obsession les rues d'une cité dont je ne percevais que la rumeur : c'est le souvenir de cette rumeur, électrisante, prochaine, et pourtant insaisissable, qui me rend proche par-dessus tout certains poèmes de Rimbaud » (FV, p. 5-6).

« L'idée du "départ en vacances" a pris toute sa force avec l'entrée au lycée et le régime de l'internat. Il est devenu aussitôt le symbole même de la liberté, vers lequel la claustration de l'interminable année scolaire conduisait » (Carrière, p. 120-121). En 1925, Louis Poirier assiste à Saint-Nazaire au lancement du paquebot *Ile-de-France* (voir P, p. 61, et LG, p. 14-15) qui lui fournit l'image même du « sentiment de l'appareillage », du voyage sans destination précise, « comme Baudelaire le savait bien » (P, p. 60). Saint-Nazaire, « où je faisais escale chaque été sur le chemin de la plage » est la « porte océane » : « L'épave du *Champagne*, échoué à l'entrée du chenal, figura pendant de longues années sur l'horizon le symbole aventureux à la fois de la guerre et des hasards de mer » (FV, p. 128). Stendhal renforce intellectuellement cette soif de liberté. « Je le lisais contre tout ce qui m'entourait, contre tout ce qu'on m'inculquait » (L2, p. 123).

Celui qui donna le coup d'envoi à cet esprit d'insur-
rection tranquille fut sans doute Clemenceau, en
1922 : « Je puis dire que cette tache noire et suprê-
mement insolente, tapotant ses genoux du bout des
doigts pendant que péroraient préfet, recteur et
généraux, a dégonflé pour un enfant de douze ans
en une minute de son prestige *l'officiel* aussi brutalement que la pointe d'une épingle dégonfle une
baudruche » (L, p. 85).

L'ouverture sur le monde (1928-1934)

D'octobre 1928 à juillet 1930, Louis Poirier prépare l'École normale supérieure au lycée Henri-IV.
Reçu au concours d'entrée de l'École, il y reste
jusqu'en 1934, date à laquelle il est reçu à l'agréga-
tion d'histoire et de géographie.
Le lycée Henri-IV s'oppose alors au lycée Louis-
le-Grand, autre vivier pour la section des lettres de
l'École normale, comme l'invention au travail. Les
anciens d'Henri-IV ont le sentiment d'appartenir au
petit monde des élus qui ont suivi l'enseignement
d'Alain. Louis Poirier signale son « élection » par le
port d'un monocle et d'une cravate blanche. « Je me
suis demandé plusieurs fois pourquoi Alain, dont
j'ai été deux ans l'élève, que j'ai écouté pendant
deux ans avec une attention, une admiration quasi
religieuse, au point, comme c'était alors le cas des
deux tiers d'entre nous, d'imiter sa façon d'écrire, a
en définitive laissé en moi si peu de traces » (EE,
p. 187). Sans doute en raison d'une « sagesse un peu
départementale » (EE, p. 188 ; voir aussi EE, p. 22
et 56, et AB, p. 49-50 et 75). Dans *Un beau téné-*
breux, l'expression « le diable, c'est l'oblique » est
redevable cependant à Alain. L'autre maître,
Emmanuel de Martonne, aura une influence plus
durable. La lecture du *Tableau géographique de la*
France de Vidal de La Blache avait préparé cette
rencontre. Emmanuel de Martonne lui apprend à

voir un paysage. Il entraîne « de temps en temps, entre Mantes, Neauphle, et la vallée de Chevreuse, le petit troupeau de ses vrais fidèles ». C'est à l'occasion de l'une de ces excursions que le maître, de son marteau de géologue, extrait du flanc d'un fossé « un beau morceau de glace à la pistache », exemple des marnes vertes affleurant en cette région : « J'écarquillai les yeux, comme saint Thomas devant les stigmates, et, ce jour-là, fermement et pour toujours, je *crus* » (L2, p. 149-150).

Les premiers voyages ont lieu pendant cette période. L'été 1929, Louis Poirier se rend à Londres pour perfectionner son anglais. Il habite à Hampstead, Belsize Square, une pension de famille. Il découvre le cricket (voir « Souvenir d'une ville inconnue ») et, à la Tate Gallery, les préraphaélites : notamment, le « médiocre » tableau de Watts qui représente le Minotaure lui donne des émotions (L, p. 208). C'est alors qu'il doit voir *Le Roi Cophetua* de Burne-Jones. Il retrouve finalement une société comme celle que présentait modestement le Saint-Florent de la Grande Guerre, c'est-à-dire une société stable, « sans contestation » : « Je sortais d'un petit monde – celui de la khâgne – où l'ironie et le scepticisme déjà corrodaient tout : Je découvrais un univers fermé où la religion comme la société, offraient encore réellement un paradis et un enfer, des devoirs, des droits, une appartenance, un lieu, une condition sur lesquels nulle contestation ne s'élevait, pas plus que dans une société de plantes » (« Souvenir d'une ville inconnue », p. 37).

Le gouvernement hongrois offre trois bourses pour l'Eötvös Kolegium de Budapest à des normaliens. Louis Poirier, Henri Queffélec et Pierre Petitbon partent l'été 1931. A l'aller, ils traversent le Tyrol et s'arrêtent à Vienne. Au retour, ils font halte à Ljubljana et à Venise. Julien Gracq se souvient du mont Gellert à Budapest, où, avec Queffélec, il allait contempler le coucher du soleil (A7, p. 96). Ce voyage est le premier contact de Louis

197

Poirier avec la montagne, d'une part, et Venise, d'autre part. A la fin du mois de septembre, invité par Henri Queffélec à Brest, il se rend pour la première fois en Bretagne. C'est alors qu'il découvre le nom d'Argol, « lu dans un horaire d'autocars », et « la douceur particulière à Roscoff » (EE, p. 270-271).

« Au début de l'été de 1933, je fis un voyage vers le bout des terres anglo-saxonnes. Emmanuel de Martonne m'avait fait décerner je ne sais quel prix en espèces fondé à l'École normale pour récompenser un des mémoires de géographie de l'année : je décidai d'aller le dépenser en Cornouailles anglaise, où mon camarade de promotion L. villégiaturait après son année à l'Institut français de Londres. Je traversai Truro, dont je me suis souvenu dans *Liberté grande*. [...] Il m'attendait sur le quai. En quelques minutes, une navette nous fit traverser le bout de la presqu'île et nous amena à St Ives, où nous avions pris nos quartiers. [...] Arthur's seat, Tintagel étaient presque en vue ; une paupière de mystère retombait avec les brumes sur cette mer verdissante et barbare, vaguement fabuleuse entre ses rocs mycéniens. [...] Nous étions là deux bons compères. Entre deux averses, nous faisions de longues courses dans cette campagne désertée et pourtant lavée de frais, brossée et étrillée, qui ressemblait à un golf et à un paddock, – nous restions parfois longtemps à regarder, à marée haute, les jeux des vagues sur les beaux rochers de la côte : nulle part, sinon à Ploumanac'h, je n'ai vu une mer au moindre prétexte écumer aussi gaîment, aussi neigeusement que cette mer d'Irlande. Pelouses – pelouses – pelouses ! [...] Où retrouver aujourd'hui l'accès de votre chemin de ronde en bordure du large ? Et de cette mer d'été celtique et sauvage, tout ourlée d'une verdure ample et bien tenue, de l'aisance calme du confort saxon et de l'odeur du tabac de Virginie » (L2, p. 224-228 ; voir aussi L2, p. 37).

198

Cette époque est celle des amitiés nouées à Henri-IV ou à l'École, notamment avec Henri Queffélec, Francis Léaud (le L. compagnon lors du séjour en Cornouailles) et Jules Monnerot. Le début des « Hautes Terres du Sertalejo », dédié à ce dernier, évoque par le ton la description du séjour en Cornouailles : « Il me suffit de fermer les yeux pour que revienne le souvenir de cette saison légère où nous vagabondions, Orlando et moi, par les hautes terres du Sertalejo » (LG, p. 101). Francis Léaud, précoce (alors que Louis Poirier, au lycée de Nantes, discute des mérites de Musset, Lamartine et Hugo, Léaud « trouvait Baudelaire un peu vieilli, lisait Rimbaud et Apollinaire qu'il avait découverts tout seul » (L2, p. 105), apporte la révélation du surréalisme : « Découverte d'ailleurs sélective, qui s'est faite à travers deux ou trois ouvrages de Breton, *Nadja*, le *Premier Manifeste* certainement, et, je crois bien, *Les Pas perdus*. J'ai été aussi extrêmement frappé – dans un autre registre – par le recueil de collages de Max Ernst : *La Femme 100 têtes*. Par la suite, *Le Paysan de Paris* et certains textes du *Libertinage* d'Aragon, certains poèmes d'Éluard. J'ai eu avec ces ouvrages le sentiment d'une porte ouverte sur des domaines inexplorés, ou à peine entrevus, de la poésie. [...] La qualité littéraire des textes qui m'ont alors séduit a joué certainement un rôle décisif. [...] En ce qui me concerne, le surréalisme ne m'a pas tracé de chemin. Il me semble m'être incorporé une bonne partie de ses apports, puis, à partir de là, n'en avoir fait qu'à ma guise. Une imprégnation qui me laissait libre, plutôt qu'une voie à suivre » (Carrière, p. 130-132).

D'autres portes s'ouvrent. Louis Poirier a la révélation du cinéma comme art : « Je me souviens d'avoir vu ainsi à peu de mois de distance, dans les années 1928-1929, *La Passion de Jeanne d'Arc*, de Dreyer, puis *Nosferatu*, découvert par hasard dans un cinéma désertique des boulevards, salle depuis longtemps disparue qui s'appelait le *Carillon* » (Préface à *Nosferatu*). Le film de Murnau fut projeté dans cette salle du boulevard, proche du Gymnase, que fréquentait Éluard : c'est là que les surréalistes vinrent voir le film, sur la suggestion sans doute de Desnos, qui le connaissait depuis 1922. Le 28 janvier 1929, le jeune homme assiste à une représentation de *Parsifal* : « Lorsque j'ai découvert Wagner et *Parsifal*, à dix-huit ans, j'ai eu la même impression qu'en passant de Jules Verne à Edgar Poe » (Roudaut, p. 21). Cette même année, autre « grand souvenir de théâtre » : *Sainte Jeanne* avec le couple Pitoëff (L1, p. 150).

Louis Poirier améliore notoirement ses connaissances dans le domaine des échecs. Après la découverte de Philidor, « dans une arrière-boutique de librairie », il lit, en 1929, le livre de Réti *Modern Ideas in Chess*, « qui est un peu le Manifeste du surréalisme échiquéen ». Cette révélation londonienne lui donna « tout un été de découverte et de bonheur » (L2, p. 176). En 1931, il lit *Mein System,* de Niemzovitch, ouvrage dont Marcel Duchamp disait : « C'est ma bible. » C'est à Niemzovitch que Gracq emprunte la formule (arrangée) : « Ne jamais renforcer les points faibles – toujours renforcer les points forts. » Marcel Duchamp, avec qui Gracq s'entretiendra des échecs, publie dans ces années une traduction du livre d'Eugène Znosko-Borovsky, *Comment il faut commencer une partie d'échecs* (deuxième édition, 1934). En Hongrie, Louis Poirier fait la connaissance du champion d'échecs Lajos Steiner. L'intérêt de Gracq pour les échecs s'exprime de plusieurs manières ; dans *Un beau ténébreux,* le jeu sert de métaphore dans une conversation entre Gérard et Allan : « On peut *ressentir*, il me semble, le monde comme ce carré d'hiéroglyphes d'un problème d'échecs où un mécanisme secret est enseveli, dissous dans l'apparence, – où un certain foyer découvert bouleverse pour l'esprit la puissance des pièces, la perspective des cases, comme un coup donné à un kaléidoscope. » Julien

Sainte Jeanne, *de Bernard Shaw,*
en décembre 1934,
au théâtre des Mathurins,
avec Ludmilla Pitoëff.

Gracq, un moment, envisagea de donner un livre à la collection de Gaëtan Picon « Les Sentiers de la création », chez Skira ; ce livre devait porter sur les échecs ; il ne fut jamais écrit. On peut en trouver des traces dans L, p. 172, L2, p. 175-177, Ee, p. 52-53 et 274, et Roudaut, p. 19-20.

Enfin, le jeune homme fréquente assidûment les stades. « Je n'ai vu honorer le sol d'une telle mélodie qu'un athlète slave entrant sur le stade dans une finale de coupe à Colombes (le stade entier faisait ha ! le souffle coupé) » (Ubt, p. 41). « Il circulait avec eux un air vif comme il en souffle sur les stades, une espèce de piaffement qui n'était pas désagréable » (Ubf, p. 69). Voir FV, p. 168-169. Gracq parle dans « Le Grand Jeu » du « visage souverain, clos et scellé comme un marbre, d'un coureur de demi-fond suspendu au-dessus d'un virage, comme un homme qui plonge à cheval dans la mer ». Il s'est expliqué plus tard, dans *Lettrines 2* (p. 168-171), sur cette « vieille passion ». Sa place préférée « était à l'amorce du virage, où on voyait de face les engins grandir immobiles et attaquer la falaise du virage comme s'ils s'enlevaient sur un tremplin », et de nouveau il mentionne « les demi-dieux de la piste », « le visage scellé et inhumain sous le heaume de cuir, assis sur leur vitesse comme les dieux d'Homère sur leur nuage ».

« Étudiant, j'ai fait quelques essais d'écriture » (Carrière, p. 119). Pages vite déchirées, « et sans aucune idée de publication ». Il n'y a aucune raison de mettre en doute cette affirmation. Néanmoins, *après coup*, il apparaît bien que c'est alors que « tout » se met en place – presque tout. Pourquoi conserver la date de 1931 comme celle où fut retenu le nom d'Argol ? Et pourquoi retenir ce nom, si ce n'est par une sorte de prémonition, d'engrangement *au cas où*. *Un beau ténébreux* fait appel à des souvenirs antérieurs, mais aussi à ceux de ce séjour breton de 1931 : « Ainsi autrefois à Ouessant, dans cette île sans arbres, de l'hôtel je voyais soudain

202

très loin, tout au bout de l'île, une femme en coiffe noire sortir de sa maison et paisiblement fermer la porte. Et sur ce réseau veineux des sentiers bien tracés, si évidents, si paisibles à la face du ciel, de minute en minute on pouvait suivre le patient cheminement des petits personnages noirs comme des fourmis dans leurs galeries... » (Ubt, p. 42 ; voir aussi, mais il peut s'agir d'une autre île, le souvenir de Grange, Ubf, p. 108). Le décor d'*Un beau ténébreux* est redevable pour une part à Audierne. Si l'on considère que *La Presqu'île* se déroule dans la presqu'île guérandaise, et si l'on admet que le rivage des Syrtes s'inspire en partie de la rivière d'Etel (on a écrit aussi qu'il s'agissait plutôt de la côte basse et sableuse de la baie du Croisic, entre la mer et les marais salants), Gracq s'est donc servi de la côte sud de la Bretagne.

Le Rivage des Syrtes plonge ses racines également dans cette période pour d'autres raisons. « Il y a un grand charme à quitter au petit matin une ville familière pour une destination ignorée » (RS, p. 12). On sait ce que le départ d'Aldo pour les Syrtes doit aux impressions de Louis Poirier lorsqu'il quitta Nantes, après une année passée à Paris, pour aller à Londres (été 1929) : voir FV, p. 196-197. On sait aussi ce que ce récit doit à Venise. Traversant par un après-midi d'un dimanche d'hiver le quartier parisien de sa jeunesse (la rue Mouffetard, la rue Descartes, la place du Panthéon, la rue Soufflot), Julien Gracq est frappé « en longeant le Panthéon, du côté de la bibliothèque Sainte-Geneviève, par le caractère monumental, claustral et froid de cette acropole basse, dont je me suis souvenu un peu en écrivant le dernier chapitre du *Rivage des Syrtes* – un morceau d'une Rome bâtarde, à la fois antique et jésuite, échoué à l'écart sur sa colline... » (L2, p. 3). Il ne faut pas oublier non plus que, de 1930 à 1933, il suit les cours de l'École des sciences politiques (dont il passe avec succès l'examen). Louis Poirier choisit alors l'histoire et la géographie, qui resteront les disciplines qu'il enseignera toute sa vie et qui seront bien plus pour lui. « De l'espace et du temps, ils ont été pour moi, de manière élective, le vrai contenu émouvant, le seul qui, inépuisablement, m'apprêtait à rêver. Libéré à la fois de toute chronologie vraie, comme de toute morphologie géographique orthodoxe, c'est leur *continuum* épuré, réduit à ses purs linéaments dramatiques, qui sert de substrat au *Rivage des Syrtes*, tout comme il emprisonne *La Route*» (EE, p. 248). L'intention qui a présidé à l'écriture du *Rivage des Syrtes* fut de « libérer par distillation un élément volatil », l'« esprit-de-l'Histoire » : « Quand l'Histoire bande ses ressorts, comme elle fit, pratiquement sans un moment de répit, de 1929 à 1939, elle dispose sur l'ouïe intérieure de la même agressivité monitrice qu'a sur l'oreille, au bord de la mer, la marée montante, dont je distingue si bien la nuit à Sion, du fond de mon lit, et en l'absence de toute notion d'heure, la rumeur spécifique d'alarme, pareille au léger bourdonnement de la fièvre qui s'installe » (EE, p. 217). Le « climat » dans lequel l'œuvre gracquienne a incubé est décrit dans EE, p. 221 : « J'avais vingt ans quand l'ombre du mancenillier commença de s'allonger sur nous : c'est cette année-là que le nazisme explosa et projeta d'un coup cent dix députés au Reichstag : la signification du fait – c'est bien rare – fut comprise et évaluée sur le champ, et son *aura* immédiatement perceptible à presque tout le monde. La montée de l'orage dura neuf ans, un orage si intolérablement lent à crever, tellement pesant, tellement livide à la fois et tellement sombre, que les cervelles s'hébétaient animalement et qu'on pressentait qu'une telle nuée d'apocalypse ne pouvait plus se résoudre en grêle, mais seulement en pluie de sang et en pluie de crapauds. » Le séjour à Budapest mit en contact les trois jeunes Français avec leurs homologues allemands nationaux-socialistes.

Les débuts (1934-1939)

Après le service militaire effectué à Saint-Maixent, au prytanée de La Flèche et, pour finir, au 65ᵉ régiment d'infanterie à Nantes (FV, p. 40-41 et 69), ce sont les premières années d'enseignement : d'octobre 1935 à juillet 1936 au lycée de Nantes, puis de 1937 à 1939 au lycée de Quimper. A Nantes, Louis Poirier se lie d'amitié avec Jean Bruhat et adhère au Parti communiste à la fin de l'année 1936. Son activité politique se poursuit à Quimper. Il est secrétaire du syndicat CGT. au lycée. Il renvoie sa carte à la fin d'août 1939, à l'annonce du pacte germano-soviétique.

Les séjours nantais dans des conditions « normales » ne lui ont laissé aucun souvenir. « Ce qui vous a hanté d'abord à la façon d'une princesse lointaine s'accommode mal par la suite du dégrisement de la cohabitation » (FV, p. 4-5). De Quimper, en revanche, l'écrivain se rappelle « le ciel tout littoral, changeant avec la marée » (FV, p. 5) et le mont Frugy, qu'il avait sous les yeux, en 1938, lorsqu'il ouvrait la fenêtre de la chambre qu'il occupait à l'hôtel du Parc au bord de l'Odet, ce mont « dont j'aimais retrouver le talus raide et planté, le haut et noir sourcil de hêtres levé au-dessus de l'Odet immobile (déjà pourtant l'ombre portée de la guerre tombait avec la sienne sur la rivière) » (Ee, p. 33). Ce lieu « a emprunté plus tard à » une gorge assombrie de la vallée de l'Èvre « le charme propre au ressouvenir ». C'est de Quimper qu'une journée d'octobre 1937 il rejoint en car la pointe du Raz : « Je n'ai jamais retrouvé, ni là, ni ailleurs, cette sensation cosmique et brutale d'envol – enivrante, exhilarante – à laquelle je ne m'attendais nullement » (L2, p. 36-37). Animant le cercle d'échecs de Quimper, lui et le président invitent Znosko-Borovsky et, à cette occasion, le conduisent au lieu illustre : « Je ne sais pourquoi je le revois encore parfaitement silhouetté au bord de la falaise, regardant l'horizon du Sud : il y avait dans cette image je ne sais quoi d'incongru et de parfaitement dépaysant. Il ne disait rien. Peut-être rêvait-il, sur ce haut lieu, à la victoire qu'il avait un jour remportée sur Capablanca » (L2, p. 38). Au cours d'un voyage nocturne entre Saint-Florent et Quimper, Louis Poirier voit le ciel s'illuminer au passage d'un astéroïde, expérience à l'origine d'un passage d'*Un beau ténébreux* (p. 25).

La carrière d'enseignant de Louis Poirier à peine commencée connaît une interruption entre juillet 1936 et octobre 1937. Dans l'intention de préparer une thèse de géographie physique sur la Crimée, Louis Poirier demande et obtient un congé pour étudier le russe à l'École des langues orientales à Paris, ce qui permet à Julien Gracq, dans *André Breton,* de discuter la différence du titre français des *Possédés* au titre original. Il traduit également le poème de Lermontov *La Voile,* qui se trouve associé, semble-t-il, à la pointe du Raz : « Jour alcyonien, calme et tiédeur, fête vaporeuse du soleil et de la brume », « brouillard azuré de la mer où blanchit une voile solitaire » (L2, p. 38). On voit donc le motif des jours alcyoniens prendre consistance au croisement d'une lecture et d'une expérience sensible. L'été 1937, « sans grande délibération préalable » (Carrière, p. 119), Julien Gracq entreprend d'écrire son premier roman : « Une heure avant de le commencer, je n'y songeais pas. »« J'ai été un écrivain plutôt retardé ! J'ai commencé à 27 ans par *Au château d'Argol*, qui était un livre d'adolescent. Bien sûr, on peut le lire sur le mode parodique. Mais il n'a pas été écrit dans cet éclairage. Il a été écrit avec une sorte d'enthousiasme, qui tenait peut-être en partie à ce que je débouchais tardivement dans la fiction sans préparation aucune, ni essai préalable. Je ne me *refusais* rien » (Roudaut, p. 24). Ce livre « m'est devenu aujourd'hui un peu étranger, surtout à cause de l'écriture, mais je ne le renie pas, car je me souviens du plaisir particulier que j'ai eu à l'écrire. Je le considère un peu comme mon serpent de mer ; il est comme ça, je n'y touche pas » *(ibid.)*. Qu'est-ce qu'un serpent de mer ? Un monstre dont les journalistes en mal de copie trouvent intéressant de parler. Par son excès, *Au château d'Argol* présente relativement au reste de l'œuvre un aspect étrange qui l'éloigne de son auteur, mais qui suscite les commentaires des critiques. C'est par ce livre, dans lequel il entremêle les influences d'Edgar Poe et de *Béatrix* de Balzac, que Julien Gracq advient. Thématiquement, l'essentiel est déjà présent ; les mots clefs répondent presque tous à l'appel. Stylistiquement, il en va autrement : « ... la coulée unie et sans rupture, le sentiment qu'on mène le lecteur en bateau, et non en chemin de fer, m'a fasciné, lorsque je commençais à écrire, au point que dans mon premier livre je l'ai poursuivie "aux dépens presque de toute autre qualité" » (L, p. 91).

La description par laquelle débute le chapitre « Le bain » (p. 87-88) présente le motif des « jours alcyoniens ». L'auteur signale la réminiscence d'un poème de Verlaine, « Beams » (où l'on trouve en outre l'embellie). Les « oiseaux blancs » de Verlaine préparent la venue de l'alcyon et s'allient aux voiles blanches de Lermontov. Gracq constitue des emblèmes autour desquels son œuvre exécutera des variations. Le passage de « la Chapelle aux abîmes » comporte l'un d'entre eux (préparé par le mot cuirasse qui court dans le livre) ; il se retrouve à la fin de l'essai sur André Breton : « Elles gisent pourtant là derrière lui, les pièces de l'étincelante armure... » L'essai se clôt sur une formule qui rappelle Lermontov puisqu'elle désigne Breton comme « un des héros de notre temps ». Unité de l'œuvre ? art de la fugue, surtout.

Au château d'Argol a été achevé à l'automne 1937 et envoyé à la NRF qui le refuse. En septembre 1938, Gracq fait un voyage en car à Chamonix : « L'image de l'arrière-saison, liée pour moi si spontanément à celle de la plage qui se vide, surgit pourtant plus obsédante encore d'un instantané cueilli par la mémoire lors de mon premier voyage dans les Alpes, en 1938. J'attendais une correspondance de car au col du Lautaret [...]. La petite activité de loisirs qui persistait, frappée d'insignifiance, tarissait à vue d'œil sous le soleil encore chaud, comme le filet d'un oued bu par les sables. On n'allait pas partir d'ici à regret, comme quand on se retourne et qu'on regarde sous le rayon jaune de septembre la mer quittée, plus voluptueuse encore de s'étirer au soleil toute seule : au cadran solaire des cimes avait sonné l'heure cosmique de la fermeture » (Carrière, p. 183). De retour, Gracq passe à la librairie Corti. « Je connaissais la librairie Corti, où j'achetais quelquefois des ouvrages surréalistes ; en y entrant lors d'un passage à Paris en 1938, je m'aperçus que Corti recommençait à éditer, et je lui laissai mon manuscrit à lire. Nous nous sommes entendus – à compte d'auteur d'abord, pour mon premier livre – et je suis resté chez lui » (Carrière, p. 145). *Au château d'Argol* sort des presses en décembre 1938 (1 200 exemplaires) avec un « avis au lecteur » : « La préface cherche à donner le change. Elle a été écrite deux ans après le livre, quand j'ai envisagé de le publier. Il a dû me sembler après coup nécessaire de prendre des distances avec un ouvrage trop spontané » (Roudaut, p. 24). La couverture du livre, d'où est absente la rose des vents, emblème des éditions Corti (« Rien de commun »), met l'accent sur l'ornement en entourant le titre par ce qui apparaît comme un cadre de miroir ou un cartouche baroque. Parmi les lecteurs qui reçoivent favorablement le livre, André Breton, qui écrit une lettre chaleureuse à Julien Gracq le 13 mai 1939. Les deux hommes se rencontrent en août à Nantes : « Presque dès les premiers mots, j'étais amené je ne sais pourquoi à faire allusion à *Béatrix*, que Breton n'avait pas lu. Assez intrigué, il tira de sa poche un anneau de clef qu'il avait quelques

208

jours auparavant ramassé sur une plage, tout frais abandonné par la mer. Un nom s'y lisait, à demi rongé : *Béatrice* ou *Béatrix*. [...] Peu après il fut amené à préciser qu'en chemin de Lorient vers Nantes, des difficultés de correspondance imprévues l'avaient retenu pour un court et très inopiné séjour à Guérande, toujours si à l'écart des grandes routes. Il ignorait bien entendu que là se situât l'action de *Béatrix* » (P, p. 216). A la fin du mois d'août, Louis Poirier est rappelé à Quimper, mobilisé comme lieutenant au 137e régiment d'infanterie.

Les années de guerre (1939-1946)

Gracq a beaucoup écrit en définitive sur cette période. Les souvenirs qu'il a gardés ne sont pas ceux des moments pénibles : « Les états de carence violemment imposés de l'extérieur sont pour l'être vivant des parenthèses rigoureusement fermées : il n'accepte de se souvenir que de ce que, d'une certaine manière, il *prolonge*» (L, p. 105-106).

« J'avais été laissé pendant le premier mois de guerre au dépôt de mon unité : comme je n'avais à peu près rien à faire, on me convoquait au conseil de réforme qui réexaminait les exemptés : j'y représentais les "officiers de troupe" » (L, p. 65). C'est alors qu'il prend conscience de l'existence, comme il le dit, d'« une sorte de dépôt humain ténébreux, une couche nocturne, dont je n'avais encore nulle idée » (*ibid.*). « Plus tard, quand j'eus rejoint le régiment, qui cantonna çà et là pendant l'hiver entre Lorraine et Flandre, on me donna à commander une section de voltigeurs [...]. Pendant les longues étapes de nuit, marchant à côté de la colonne [...], j'écoutais le jargonnement guttural qui montait de la troupe invisible [...] et je sentais, vaguement fasciné, se dénuder et bouger le tuf paléolithique sur lequel s'est figée la petite croûte de la civilisation » (L, p. 66). «Routes de Lorraine sous les déluges de l'automne 1939, vers le cantonnement boueux et noyé, ses greniers comme une buanderie pleine de capotes roides, fumantes dans l'énorme mouillure – routes de polders zigzaguant aux arêtes des casiers géants, entre le désert de l'herbe et le désert de l'eau calme, noire, sous la haute voûte des trajectoires de l'artillerie lourde. Sedan était en vue clairement – Sedan fut en vue tout de suite. Les marches étaient une transhumance de troupeau, une migration harassée, sous un ciel de mauvaises étoiles, tournoillant entre Lorraine et Flandre enfermée dans le cercle d'un horizon de fer. L'avenir était clos, mais l'échéance imprécise : matelassé encore par cette zone de vague, on vivait de son reste » (L2, p. 56-57). Ce qui ne se disait pas, bien que tout le monde le sût, c'est qu'« on partait pour une guerre de quelques millions de morts ». « C'est par là que la rêverie de guerre ressemblait tellement au rêve, ayant avec lui la censure, – mais c'étaient plutôt les marécages du rêve, et comme un rêve mort-né : les incidents de la route, les paysages traversés ne pavaient plus, ne meublaient plus les chemins du désir, ils se recomposaient dans un monde substitué, falot et creux, distraitement habitable, mais qui ne vivait pas, parce que la sève n'y montait pas, parce qu'il n'y avait pas d'avenir » (L2, p. 58).

« Mes cantonnements du temps de guerre » (L2, p. 142-146). En octobre, Barbonville, « au pied des côtes de Moselle, près de Damelevières ». Les premiers jours de novembre : « Quand j'étais cantonné à Dunkerque [...] j'étais logé dans une pharmacie, sur la grand-place de Rosendaël – je me figurais parfois vivement l'espèce de poésie que ce petit cordon de dunes a recelée pendant quelques mois de la guerre de 1914, et dont *Thomas l'imposteur* a conservé quelque chose. L'après-midi, quand j'étais désœuvré – et c'était souvent : nous attendions, nous étions *en alerte*, prêts à être embarqués pour Walcheren sur des torpilleurs – j'allais me promener sur le remblai de Malo-les-Bains, où stationnaient des voitures sanitaires et des fourgons d'artillerie ; de temps en temps montait de la plage le bruit d'une explosion qui venait cogner les tempes : des mines dérivantes qui s'échouaient sur la grève, et qu'on faisait sauter. Une idée de vacances de luxe s'attachait pour moi indéracinablement à cette guerre hivernant au bord de la mer » (L, p. 160-161). C'est quelque peu le climat d'*Un balcon en forêt*. D'ailleurs, à Barbonville, Louis Poirier lit Swedenborg et le *Journal* de Gide qui sont les lectures de l'aspirant Grange (Ubf, p. 94). « *Bourthes*, où nous ne passâmes que quelques jours, fut notre cantonnement le plus mystérieux : c'était le Boulonnais tragique de Bernanos [...]. Quand on montait jusqu'au plateau, on découvrait des labours nus à perte de vue, harassés par la pluie, visités des corbeaux : une plaine de désastre, comme des champs catalauniques. Je me suis souvenu dans *Le Roi Cophetua* de ces jonchées froides et spongieuses de novembre, de ce vent noir, de ce silence de Jour des Morts » (L2, p. 143). Puis ce fut Quesques, « à quelques kilomètres de là », et Fillièvres, en janvier 1940, dans la vallée de la Canche. « Ce furent les grands froids » et ce fut « de bout en bout un cantonnement gai ». C'est alors que Louis Poirier conduit son détachement à une dizaine de kilomètres dans un village dont la seule garnison était « un lieutenant de l'intendance tout grisonnant qui tenait ses assises chez l'épicière [...] Rien ne parlait soudain plus éloquemment du foyer congédié que ce couple, noué par le hasard pour quelques semaines, qui déjeûnait en pantoufles comme un vieux ménage au bord de la cuisinière » (L2, p. 145). *Un balcon en forêt* se souviendra d'un tel détail.

A la fin du mois de mars 1940, Louis Poirier profite de quelques jours de permission pour se rendre à Saint-Florent en passant par Paris. « Paris n'était plus qu'une gare, un battement de portes entre deux trains [...]. Maintenant que les lumières avaient baissé sur la ville, elle avait perdu son duvet, et on en touchait le noyau dur : ce nœud de routes qu'elle avait été de toujours et qui maigrissait maintenant entre l'armée et les villas de la campagne comme une cité du Bas Empire, — battant seulement du sang appauvri de ses surnuméraires et de ses *requis* officiels, écoutant par moments du fond de ses rues vides le grondement d'orage vague qui montait des frontières » (Ubf, p. 141-146).

De retour de permission, il loge successivement à Vieil Hesdin, à Borre et à Winnezeele. « Le charme, ici, c'étaient les patrouilles de nuit le long de la frontière, à quelques kilomètres : nous avions là un poste de garde, tout contre la barricade belge : j'y montais en bicyclette sans lumière par le *Drooglandt*, vers deux heures du matin. Rien de sombre, d'immobile et d'odorant comme la campagne à cette heure : je glissais le long des haies ténébreuses comme la main glisse sur le pelage d'une bête qui dort. C'est là que les avions nous réveillèrent de bonne heure, le matin du 10 mai » (L2, p. 145-146). Le 12 mai, le régiment de Louis Poirier rejoint la Hollande en chemin de fer. Il occupe au bord de l'estuaire de l'Escaut, en Flandre hollandaise, la presqu'île d'Ossenisse. « J'ai tant rêvé autrefois au cygne de Lohengrin et à Elsa de Brabant — puis la guerre m'a amené sur ces bords de l'Escaut au mépris vraiment de toute saine considération stratégique [...]. Les trois jours passés là en 1940 (je voyais de très loin les clochers d'Anvers par-dessus les peupliers) m'ont laissé une impression persistante, étrange » (Lettre à Suzanne Lilar). *La Sieste en Flandre hollandaise* s'origine dans cette expérience (FV, p. 121-122). « Les marches zigzaguantes dans les polders de la Flandre hollandaise, à travers l'épaisse zone de calme, sourde et verte, que bordait très loin au nord, à l'est, au sud-est, le roulement amorti des explosions. Sas-de-Gand à deux heures du matin, toutes lumières éteintes, ses passerelles, ses cheminées, ses grues, ses écluses accrochant des rayons de lune dans la nuit opaque, comme les œuvres hautes d'une flotte coulée dans un lac noir » (EE, p. 86) « On voit de loin au ras de la mer des grèves plates, quelques villas, des bouquets de bois espacés, comme je voyais de Port-Paal à travers l'Escaut, pendant la guerre, la rive boisée de Zuid Beveland » (L2, p. 203).

« Le jour souffreteux, appauvri, qui tombe sur une armée fanée par le souffle approchant de la défaite [...]. Pour moi, en 1940, cette espèce d'éclipse de soleil se manifesta brusquement, sans raison apparente, en Flandre hollandaise, alors que nous traversions en fin de matinée la petite ville d'*Axel*, le 16 ou le 17 mai » (L2, p. 141). Retour en France par voie ferrée : « J'ai vu resurgir vingt ans plus tard, de façon très inattendue, cette impression d'enfance oubliée dans un faubourg de l'agglomération lilloise – peut-être Menin – où le train qui nous ramenait de Hollande s'était arrêté un moment, à la fin de mai 1940, au milieu de la débâcle. Les réfugiés en route vers le sud s'agglutinaient contre les passages à niveau ; de l'autre côté de la voie, d'autres réfugiés en route vers le nord, et qui tentaient de rentrer chez eux, remontaient de la Somme, où les Allemands coupaient déjà le passage. Le même sentiment d'agitation désorbitée, d'affairement incontrôlable, que j'avais ressenti, enfant, à la traversée de Nantes, renaissait, précisant la nuance de malaise et de vertige dont mon premier contact avec la grande ville s'était teinté » (FV, p. 23). « Quand j'arrivai, le 24 mai 1940, sur l'Aa de Gravelines, derrière lequel circulaient par intervalles, à une vingtaine de mètres, les chars de Guderian, ce que je vis fut d'abord ceci : deux mitrailleurs au bord de l'eau, tapis au défilement derrière la diguette avec leur engin qui venait de tirer et sa bande encore enclenchée, puis, à dix mètres de là, grand ouvert en belle vue sur l'Aa, un estaminet où une petite vieille servait deux pernods à des soldats accoudés au comptoir » (L, p. 20). « La nuit blanche de Gravelines, face à la fausse aurore qui rougissait au ras des toits, du côté de Calais » (EE, p. 86). C'est alors que Louis Poirier « touche au tuf du pouvoir vrai » lorsqu'il constate que, en tant que lieutenant, il a droit à deux biftecks (L, p. 103-104). L'épisode de « la nuit des ivrognes » se déroulant sous la protection de l'amiral Nord, prend place à ce moment (L, p. 120-126). Le 137e régiment d'infanterie est déplacé près de Bergues. Le lieutenant Poirier se voit confier la mission de faire sauter le pont mobile de Zycklin sur le canal de la Haute-Colme, épisode qui deviendra un souvenir de Gérard dans *Un beau ténébreux.*

« Le déluge qui battait la chaussée de Dunkerque à Teteghem, bordée aussi régulièrement que par des arbres de ses deux rangées de camions anglais basculés au fossé » (EE, p. 86). « J'ai "fait" (vu plutôt – "faire" serait beaucoup dire) Dunkerque qui ressemblait d'assez près au laisser-courre d'une maison de fous » (L, p. 104-105). Louis Poirier est fait prisonnier à Hoymille le 2 juin au soir et jeté, comme quelques milliers d'autres soldats français, « dans le haut vaisseau des halles d'Ypres » (A. Hoog). De juin 1940 à février 1941, il est interné au camp d'Elsterhorst, l'Oflag IV D, près d'Hoyerswerda, en Silésie. Il y retrouve Armand Hoog, et y rencontre Raymond Abellio, Marcel Prenant, Patrice de la Tour du Pin, Jean Debrix. « Je revois maintenant les plaines d'Hoyerswerda. Au-delà de la double barrière de barbelés du camp de prisonniers éternellement fuyaient les plaines tristes de la Lusace. Si vides d'hommes, si abandonnées. Chaque midi un petit train alangui, minuscule comme un jouet, rayait obliquement le paysage. Autour de nous s'étendait, partout inaccessible et pourtant offerte, la terre merveilleuse, la terre promise » (Ubt, p. 103). Voir Ubt, p. 46, L, p. 105, L2, p. 206 et P, p. 84. « J'ai eu en Allemagne, comme des centaines de milliers d'autres, l'expérience de la

214

faim » (L, p. 105). Louis Poirier contracte une grave affection pulmonaire. A la fin de février 1941, il est rapatrié par un train sanitaire suisse à Marseille. Il est démobilisé au début de mars.

Pour que cette expérience trouve à s'exprimer littérairement, il fallait qu'elle coïncidât avec l'existence d'un *paysage-histoire*. « Il est vrai, jamais je ne traverse ces terres méhaignées, ce *pays gât*, ces forêts si splendidement vertes, qui en l'an quarante ont couvert et camouflé jusqu'à la dernière minute, comme autrefois la forêt de Dunsinane, l'armée d'invasion, elle-même tout enguirlandée de branches, sans que le souvenir de la guerre revienne les repeupler d'une vie fantôme. J'ai parlé autrefois de l'existence de *paysages-histoire*, qui ne s'achèvent réellement pour l'œil, ne s'individualisent, et parfois même ne deviennent distincts, qu'en fonction d'un épisode historique, marquant ou tragique, qui les a singularisés, les faisant sortir une fois pour toutes de l'indistinction, en même temps qu'il les a consacrés. L'Ardenne est pour moi un de ces *paysages-histoire* : elle ne parlerait pas, quand je la revois et que je la traverse, aussi fort qu'elle le fait à mon imagination, si, à la seule image de la forêt d'Hercynie sans chemins et sans limites que nous ayons conservée chez nous, elle ne superposait celle de la forêt de Teutoburg, inquiétante à force de silence, par trois fois grosse des légions d'Arminius. C'est pour moi au voisinage de tels carrefours de la poésie, de la géographie et de l'histoire, que gîtent pour une bonne partie les sujets qui méritent ce nom. De tels sujets ne s'éveillent sous les doigts qu'à la manière des grandes orgues : grâce à la superposition de multiples claviers » (Carrière, p. 179). Ainsi, tandis que Louis Poirier était à Gravelines, ou en Flandre hollandaise, l'Ardenne, *à côté*, voyait se jouer son propre lever de rideau. Du climat global de cette « drôle de guerre » et du décor de la forêt est issu *Un balcon en forêt*. « Superposition de multiples claviers » d'un côté, et de l'autre décalage spatial entre la situation du futur écrivain et celle qui appartiendra à l'aspirant Grange. On pense à une image de *La Presqu'île* : « Il en allait pour lui comme pour ces images d'Épinal dont les taches colorées ne viennent jamais meubler que très approximativement le contour des silhouettes » (p. 100). Le décalage peut être spatial ou temporel : « L'émotion ne coïncidait jamais tout à fait avec sa cause : c'était *avant* ou *après* – avant plutôt qu'après » (*ibid.*). Novembre 1939 : « Je me souviens encore du soleil d'hiver, de la mer grise et arctique, du sable blanc, des villas fermées – plus que fermées ; barricadées de planches à toutes leurs fenêtres – tressaillant à ces explosions espacées et sourdes qui semblaient frapper les trois coups du destin » (L, p. 161). Cette atmosphère est celle du prologue d'*Un beau ténébreux*, précisément écrit à l'automne 1940, alors que Louis Poirier est prisonnier. Le projet de ce roman prend consistance, à la lueur de la drôle de guerre, *après coup* : « L'atmosphère [...] était un peu celle de ces pièces policières où chacun va et vient, converse, plaisante et déjeune, feignant d'ignorer le cadavre dans le placard » (L2, p. 57). En même temps, il faudrait « évoquer Poe, cette atmosphère de naissance et de ressouvenir, de temps encore à l'état de nébuleuse et de série réversible, – une oasis dans le temps aride » (Ubt, p. 16). Julien Gracq cite à cette occasion « Ulalume » : « Les cieux, ils étaient de cendres et graves ; les feuilles, elles étaient crispées et mornes – les feuilles, elles étaient périssables et mornes. C'était nuit en le solitaire Octobre de ma plus immémoriale année. » Grâce à la superposition, « le bois hanté par les goules » acquiert une signification historique très précise.

Louis Poirier retourne à l'enseignement : le lycée Henri-IV d'avril à juillet 1941. En septembre, son père meurt. Il est nommé au lycée d'Amiens. Il écrit « Pour galvaniser l'urbanisme » en octobre. Puis il est nommé à Angers, où il travaille jusqu'en juillet

1942. Il rédige la plupart des textes de *Liberté grande* et une grande partie d'*Un beau ténébreux,* achevé en automne 1942. A la rentrée de 1942, il est nommé au lycée Marcelin-Berthelot de Saint-Maur, où il connaît Roger Veillé. Il y reste peu, puisqu'il se voit proposer un poste d'assistant de géographie à l'université de Caen à la fin du mois d'octobre : il enseigne donc en Normandie de novembre 1942 à juin 1946 (EE, p. 249). Il se souvient dans des termes similaires de ses promenades d'alors dans *Lettrines 2* et dans *La Forme d'une ville* : « L'accès de la côte, à une quinzaine de kilomètres à peine, me resta interdit par l'occupation allemande, mais la direction de la mer, abstraitement, réglait l'orientation de mes promenades. [...] Peut-être la ligne des patrouilles qui sabre dans mon roman la carte de la mer des Syrtes est-elle fille de cette ligne de démarcation – moins connue que l'autre, et d'ailleurs peu surveillée – qui verrouilla pour moi pendant deux ans l'accès de la bande côtière » (L2, p. 5-6 ; voir aussi FV, p. 44). Tous les quinze jours, il donne quelques cours à Rouen (FV, p. 118-119). « Entre 1942 et 1946, j'ai longuement parcouru à pied la Basse-Normandie : je travaillais à une thèse de géographie physique. Le charme de ces lents voyages à l'aventure était grand. A Caen, au temps de l'occupation allemande, en dehors du jeudi et du vendredi, où tous les professeurs, qui venaient de Paris, avaient groupé leurs cours, les Facultés dormaient pesamment : j'étais, je crois bien, avec H. C. qui tenait la chaire d'histoire contemporaine, le seul enseignant résident : dès que j'avais terminé les travaux pratiques et les études de cartes, le cours sur l'*Australie* du vendredi matin qui ramenait chaque semaine fidèlement mon unique étudiante, je bouclais mon sac à dos et je partais sur les routes : mes étapes étaient de vingt-cinq à vingt-huit kilomètres, parfois trente. Rien n'était vacant et ouvert, accueillant au piéton, comme les routes de la France occupée –

217

désertées, on eût dit, par l'effet d'un charme, engourdies et rêveuses comme je ne les ai jamais vues, et toutes bordées d'un inconfort stimulant... » (L2, p. 48). C'est alors qu'il fait la découverte de la chapelle dominant Mortain, où il passe des heures (P, p. 64).

Le Roi pêcheur est écrit entre l'hiver 1942 et l'été 1943. *Un beau ténébreux* est mis à l'impression à la fin de 1943. Pour des raisons dramatiques, José Corti doit abandonner momentanément son activité d'éditeur : le livre paraîtra au début de l'année 1945. En décembre 1943, Louis Poirier découvre *Sur les falaises de marbre* d'Ernst Jünger : « Ayant à tuer trois heures d'attente à Angers, en ces jours gris-famine où les correspondances étaient rares (le titre seul de certains livres émet en direction du public qu'ils se choisissent, des signaux de reconnaissance assez mystérieux), j'achetai à la bibliothèque de la gare *Sur les falaises de marbre*, que rien, sinon sa couverture, ne pouvait alors me recommander. La lecture sur les bancs des boulevards, en décembre, manquait de confort, mais les restrictions d'essence assoupissaient le bruit de la rue, et, ayant ouvert le livre, je le lus jusqu'à la fin sans plus m'arrêter » (*L'Herne*, p. 205).

« Lorsque l'été de 1944 approcha, et que les avions rôdeurs se succédèrent jour après jour au-dessus de la région sans presque jamais bombarder, je pressentis assez clairement que ces longues plaines sèches et découvertes allaient attirer les chars, et, les examens de licence terminés, sans attendre davantage je quittai Caen en bicyclette, emportant tout mon bagage, une semaine avant le débarquement » (L2, p. 6). C'est le périple décrit par « Gomorrhe » (texte de 1957) : « Derrière moi, les sirènes l'une après l'autre amorçaient leur décrue sur la ville marquée pour le feu » (LG, p. 109). « Dès que je fus revenu, en octobre, au premier jour libre je quittai le décembre boueux de la ville et je partis à pied en pèlerinage vers la mer que je rejoignis à

Langrune : la longue interdiction de cette côte inconnue, si proche et si tantalisante, avait dû créer chez moi un état de carence, analogue à celui auquel on palliait alors sur le plan nutritif avec les distributions de *biscuits vitaminés* » (L2, p. 6-7).

En 1944, Julien Gracq écrit « A propos de *Bajazet* ». En 1945 sont publiés *Un beau ténébreux* et « Éclosion de la pierre » (dans *Rêves d'encre* de José Corti) ; *Liberté grande* l'est à la fin de l'année 1946, avec un frontispice d'André Masson. A un questionneur lui demandant pourquoi il n'avait pas écrit de poésie (!), Gracq répond : « En matière de poésie, il y a longtemps que Rome n'est plus tout à fait dans Rome, et qu'elle a commencé à nomadiser » (Carrière, p. 171). Breton aurait retrouvé l'influence de Baudelaire dans les textes de *Liberté grande*. Gracq a parlé de façon assez brève, mais presque toujours admirative, de Baudelaire : « Baudelaire naturellement savait tout ce qui comptait » (P, p. 60) ; le vers baudelairien, capable «– seul sans doute – de son espèce – de transmuer le sang noir d'une existence en un bloc stabilisé de saveur compacte et comestible » (EE, p. 155) ; « chant d'un naufragé de l'Éden, tellement gorgé de sucs et de souvenirs que plus d'une fois il s'engoue ; la voix la plus mûre, la plus *âgée* de la poésie française » (EE, p. 181) ; « il est le seul écrivain (avec Proust) à nous faire souvenir que l'enfant en nous a parfois rêvé d'être le fils de son aïeule : maternité spiritualisée, égale, tranquille, inépuisable, et toute épurée déjà par la mort, qui est à la maternité charnelle ce que la lumière est à la chaleur » (L2, p. 117). L'année 1946 est consacrée à Breton. Gracq conçoit alors le projet du *Rivage des Syrtes*, écrit « Lautréamont toujours », vraisemblablement « Un cauchemar » (publié en 1947 dans le catalogue pour l'exposition surréaliste du printemps) et il rédige en deux mois *André Breton. Quelques aspects de l'écrivain*. De cet essai, Gracq dit en 1986 : « C'est un livre que j'ai écrit avec enthousiasme. Il y a longtemps que je pensais écrire sur Breton. J'ai commencé ce livre et il s'est fait en deux mois. Sans difficulté. J'avais l'impression d'avoir beaucoup à dire. C'est un livre qui a été écrit dans la chaleur, la reconnaissance, un peu, et l'admiration. Ce qui est un bon état d'esprit pour la critique, à tous points de vue » (Coelho, p. 67). Il faut se rappeler le contexte d'alors : en 1947, Tristan Tzara déclare que le surréalisme est « hors du monde » et Jean-Paul Sartre qu'il « n'a plus rien à nous dire » ; pour Roger Vailland, le surréalisme agit « contre la révolution ». L'offensive vient de tous côtés (existentialisme, communisme, ex-compagnons de route...). Gracq prend appui sur deux ouvrages de Jules Monnerot, *La Poésie moderne et le sacré* (1945) et *Les faits sociaux ne sont pas des choses* (1946), et adopte comme angle d'attaque le problème du « sacré » – en plein litige de mitoyenneté avec Breton et Bataille. « Un cauchemar » prend sens relativement à *Un beau ténébreux* et à l'essai sur Breton (la coûteuse blessure, les pèlerins d'Emmaüs, fils de roi, héros de notre temps, l'atmosphère évangélique...). L'essai lui-même semble écrit dans la marge des *Prolégomènes à un troisième manifeste du surréalisme ou non* (1942). Par exemple, Gracq reprend l'idée de « ligne de force » ou de « ligne de vie », qui appartient déjà à son « arsenal », mais il réutilise aussi d'une manière répétée la notion d'*adhésion* qui apparaît dès la première phrase des *Prolégomènes* : « Sans doute y a-t-il trop de *nord* en moi pour que je sois jamais l'homme de la pleine adhésion. » Il réutilise et mélange des termes de Breton en les faisant jouer ensemble d'une autre manière. D'ailleurs, tout le vocabulaire du magnétisme (attraction, répulsion, etc.) est également celui d'Edgar Poe (dans *Eurêka*, notamment), et la référence à Bergson n'était pas pour plaire à Breton. Ce qu'écrivit ce dernier à Julien Gracq, après avoir lu l'essai, témoigne en tout cas du sentiment de ne pas s'y retrouver complètement : « Vous m'avez transporté dans l'au-delà

220

de moi-même. J'assiste, avec l'idée du défendu, à une cérémonie de l'ordonnance la plus somptueuse mais que j'outrage, me semble-t-il, de ma présence. » Michel Murat estime que Gracq « fournit la médiation indispensable à la constitution d'un mythe du surréalisme, de même que Breton avait été "médiateur et intercesseur" de l'œuvre de Gracq ». En 1942, dans une conférence faite à l'université de Yale, Breton déclare qu'*Au château d'Argol* est l'aboutissement du surréalisme, reconnaissant donc le surréalisme dans l'œuvre la plus littéraire qui soit. Aussi, peu avant sa mort, Breton peut-il écrire à Julien Gracq : « Nantes, où nous *sommes* tout à la fois ensemble et séparément. » Le grand intercesseur est devenu un « grand transparent ».

« Le contemporain capital » : Gracq entretient avec lui des relations amicales : « Je rencontrais Breton assez souvent – mais pas très souvent ; nous déjeunions parfois ensemble, à Paris ou dans les environs, à Meudon, à Rolleboise, à Fontainebleau. Ma non-appartenance au groupe avait été une question réglée, il me semble, dès ma première rencontre avec Breton. Je n'ai jamais signé de manifeste ou de texte collectif, ni participé aux exclusions lancées contre tel ou tel » (*Givre*, p. 24). Dans les années 1930, « tout comme le communisme [...] sur le plan politique, le surréalisme, sur le plan poétique, était dans ces années-là – employons pour une fois un mot que je déteste – "incontournable" on avait rendez-vous avec lui pour se déterminer, soit positivement, soit négativement. L'un et l'autre – communisme et surréalisme – toutes proportions gardées, en avaient d'ailleurs la notion très claire, et se présentaient l'un et l'autre comme une mise en demeure. J'ai le sentiment d'avoir eu ici une chance biographique : il y a eu, après le surréalisme, des "mouvements" intéressants, il n'y en a guère eu, à mon sens, de fertilisants » (Carrière, p. 131). Le dialogue de Breton avec Valéry « tôt interrompu – mais en fait continué intérieurement, car il y avait des éléments de Valéry en Breton (on le voit à la fascination qu'exerçait sur lui Duchamp) – couvre pour moi à peu près tout le champ littéraire de leur temps, ne laissant de côté que les moralistes qui ne m'intéressent pas beaucoup (et aussi Malraux, que je n'aime pas tellement, mais qui avait le sens de l'histoire, inconnu de Breton comme de Valéry) » (Roudaut, p. 20).

La victoire à l'ombre des ailes (1947-1990, et au-delà)

A partir de 1947, les situations de Louis Poirier et de Julien Gracq se stabilisent. Le premier est nommé professeur d'histoire-géographie au lycée Claude-Bernard, à Paris. Il quitte cet établissement lorsqu'il prend sa retraite, en juillet 1970. « Il m'arrive [...] de me rappeler que le rythme de ma vie, les lieux entre lesquels elle se distribue au long de l'année, pourraient sembler en somme, de l'extérieur, l'effet d'une longue hésitation, jamais tout à fait tranchée, entre la ville et la campagne, hésitation qui ne concède en fin de compte à la première que moins des deux tiers de mon temps. Il m'arrive même de laisser à mes rêves de la nuit le soin de mettre fin à une contradiction latente, et je remarque qu'ils le font – en toute désinvolture onirique – à peu près à la manière d'Alphonse Allais, qui proposait de transporter les villes à la campagne » (FV, p. 44-45 ; voir aussi Carrière, p. 156-158). De son côté, Julien Gracq « bénéficie » d'une image publique. Le fait qu'il ait payé sa dette symbolique à l'égard de Breton entraîne un malentendu : très longtemps, on verra en lui, sinon un surréaliste, du moins l'héritier privilégié du surréalisme, féru de romantisme allemand et de littérature médiévale (le Graal), alors que, comme André Pieyre de Mandiargues, il a plutôt été un « libre

222

compagnon de route ». Après le prix Goncourt décerné au *Rivage des Syrtes*, les noms de Poirier et de Gracq sont associés. Désormais, la figure du professeur-écrivain farouche et solitaire devient un lieu commun que géreront les médias avant d'adopter celui du « grand classique entré dans la Pléiade ». Pendant ce temps, un public se perpétue – et l'on peut même supposer qu'il augmente –, qui lit Julien Gracq, dont les œuvres n'ont jamais déserté les rayons des libraires. Des livres ont été écrits, et s'écrivent, sur ces œuvres – semblables en cela à Rome : « Toujours cette alluvion de mots qui recouvrent Rome comme une palissade se recouvre d'affiches » (A7, p. 68) – que l'Université a inscrites à ses programmes, et qui sont prétextes à colloques.

Un parcours chronologique de cette période est impossible. Symptomatiquement, d'ailleurs, les informations à caractère autobiographique publiées se font rares dès qu'il s'agit des années postérieures à 1947. Celles qui sont disponibles ont été regroupées sous forme d'un triptyque.

1. Le monde familier

A Paris, Gracq habite d'abord rue Gay-Lussac, dans un hôtel où il avait séjourné lorsqu'il étudia le russe à l'École des langues orientales (1936-1937). C'est là que, sensible à la « scène d'intérieur surprise d'une fenêtre en vue plongeante », il est resté, comme « retenu par un charme, accoudé de longs moments » à son balcon : « En regardant à travers leurs fenêtres sans rideaux les cinq ou six habitants de l'appartement qui me faisait face passer de pièce en pièce, se regrouper, se séparer incompréhensiblement, mimer soudain tout seuls un aparté fantomatique, j'ai eu souvent le sentiment que la suppression d'une des manifestations constitutives de la vie (ici la voix et le son) livrait le théâtre humain à une sorte de dérive pathétique » (EE, p. 222-223).

A partir de 1948, il achète un studio à Montparnasse, rue Armand-Moisant. Il est voisin du peintre Jacques Hérold, avec qui il joue aux échecs. En 1952, il s'installe rue de Grenelle. « De la fenêtre de ma cuisine, que le soleil dès midi inonde, et qui est la gaieté de mon petit appartement parisien, l'œil plonge sur la cour de la fontaine des Quatre Saisons. A gauche et à droite de cette cour sont des maisons-applique de deux étages, sans épaisseur, adossées au pignon des immeubles voisins qui les surplombent ; barrant le fond de la cour pavée, la maison sans faste que le poète des *Nuits* a habitée avec ses parents pendant les années du milieu de sa vie » (EE, p. 265). « De ma fenêtre qui donne au nord sur la rue de Grenelle, j'aperçois devant moi à hauteur d'œil un désordre gai et coloré de pans de murs, cheminées, pots, toits de zinc et de tuiles, antennes de télévision, aussi changeant selon les heures, aussi aéré et ensoleillé que le désordre compliqué d'un pont, quand on escalade la muraille du navire » (L2, p. 8-9 ; voir aussi p. 10-13).

« Le Paris où j'ai vécu étudiant, que j'ai habité dans mon âge mûr, tient dans un quadrilatère appuyé au nord à la Seine, et bordé presque de tout son long au sud par le boulevard Montparnasse : tout autour de ce cœur que mes déambulations réactivent jour après jour, des anneaux concentriques d'animation pour moi seul décroissante sont peu à peu gagnés, vers la périphérie, par l'atonie, par une indifférenciation quasi totale » (FV, p. 3). Des surprises sont toujours possibles : ainsi « le dôme des Invalides, côtoyé dans mon quartier pendant vingt-cinq ans avec indifférence, et dont un millième coup d'œil distrait, un jour, a libéré pour moi en une seconde l'exceptionnelle séduction » (FV, p. 110-111). Sur Paris, voir aussi : EE, p. 285-286 ; L2, p. 2-3 ; FV, p. 29 et 112 ; A7, p. 99-100 et 118 ; et « Paris à l'aube », poème de *La Terre habitable*.

Depuis 1971, année de la mort de sa mère, Louis Poirier se rend l'été avec sa sœur à Sion-sur-

224

l'Océan : « Quand on pousse la porte, devant soi, par toutes les baies on ne voit que l'eau et les vagues : c'est en avançant jusqu'au balcon seulement, à marée haute, qu'on découvre à ses pieds une étroite lisière de terre qui plonge vers l'eau en falaise courte. Devant soi, on a l'île d'Yeu, qu'on aperçoit à l'horizon par temps très clair, un jour sur trois. A droite, la longue plage et les falaises habitées lointaines de Saint-Jean-de-Monts » (L2, p. 177-178 ; voir aussi p. 179-190). Là, Gracq feuillette longuement deux épais volumes de dessins des peintres romantiques allemands (EE, p. 59). La nuit, il écoute la marée montante (EE, p. 217), et un après-midi de gros temps reste des heures sur son balcon (EE, p. 201).

« Je rencontrais Rodanski parfois chez le peintre Jacques Hérold, alors mon tout proche voisin, et j'ai dû le rencontrer aussi deux ou trois fois chez Victor Brauner, qui avait alors son atelier (l'ancien atelier du Douanier Rousseau) tout près du chemin de fer de Montparnasse, rue Perrel. Il habitait avec ses plus proches amis, Claude Farnaud et Alain Jouffroy [...]. Ils participèrent un moment à la rédaction d'un journal surréaliste : *Néon*, dont Rodanski passe pour avoir donné le titre, puis s'éloignèrent de Breton assez vite, exclus dès 1948 pour "activité fractionnelle" » (Préface à *La Victoire à l'ombre des ailes*, p. XV). Gracq raconte dans *Lettrines* sa relation avec Stanislas Rodanski (mort en 1981) jusqu'à son internement volontaire (p. 158-160). « Le temps, et l'éloignement, recréent et délimitent peu à peu une appartenance surréaliste idéale, qui fut traversée et embrouillée, à l'époque, de scissions, d'interdits et d'exclusives, appartenance à la fois plus libre, parce que dégagée d'obligations et de sanctions, et plus secrètement exigeante parce que, selon le mot de Proust, que j'aime toujours à rappeler, la concordance des opinions affichées y compte souvent moins que la consanguinité des esprits : ni dans la conduite de sa vie, ni dans une expression

écrite à laquelle il renonça assez vite sans s'être
soucié sérieusement de publier, Rodanski n'en
démérita jamais » (Préface, p.XV-XVI). Dans la revue
Néon ainsi que dans les deux volumes du *Soleil
noir* auxquels collabora Rodanski, on trouve le nom
de Nora Mitrani qui écrivit également dans
Médium. « D'emblée, a écrit de Nora Mitrani André
Breton, j'avais été sensible au timbre de ce qu'elle
écrivait, et qui lui était propre : un très bel alliage
du noble et du grave avec l'ardent. » En 1953, Gracq
rend visite à André Breton à Saint-Cirq-Lapopie. Il
y retourne en 1958 : André Breton, Elisa Breton,
Nora Mitrani et lui font une excursion à Saint-
Antonin, à Cordes et à Villefranche-de-Rouergue.

« *La Grave* : ce n'est que le matin de bonne heure
que la neige des cimes est vraiment radieuse. Dans
la lumière de six heures du soir, le blanc de sucre
tournait à une matière pulpeuse, nourrissante, de
cette consistance de blanc gras qui annonce le
beurre, et nappait le glacier comme de la crème
chantilly. Le premier soir, à la nuit tombée, elle
rayonnait distinctement une espèce de phosphorescence » (L, p. 50). Trace d'un séjour fait en 1954 à
La Grave avec Jules Monnerot. « Le matin nous
allions tous les quatre, le cabas à la main, acheter
des calmars au marché du Rialto, ou nager dans un
bain populaire des Zattere... » (L, p. 98). Autre trace
(voir aussi p. 99 et p. 51-52), celle-ci de l'été 1959, à
Venise, chez André Pieyre de Mandiargues, avec
Nora Mitrani, qui meurt en 1961. En décembre
1949, Julien Gracq est invité à Anvers par Suzanne
Lilar pour sa première conférence, « Le surréalisme
et la littérature contemporaine ». Il fait avec son
hôte et sa fille (la future Françoise Mallet-Joris)
une excursion sur l'Escaut et la visite de Gand,
dont la Maison hydraulique (où se réunissait la
Corporation des Brasseurs) a servi de modèle à « la
chambre centrale du labyrinthe » du *Rivage des
Syrtes*, là où l'esprit-de-l'Histoire est donné à percevoir : « L'air même qu'on respirait dans ces salles
226

béantes et roides – extrêmement assombries par les croisillons losangés et opaques de leurs fenêtres, et qui semblaient si vite anuitées que le pas s'étouffait déjà malgré lui à s'aventurer dans leurs espaces endormis – semblait imprégné faiblement d'une essence plus volatile, de celles dont on dit expressivement qu'elles existent à l'état de *traces*, qui fuyait l'attention après l'avoir alertée, et dont on sentait que dans sa distillation subtile le temps – un temps qui au lieu de se dévorer semblait ici se décanter et s'épaissir comme la lie d'un vin vieux, avec cette succulence presque spirituelle par où certains flacons très nobles font pour ainsi dire exploser les années sur la langue – avait compté pour presque tout... » (RS, p. 329). Gracq sera de nouveau invité par Suzanne Lilar : l'été 1952 à Knokke-le-Zoute, en mars 1959 à Lavero, sur le lac Majeur... En 1952, Gracq rencontre à Paris Ernst Jünger, qui l'invite, en mars 1980, à Stuttgart, à l'occasion du banquet donné pour son 85e anniversaire. Parmi ses autres connaissances, Jean-René Huguenin, qui meurt, en septembre 1962, dans un accident d'automobile (« J'habite l'été sur la route de Bretagne. C'est par là que je l'ai vu repartir une dernière fois, comme j'ai vu repartir le mois dernier Roger Nimier »; L, p. 143); Robert Bresson, qui lui donne l'occasion, en août 1973, de lire aux carrefours des chemins du bocage vendéen cette inscription qui se passe de commentaire : « Le Graal ».

2. En lisant, en écrivant

En 1948 sont publiés *André Breton. Quelques aspects de l'écrivain* (en janvier) et *Le Roi pêcheur* (en mai), qui est représenté du 25 avril au 22 mai 1949 au théâtre Montparnasse (L, p. 37 et 85-89 ; EE, p. 83). La pièce ne sera montée à nouveau qu'en août 1964, à La Chapelle-Blanche, dans l'Isère. Le mauvais accueil de la critique entraîne, ou précipite, la rédaction de *La Littérature à l'estomac,* en automne 1949. Le pamphlet paraît en 1950, ainsi que « Spectre du *Poisson soluble* ». *Prose pour l'Étrangère,* est écrit en 1950 et au début de 1951, et paraît en édition hors commerce en juillet 1952. En 1951 sont publiés « Béatrix de Bretagne » et *La Terre habitable,* ce dernier dans une collection nommée « Drosera », entièrement réalisée par Jacques Hérold (illustration, impression, vente) : pour ce texte, le peintre crée six eaux-fortes. La présence de Breton apparaît alors vraiment comme une « dominante ». « Moïse » et « Intimité » sont d'abord publiés dans *Néon,* et « Roof Garden » dans l'*Almanach surréaliste du demi-siècle,* numéro spécial de *La Nef* conçu sous la direction de Breton lui-même, qui s'enthousiasme pour *Le Roi pêcheur,* mais reste silencieux à propos du *Rivage des Syrtes* (il meurt en 1966).

Le Rivage des Syrtes est commencé en 1947 et presque terminé en 1949. Les soixante dernières pages sont écrites au printemps de 1951. Le livre est rédigé entre deux voyages symboliques : l'un à Gand (non loin de Bruges-la-morte) qui amène la découverte du décor ultime, l'autre à Combourg, en 1947. La voix de Chateaubriand est, pour Gracq, « celle des grandes mises au tombeau de l'Histoire », elle a « l'écho ample de palais vide et de planète démeublée ». « Quand j'y passai [à Combourg] pour la première fois, c'était par une journée grise et brumeuse de la fin de septembre ; les lourds ombrages qui voguent sur l'immense pelouse perdaient déjà leurs feuilles ; il n'y avait personne. Le pire pressentiment de l'hivernage suintait de la glabre façade claquemurée, rencognée entre ses tours, de l'énorme perron désert où cascadaient les feuilles mortes ; la chaussée de l'étang plombé était celle de Roderick Usher, et le château tout entier était lui-même la phrase de Poe qui à douze ans m'ouvrait les portes : "C'était pourtant dans cet habitacle de mélancolie" » (P, p. 159-160). Poe, on le

228

Le Roi pêcheur, *en avril 1949,*
au théâtre Montparnasse,
avec Maria Casarès et Lucien Nat.

sait, est l'initiateur de l'atmosphère de « ressouvenir ». Aussitôt, Gracq juxtapose au souvenir de 1947 un autre, plus récent (le texte « Le Grand Paon » – le grand Pan – a été publié en 1960) : « Cette année, sous le soleil de juillet... » Or Gracq, dans ce texte, définit le mouvement de l'imagination de Chateaubriand par la manière dont il fait usage du souvenir : « Sur toute scène, sur tout paysage, sur tout haut lieu affectif qu'elle se propose, elle fait glisser successivement, comme autant de *négatifs*, une, puis deux, trois, quatre lames superposées aux couleurs du souvenir, – et, comme quand on fait tourner rapidement un disque peint aux couleurs du spectre, elle obtient par cette rapide superposition tonale une espèce d'annulation qui reste vibrante, un blanc tout frangé d'une subtile irisation marginale qui est la couleur du temps propre aux *Mémoires*, et qui fait d'elles et de la *Vie de Rancé* le plus chatoyant hymne à l'impermanence qui soit dans notre littérature » (P, p. 157). *Le Rivage des Syrtes* pourrait être un tel disque peint où se superposent le déclin de l'Empire romain, Joachim de Flore et les manichéens, Salluste et les guerres de Jugurtha, la République de Venise, la montée du nazisme, etc. On a pu voir dans ce livre un roman « géopolitique » traitant d'une guerre subversive sapant les forces internes d'une société fatiguée. Gracq lui-même a mentionné l'importance du début de *La Fille du capitaine,* de Pouchkine, et de *La Fin du monde antique,* de Ferdinand Lot (voir A7, p. 51-52). Cette « fin », cette décadence ne pouvaient qu'intéresser un amateur de « pourriture noble » comme Julien Gracq. Il l'a d'ailleurs décrite dans EE, p. 292-294. Le livre référence est, bien sûr, celui de Spengler. « J'ai une dette envers Spengler, qui triche plus d'une fois avec les faits, mais dont la mise en écho généralisé de l'histoire m'a beaucoup séduit. Ce ne sont pas les historiens, c'est l'histoire dont la pente est pour moi par moments presque celle de la poésie : la décadence romaine, par exemple, et le début des grandes invasions » (Roudaut, p. 19). Sur Spengler, voir EE, p. 227, et A7, p. 54 et 145. On peut découvrir dans *Le Rivage des Syrtes* sur des points précis l'influence du *Déclin de l'Occident*. L'opposition culture-civilisation se trouve aussi dans « Pourquoi la littérature respire mal ». « Car chaque culture a sa propre civilisation. C'est la première fois que ces deux mots qui désignaient jusqu'à ce jour une vague distinction d'ordre éthique, sont pris dans un sens périodique pour exprimer une *succession organique* rigoureuse et nécessaire. La civilisation est le destin *inévitable* d'une culture. Ici, le sommet est atteint, d'où les problèmes derniers et les plus ardus de la morphologie historique peuvent recevoir leur solution. Les civilisations sont les états *les plus extérieurs et les plus artificiels* auxquels puisse atteindre une espèce humaine supérieure. Elles sont une fin ; elles succèdent au devenir comme le devenu, à la vie comme la mort, à l'évolution comme la cristallisation, au paysage et à l'enfance de l'âme, visibles dans le dorique et le gothique, comme la vieillesse spirituelle et la ville mondiale pétrifiée et pétrifiante. Elles sont un terme irrévocable, mais auquel on atteint toujours avec une nécessité très profonde » (*Le Déclin de l'Occident*, éd. française, 1976, t. I, p. 43). La langue latine pour Gracq est une « pierre de taille » : constatant l'hétérogénéité des textes latins donnés à étudier à l'écolier, il écrit : « Reste qu'une langue, qui semble être à la plupart des autres ce que la pierre de taille est au torchis ou au pisé, réussit encore à ennoblir tant bien que mal ce fourre-tout » (L2, p. 94). L'allemand, en cela, serait proche du latin : « On aimerait que cela fût écrit dans une langue plus, hiérarchique, plus soucieuse des marques extérieures de respect – comme cette belle langue allemande où chaque substantif explose en majesté derrière sa majuscule » (L, p. 57). La remarque que « le groupe surréaliste, né après 1920, est sans doute la première école en

France dont la grande majorité des poètes n'aient jamais appris un mot de latin » (P, p. 84-85) prend alors son sens. Gracq constate aussi que l'art de la citation latine qui a été pendant des siècles pour l'écrivain « une seconde nature » est devenu une pratique « saugrenue ». Il n'empêche que lui-même cite du latin assez souvent : EE, p. 291 et 292, A7, p. 128, p. 167, L, p. 151, etc. Et tout particulièrement dans *Le Rivage des Syrtes*, avec les devises « *Fines transcendam* », « *In sanguine vivo et mortuorum consilio supersum* », et la citation de Virgile par le père d'Aldo : « *Jam proximus ardet Ucalegon* »... Les noms géographiques du Farghestan viendraient de Salluste (et celui d'Orsenna de Porsenna). La référence à la langue latine (le nom même de Syrtes) s'étend jusqu'à la définition de sa propre pratique : « J'ai toujours eu tendance, quand j'écris, à user de l'élasticité de construction de la phrase latine » (EE, p. 254).

Gracq souhaite que son livre soit à l'image de l'ébranlement du navire mis à la mer, ou d'un prélude wagnérien : « C'est cette remise en route de l'Histoire, aussi imperceptible, aussi saisissante dans ses commencements que le tressaillement d'une coque qui glisse à la mer, qui m'occupait l'esprit quand j'ai projeté le livre. J'aurais voulu qu'il eût la majesté paresseuse du premier grondement lointain de l'orage qui n'a aucun besoin de hausser le ton pour s'imposer, préparé qu'il est par une longue torpeur inaperçue » (EE, p. 217). La rédaction du roman s'interrompt un an, l'écrivain reprenant son souffle avant d'attaquer le finale. « Le climat du travail du romancier change progressivement tout au long de sa route : rien de plus différent de la liberté presque désinvolte des premiers chapitres que la navigation anxieuse, nerveusement surveillée, de la phase terminale, où le sentiment du maximum de risque se mêle à l'impression enivrante d'être attiré, aspiré, comme si la masse à laquelle le livre a peu à peu donné corps se mettait

232

à son tour à vous capturer dans son champ [...]. Le fait, qui m'a bien souvent intrigué, qu'à chacun de mes romans j'aie observé aux deux tiers à peu près de la rédaction un long arrêt – un arrêt de plusieurs mois qui s'accompagnait de désarroi et de malaise – avant de reprendre et de finir, n'est peut-être pas étranger à ce sentiment que j'ai plus d'une fois éprouvé en achevant un livre, d'"atterrir" – dangereusement – plutôt que de terminer » (EE, p. 118-119). « *Le Rivage des Syrtes*, jusqu'au dernier chapitre, marchait au canon vers une bataille navale qui ne fut jamais livrée » (L, p. 28-29). Par conséquent, cette scène jamais écrite « a tiré, halé l'écrivain, excité sa soif, fouetté son énergie » (L, p. 28).

De tous les livres de Gracq, *Le Rivage des Syrtes* est le plus long. Il est celui qui le fait connaître au grand public. Il est celui qui se rappelle volontiers au souvenir de son auteur : en Espagne, devant la bannière de don Juan à Lépante, en 1960 (L, p. 184), au balcon de Sion lorsque le courrier de l'île d'Yeu traverse obliquement l'étendue (L2, p. 189), devant un troupeau de mouettes dans un champ (L2, p. 167-168) – significativement, dans ce dernier exemple, au souvenir du *Rivage des Syrtes* est associé celui des *Mémoires* de Chateaubriand. Un livret est écrit à partir du roman. Le 1er mars 1959, Gracq assiste à Monte-Carlo à la première de l'opéra *La Riva delle Sirti,* que Luciano Chailly a composé sur ce livret.

En 1952, Gracq traduit *Penthésilée* de Kleist pour Jean-Louis Barrault, qui avait été un moment intéressé par *Le Roi pêcheur*. Cette traduction est publiée en 1954. La pièce sera montée deux fois dans cette adaptation, en 1973 (par J. Gillibert ; Maria Casarès interprète Penthésilée) et en 1976 (à la Cartoucherie de Vincennes). Un entretien avec Nora Mitrani sur *Penthésilée* est publié dans *Médium*, en février 1954.

Gracq commence un nouveau roman en 1953. Il ne le terminera jamais. De lui reste *La Route* dont les pages ont été probablement écrites en 1955 (la première publication a lieu en 1963). « Le livre est mort : paix à ses cendres. Il est mort de ce que je n'avais pas choisi, pour l'attaquer, le ton juste : erreur qui ne se rattrape guère. Et aussi, sans doute, de ce que le sujet, contrairement à ce que je m'imaginais, ne me tenait pas assez à cœur. C'est ce livre surtout, parce qu'il n'a pas abouti, qui m'a fait prendre conscience de tout ce qu'il y a de douteux dans l'entreprise d'un roman. En venir à bout, je me dis toujours, quand je termine, que c'est de la chance » (Roudaut, p. 23). Il est donc symptomatique qu'en 1954 Julien Gracq commence (au mois de mars) à prendre des notes dans des cahiers. La fonction de rupture du *Rivage des Syrtes* (c'est en gros avec ce texte que s'achève le premier volume de la Pléiade) apparaît bien à la lumière de cette impossibilité d'achever un livre qui aurait renouvelé une entreprise similaire, et du report de l'énergie sur un autre type d'écriture qui donne les ouvrages suivants : en 1967, *Lettrines* (qui reprend des notes rédigées entre 1954 et 1965), en 1974, *Lettrines 2* (notes entre 1965 et 1973), en 1981, *En lisant « en écrivant »* (notes entre 1974 et 1979) et, en 1988 *Autour des sept collines* (notes de 1976 et de 1984-1988). « Souvenir d'une ville inconnue » est publié en 1976. « Novempopulanie », écrit en 1976 et publié en 1980 dans *La Nouvelle Revue française*, ainsi que les « fragments inédits » qui se trouvent à la fin de *Julien Gracq, qui êtes-vous ?* seront vraisemblablement regroupés avec d'autres textes dans un volume de cette série. Pour Gracq, ce sont des livres qui « se sont faits d'eux-mêmes. [...] Cela, ce n'est pas du tout désagréable, car la perspective de travailler de longs mois sur un même ouvrage a pour moi quelque chose de fort austère » (Roudaut, p. 24). Il serait toutefois erroné de croire que Julien Gracq se contente de juxtaposer des notes. Par-delà les grands blocs aisément décelables (consacrés à l'histoire, à la littérature, à des descriptions

234

de paysages...), il faut suivre d'autres jeux plus subtils. Par exemple, au début de *Lettrines*, le sur-gissement par endroit du motif « vestimentaire » : « Quand nous songeons aux guerres de religion, ce qui surnage, c'est le toquet à plume et la fraise des Valois, le sentiment d'une des belles époques de la haute couture » (p. 15). « Les *lionnes* du second Empire, et toute cette frange de dentelles mous-seuse et équivoque qu'elles cousent à la littérature du temps, et surtout à son théâtre » (p. 18-19). « *Breton*. Il a toujours porté dans les choses de l'art le goût violent qu'on a soudain pour une robe fraîche de femme qui se déplisse avec le premier soleil d'avril – et si on dressait la chronologie de ses admirations successives, on se rendrait compte que presque chaque année il a présenté à ses amis sa *collection de printemps* » (p. 46). Ou des effets d'écho, comme celui-ci, toujours dans le même ouvrage : Claudel sourd, à une répétition de *Par-tage de Midi*, « mais levant soudain la tête, dans la vague rumeur de marée que faisait l'assistance dis-cutante, à la reprise d'un seul bruit resté intelli-gible : *le sien* » (p. 26) ; Julien Gracq, un jour, « tournant le bouton de la radio en quête d'un poste, entendit sortir de l'appareil la voix d'une actrice qui disait le passage de *L'Échange* sur le théâtre : "Il y a la scène, et il y a la salle..." et resta "complète-ment coi et stupide, comme un lapin qu'on soulève de terre par les oreilles" » (p. 49).

Parallèlement, Gracq poursuit la rédaction de textes « critiques » : en 1953, « Edgar Poe et l'Amé-rique », en 1954, « Un centenaire intimidant » (sur A. Rimbaud) et « Le Printemps de Mars » (préface à la traduction de *Penthésilée*), ainsi que « Les Yeux bien ouverts » (entretien de l'auteur avec lui-même) et l'enquête sur la diction poétique ; en 1959, « Sym-bolique d'Ernst Jünger » en 1960, « Pourquoi la lit-térature respire mal », « Le Grand Paon » (sur Cha-teaubriand) et « Ricochets de conversation » (sur Barbey d'Aurevilly). Tous ces textes sont rassemblés en septembre 1961 dans la première édition de *Préférences*. La seconde édition, en 1969, ajoute à cet ensemble un texte de 1967, « Novalis et *Henri d'Ofterdingen* ». D'une certaine manière, « Le Surréalisme et la littérature contemporaine » (1949), « Plénièrement » (1967, hommage à André Breton), la préface au recueil de textes de Stanislas Rodanski *La Victoire à l'ombre des ailes* (1975), la préface au recueil des textes de Nora Mitrani *Rose au cœur violet* (1988), « En relisant *Le Lis de mer* » (1974) appartiennent au même registre. Il convient de souligner la dimension hautement polémique de « Pourquoi la littérature respire mal », conférence faite à l'École normale supérieure en pleine période d'engouement pour le nouveau roman. Le style impertinent, l'agressivité, l'humour se retrouvent ailleurs (dans bien des *Lettrines*, par exemple), mais de manière moins soutenue que dans ce texte roboratif qui dut laisser interloqué plus d'un auditeur de 1960.

« Je n'ai pas de réserves à l'égard des écrivains d'aujourd'hui. Je suis seulement un très mauvais lecteur de romans nouveaux (je les abandonne le plus souvent vers la quinzième ou la vingtième page). La dernière très forte impression de lecture que j'ai ressentie en ce sens m'a été causée, il y a sept ou huit ans, par *Le Seigneur des anneaux* de Tolkien, où la vertu romanesque resurgissait intacte et neuve dans un domaine complètement inattendu. Mais je lis beaucoup d'essais, d'ouvrages critiques, de travaux d'histoire » (Carrière, p. 167). Avec le livre de Tolkien, insiste-t-il, « il me semblait redécouvrir l'innocence romanesque » (*id.*, p. 166). On sait, parce qu'il l'a dit, qu'il apprécie *Villa triste* de Patrick Modiano (EE, p. 250), *La Côte sauvage* de Jean-René Huguenin. Autrement, ses livres nous informent surtout de ses relectures. On ne peut que souscrire à ce que dit sur ce sujet Alain Jouffroy : « Peu d'écrivains du XXe siècle ont exercé en France une aussi grande liberté de jugement à l'égard de tout ce qui s'écrit [...]. Parlant de Breton, par exemple, Gracq lui découvre des affinités avec Bergson, dont il est le premier à détecter la trace dans la pratique de l'écriture automatique [...]. Aussi Gracq incite-t-il ses lecteurs à réviser leurs propres clichés, à établir des liens inaperçus, à mettre en question leurs propres habitudes classificatrices, séparatrices, avant même que les thuriféraires n'en viennent à cautionner les révisions nécessaires » (*Qui vive ? Autour de Julien Gracq*, p. 111-112). Non seulement Gracq lit et relit ses « préférences », « A le relire récemment, dans le loisir forcé de ma chambre déserte, je redécouvre un des charmes majeurs de Nerval » (EE, p. 169), Tristan Corbière, Malraux, Colette, Valéry, *Les Communistes* d'Aragon ou *Les Mémoires intérieurs* de Mauriac, et il est l'un des rares à citer de nos jours Francis Jammes.

« Quand reviennent ces jours de disgrâce où, pour un moment, les livres, tous les livres, n'ont plus que le goût du papier mâché, où une *acedia* saturnienne décolore pour l'âme et dessèche sur pied toute la poésie écrite, il ne reste pour moi que deux ou trois fontaines – petites, intarissables – où l'eau vive dans le désert qui s'accroît continue de jaillir et immanquablement me ranime ; ce sont quelques *Chansons* de Rimbaud (Le Pauvre Songe – Bonne Pensée du matin – Comédie de la soif – Larme – Éternité – Jeune Ménage) un ou deux tout petits poèmes de Musset (Saint Blaise, à la Zuecca... – La Chanson de Barberine) et – le plus directement peut-être, le plus naturellement branché sur cette nappe phréatique profonde – Guillaume Apollinaire. Plus encore que de la *Chanson du mal-aimé* (si belle, mais dont le ton est d'emblée celui de la "grande poésie") il me suffit de l'*Adieu*, des *Colchiques*, de *Clotilde*, il me suffit de me redire la première strophe de *Marie* pour que le monde, instantanément, retrouve les couleurs du matin. Les couleurs du matin ? Oui, mais les couleurs d'un matin irrémédiablement perdu » (EE, p. 203-204).

Si les textes « critiques » se font rares après 1960, les textes romanesques, eux, disparaissent tout à fait après la publication de *La Presqu'île* en 1970. Une « belle journée » d'octobre 1955, Gracq prend le train et se rend en Ardenne où il fait une promenade de vingt-cinq kilomètres : « Je suis descendu à Revin. Je suis allé jusqu'aux Hauts-Buttés, près de la frontière belge et je suis revenu à pied à Monthermé où j'ai repris le train. Je n'ai passé donc qu'une après-midi très longue, mais cela a suffi. Cela suffit, quand on est étranger à une région, si on a tout de même une formation de géographe. J'avais une compréhension théorique de la région, de sa géographie et de sa géologie. Je savais ce que j'allais trouver. Je crois qu'on saisit très rapidement l'esprit ou l'âme d'un paysage. Il suffit de quelques heures de solitude, de promenade. En fait, on s'en imprègne » (*L'Herne*, p. 216). Une première excursion en 1947 avec des amis le long de la Meuse avait déjà frappé l'écrivain : « C'est un pays qui est pour moi légendaire, fabuleux et féerique. Il y a Shakespeare qui joue son rôle » (*L'Herne*, p. 215). De cette image, d'une promenade d'une demi-journée et du désir d'écrire sur ce climat très particulier qui était la drôle de guerre est issu *Un balcon en forêt*. Gracq dit à Jean-René Huguenin : « L'ombre portée d'un grand événement catastrophique qui s'approche est à la fois vénéneuse et étrangement attirante − et je parle d'ailleurs, quelque part dans ce livre, du mancenillier. » Le choix de la promenade de 1955 n'a pas été fait au hasard : « Monthermé a été un des points chauds de la bataille de la Meuse : deux divisions blindées ont forcé ici le passage de la rivière, en mai 1940 » (*Givre*, p. 26). Gracq n'avait jamais vu de maison forte lorsqu'il a écrit son livre. Il avait simplement lu à ce sujet un passage des *Communistes* d'Aragon. Comme on l'a fait remarquer parfois, *Un balcon en forêt* peut être envisagé comme l'envers du *Rivage des Syrtes* :

238

autant Aldo se trouve pris dans un réseau sensible qui fit de lui l'homme du moment (manipulé par Danielo, mais tout à fait conscient de la complexité des phénomènes qui se produisent), autant Grange ne comprend pas ce qui lui arrive. « On attendait l'événement avec une espèce de stupeur magique, comme une fin du monde indéfiniment suspendue » (Huguenin, p. 1). Ce qui permet d'apprécier la distance enfermée dans le titre du livre et dans l'exergue emprunté à *Parsifal*.

En 1956, Julien Gracq est en proie au passé. Il écrit « Gomorrhe » qui rappelle le départ de Caen en 1944 pour éviter les bombardements et commence la rédaction d'*Un balcon en forêt*. « Toute la première partie du *Balcon en forêt* a été écrite dans la perspective d'une *messe de minuit aux Falizes*, qui devait être un chapitre très important, et qui aurait donné au livre, avec l'introduction de cette tonalité religieuse, une assiette tout autre » (L, p. 28). Mais cela rappelait sans doute trop le sermon de Noël à Saint-Damase dans *Le Rivage des Syrtes*. Le livre est achevé en 1957. Il paraît en septembre 1958. Il fait l'objet d'une adaptation cinématographique par Michel Mitrani. En mai 1977, Gracq assiste au tournage près de Carignan, en Ardenne. Le film sort en février 1978. « Les souvenirs de la guerre de 1940, que j'avais pendant dix-huit ans conservés si vifs et si précis, depuis que j'ai écrit *Un balcon en forêt* se sont perdus dans le flou et la grisaille. [...] Le livre est passé par là, et après lui le souvenir n'a pas repoussé, comme il m'est arrivé une ou deux fois » (L2, p. 113).

Pendant l'été de 1962, Gracq fait un voyage en Bretagne : Piriac, Pont-Aven, Quimper, Saint-Guénolé, Le Raz, Camaret, Morgat, Brest, Brignogan, Morlaix, Roscoff, Carantec, Ploumanac'h. « S'il y a beaucoup d'affinités pour moi entre l'Ardenne et la Bretagne, c'est peut-être parce que je suis géographe. Il y a d'abord le sol, le vieux sol schisteux, primaire. C'est le même sol, je reconnais les sols

Le ghetto nuovo de Venise.
« *Le ghetto nuovo, ses fenêtres comme des yeux crevés,
ses façades hagardes suant je ne sais quel relent
de terreur moisie et ruineuse, qui fait penser à la fois
à Shylock et à la ville empestée de* Nosferatu 1:
on s'attend d'en voir sortir les rats »
(Lettrines).

Montségur.
« Nulle autre cime n'a cette forme singulière,
cette extrusion violente au-dessus de la casse
pierreuse qui la désigne, ce mouvement
d'éveil immobile d'un guetteur »
(Lettrines).

ardennais de la vallée de la Meuse. On les trouve dans la vallée de la Vilaine. Toute cette végétation de petits chênes aussi. C'est un vieux pays comme la Bretagne » (*L'Herne*, p. 216). A Nantes, le « val de Chézine » est « aussi solitaire, aussi inhabité, aussi silencieux que pourrait l'être un vallon de la forêt d'Ardenne » (FV, p. 66). Et Gracq évoque à propos de ce val « la rivière de cassis » — c'est-à-dire Rimbaud à travers Breton (la même rivière est rappelée lorsqu'il parle de « ce pan de forêts qui sert, au sud, de traîne somptueusement fourrée à l'Ardenne belge » et de sa rivière, la Semois ; Carrière, p. 175). Le voyage de 1962 entraîne la rédaction de *Tableau de la Bretagne* (d'abord publié en avril 1963 en allemand, puis en février 1964 en France). En automne 1964, Gracq revient à Piriac ; il esquisse alors le projet de *La Presqu'île* qu'il commence à écrire pendant l'été 1967. En septembre et octobre de cette même année, il collabore à l'adaptation que préparent Jean-Christophe Averty et Jean-Claude Brisville d'*Un beau ténébreux*. Il se rend à Saint-Cast, où le tournage a lieu à l'hôtel Ar-Vro (le film est diffusé à la télévision en octobre 1971). Pendant l'été 1968, Gracq commence à écrire *Le Roi Cophetua* qui se souvient de l'hippodrome du Petit Port, à Nantes. Louis Poirier enfant associait ce lieu aux « mondanités inaccessibles » : « C'est ce lien tissé par l'enfance qui a fait sortir pour moi l'image de la Belle Époque et de ses élégances perdues d'un Enghien ou d'un Chantilly battus à la fois par la tempête d'automne et par celle de la guerre. La villa de la Fougeraie, pendant que j'écrivais le récit, n'a jamais puisé son isolement trempé ailleurs que dans le resurgissement des très pauvres ombrages du Petit Port. Les livres ont leurs racines, comme les plantes, et, comme celles des plantes, elles sont souvent sans grâce et sans couleur » (FV, p. 74-75). Il faut poursuivre l'association jusqu'au bout. « Il me semble toujours que ce champ de courses mangé par la lande continue à matérialiser pour moi,

242

davantage que la solitude même, tout ce que le mouvement de la phrase de *René* suggère plus fortement encore : les glacis dépeuplés qui en sont les avant-coureurs » (FV, p. 74). Il s'agit de la célèbre phrase : « Le jour, je m'égarais sur de grandes bruyères, terminées par des forêts. » *Le Roi Cophetua* résulte donc de la superposition de souvenirs divers (auxquels il faut joindre celui de la visite de la Tate Gallery), dont la Bretagne n'est pas absente. *La Presqu'île* et *Le Roi Cophetua* sont adaptés au cinéma : le premier par Georges Luneau (en 1986), le second par André Delvaux (sous le titre *Rendez-vous à Bray*, en 1971). Gracq décrit ses relations avec Delvaux comme une « collaboration sans nuages » : « Je songe au film de Delvaux – que je revois toujours avec un plaisir singulier – un peu comme à l'interprétation inattendue que fait parfois la nature, dans un visage nouveau qu'elle crée, d'un *air de famille* – irrécusable après coup, mais dont rien ne permettait d'anticiper la liberté d'invention dans la ressemblance » (*André Delvaux ou les Visages de l'imaginaire*, p. 149-150). La relation de Gracq au cinéma a été aussi quasi institutionnelle, puisque, de 1966 à 1972, l'écrivain a été membre de la Commission d'avance sur recettes du Centre national du cinéma.

José Corti meurt le 25 décembre 1984. Il a donc connu la dernière « manière », à cette date, de Julien Gracq telle qu'elle s'exprime antithétiquement dans *Les Eaux étroites* (1976) et dans *La Forme d'une ville* (1985) – antithétiquement parce que le premier de ces ouvrages, d'une écriture dense, est de dimensions très réduites alors que le second, plus long, est rédigé d'une manière inédite chez J. Gracq et que l'on pourrait qualifier de *détendue,* de *déliée.* Les deux livres sont cependant fortement unis parce qu'ils sont un rappel des années d'enfance et d'adolescence dans l'Ouest, et parce que l'un et l'autre présentent l'art de la superposition des souvenirs à son assomption.

3. La vie de voyage

Gracq a été un infatigable marcheur, jusqu'à ce qu'il achète une voiture, à la fin de l'année 1958. « Cela n'est plus. Mais cela a été, et j'ai eu part encore à cette nourriture forte. Je ne suis pas de ceux qui vitupèrent avec monotonie le déferlement, le laisser-courre torrentiel de la voiture. Je lui dois, je lui devrai encore, j'espère, de magnifiques plaisirs. Le vide soudain des petites routes, dès qu'on a déboîté des chaussées à grande circulation, me surprend toujours et m'enchante : rien de plus aisé, on dirait, au moins pour quelques années encore, que de donner ici le change au troupeau. [...] Mais c'est dans le souvenir des longues heures de marche que ces plaisirs confortables et prodigués, qui aujourd'hui coûtent si peu, plongent pour moi leur racine. On ne peut mettre dans la route toute l'attente qu'elle est capable de combler si l'on n'a pas au moins quelquefois tout accepté de ses sévérités et de ses servitudes primitives : la faim, la soif, la fatigue, l'ennui, l'inconfort, l'incertitude du gîte, l'averse désastreuse qui bat la chaussée noyée et installe sa cataracte pour tout l'après-midi, et cet étrange sentiment d'exil aussi, pareil à une basse monotone, qui naît du long chemin et ne déserte jamais ses pires exaltations » (L2, p. 54-56).

« Je n'oublie jamais un paysage que j'ai traversé » (L, p. 109).

Les lieux élus (« le canton exigu parcouru et desservi par le *tram* de Balbec » L2, p. 84) bénéficient de l'appellation de « canton ». « C'est ainsi que le vallon dormant de l'Èvre, petit affluent inconnu de la Loire qui débouche dans le fleuve à quinze cents mètres de Saint-Florent enclôt dans le paysage de mes années lointaines un canton privilégié, plus secrètement, plus somptueusement coloré que les autres, une *réserve* fermée qui reste liée de naissance aux seules idées de promenade, de loisir et de fête agreste » (Ee, p. 11). Autre lieu, la région des

Hauts-Buttés dans l'Ardenne : « Tout ce petit canton sauvage est devenu mien, et les changements que j'y trouve en viennent à se confondre peu à peu avec ceux d'un canton natal ; les *témoins* naïfs qui le jalonnent çà et là deviennent presque pour moi ceux d'une histoire qui se serait réellement passée » (EE, p. 93). De manière générale, « l'idée d'un canton, même exigu, de la planète, pour lequel un coup de baguette a suspendu le cours du temps, figé la vie, flétri la végétation, arrêté au vol les gestes suspendus, reste puissante sur l'imagination, bien au-delà du domaine des contes de fées » (Ee, p. 66). Ce sont ces lieux quasi anonymes irrigués par « notre profonde mémoire » que Gracq place au-dessus de tous les autres.

Une part importante des notes que Gracq consigne dans des cahiers depuis 1954 est constituée de descriptions de paysages, de « carnets de route ». Il reste à dresser un catalogue des pays traversés (sans prétendre à l'exhaustivité). Paris, Nantes, Sion et Saint-Florent sont naturellement exclus de cette liste.

Les Alpes (1938, 1954 et 1963). Voir L, p. 50, et Carrière, p. 181-183.

L'Alsace et les Vosges (1973). Voir L2, p. 41-44.

L'Ardenne (1947, 1955 et 1977). Voir L, p. 208 ; FV, p. 66 ; EE, p. 92-93 ; Carrière, p. 175-179.

Le Bassin parisien. La Beauce. Voir L2, p. 35-36 ; EE, p. 194.

Langres. Voir FV, p. 205. *Saint-Germain-en-Laye* : Voir L2, p. 1-2 et 33-34.

La Bretagne (1931, 1937-1939, 1947, 1962, 1965, 1967). Voir P, p. 159-161 et 317 ; L, p. 65-66, 163, 167, 189-197 et 209 ; L2, p. 36-39, 213 et 227 ; Ee, p. 33 et 40-41 ; EE, p. 271 ; FV, p. 5. 182-183 et 187-188.

La Corse (1956). Voir L, p. 60-61.

Le Jura français et suisse (1977).

Le Massif central (1961, 1963, 1972, 1973, 1980, 1982). Voir L2, p. 15, 31 et 54-55 ; Ee, p. 67-68 ; FV, p. 121-122 ; Carrière, p. 185-187.

La Normandie (1942-1946). Voir P, p. 64 ; L, p. 198, 203 : L2, p. 48-58 et 125-126 ; Ee, p. 67, EE, p. 249-250 ; FV, p. 39, 44, 118 et 184 ; A7, p. 30.

La Provence et la vallée du Rhône. Voir L, p. 205-206 ; L2, p. 16-20, 32-33 et 219 ; FV, p. 194 ; A7, p. 57.

La Sologne. Voir L, p. 199-202.

Le Sud-Ouest et les Pyrénées (1953, 1958, 1963, 1976, 1980). Voir L, p. 62, 198-199, 207 et 210-213 ; L2, p. 23-31, 55 et 109 ; FV, p. 118 et 132 ; « Novempopulanie ».

Le Val de Loire. Voir L, p. 207 et 209 ; L2, p. 140 ; FV, p. 13-16 et 110 ; A7, p. 55.

Allemagne (1940-1941, 1955, 1964, 1980). Voir L, p. 129 et 132-133.

Angleterre (1929, 1933, 1971). Voir L2, p. 37 et 222-228 ; FV, p. 62 ; « Souvenir d'une ville inconnue ».

Belgique, Hollande (1940, 1948, 1949, 1952, 1982). Voir FV, p. 68, 120-121 et 138 ; « La Sieste en Flandre hollandaise ».

Danemark (1951). Voir L2, p. 229-244.

Espagne (1960, 1965, 1966, 1971). Voir L, p. 136-137 et 183 ; L2, p. 20, 33 et 217-219 ; FV, p. 29, 117 et 205 ; A7, p. 24-26, 35 et 37.

États-Unis (1970). Voir L2, p. 191-217 ; A7, p. 61, 65-66 et 76 ; EE, p. 124.

Hongrie (1931). Voir A7, p. 96.

Italie (1931, 1959, 1976). Voir L, p. 51-52, 99 et 187-188 ; L2, p. 65, 72-76 et 78-79 ; EE, p. 59 et 293 ; FV, p. 107, 110 et 113 ; et tout A7 évidemment.

Norvège-Suède (1971). Voir L2, p. 14, 26, 229-244.

Portugal (1971). Voir L2, p. 220-222 ; FV, p. 31. *Suisse* (1952).

Épilogue : la vieillesse

Lettrines 2 et *En lisant « en écrivant »* comportent un certain nombre de remarques sur le vieillissement. « Le temps vient sans doute sur le tard où on ne cherche plus guère dans l'écriture qu'une vérification de pouvoirs, par laquelle on lutte pied à pied avec le déclin physiologique » (EE, p. 144, voir aussi p. 78). « Ce qui est venu après la génération qui était la mienne, je peux le comprendre, et même vraiment m'y intéresser. Mais il y a une différence d'âge qui interdit en art à l'aîné les transports de l'intime ferveur » (EE, p. 176). « Le vieillissement n'est rien d'autre, dans une vie, que l'accroissement continu des constantes sans nouveauté aux dépens de la fraîcheur de l'éventuel » (EE, p. 197). « Avec l'âge, qui vient, une faille sépare brutalement, au fur et à mesure des lectures, les œuvres de qualité de toutes les autres : une netteté décisive du jugement coupe court à toute instance d'appel » (L2, p. 71-72). « La surimpression envahissante de ce qui a été sur ce qui est constitue le don mélancolique et pulpeux du vieillissement, qui est, autant qu'une décrépitude physiologique, un décryptement fantomatique du palimpseste que devient avec l'âge le monde familier » (L2, p. 138). « Les années referment derrière nous des portes : avec le monde de nos commencements, qui se recrée derrière nous, sans nous, non seulement toute communication nous est interdite, mais la perception même nous en est retirée » (L2, p. 154).

A mesure que je vieillis, il me semble que ma sensibilité à la lumière augmente. A certaines heures – cet après-midi par exemple sur la route de C. alors que le soleil commençait à baisser – elle me monte à la tête comme un alcool. Par là un païen dans le ton de l'Anthologie grecque, je ne m'en défends pas : j'admets mal d'avoir à fermer les yeux un jour sur tout cela (L2, p. 197).

« On peut très bien considérer ce monde comme une merveille irremplaçable pour l'homme, et être tranquillement dénué d'espoir » (Carrière, p. 170). « Une fois de plus, l'année va ramener ces jours de solennité rayonnante et déserte que j'ai évoqués dans *Un beau ténébreux*, journées pour moi baptismales, qui délient du passé et qui rouvrent les portes, qui m'éveillent et qui m'*appelaient* si fort. Pendant que j'écris, le soleil qui descend en face de moi jaunit et dore cette page, et ma plume y fait courir une ombre longue et aiguë de cadran solaire. Ces heures-là, heures entre toutes les heures de l'année, sont toujours venues à moi avec une promesse ou avec une sommation. Mais il se fait tard, et il n'y a plus rien devant moi cette fois-ci » (L2, p. 186).

Cadran solaire

Julien Gracq constate dans *La Forme d'une ville* que « les nourritures terrestres » l'ont comblé au long de sa vie (p. 100). Les heures d'une journée se déploient pour lui comme une fleur japonaise. « Le hérissement soudain des eaux et des feuilles dans la lumière poudreuse d'un matin d'été brumeux le long des prairies couchées et des saules des grands fleuves » (LG, p. 60). Le tuffeau « renvoie comme aucun autre matériau au monde le soleil frais de huit heures du matin » (L, p. 209). « Le soleil de huit heures pénétrait dans le sous-bois aéré d'airelles et de mûres, faisait briller de chaque côté de la route deux bandes de mousse humide, ressuyait la forêt aussi tendrement qu'une femme qui tord sa chevelure, éclairant l'une après l'autre des clairières petites et jeunettes, si fraîches et si matinales que malgré soi au fond de chacune d'elles on s'attendait d'entendre chanter le coucou » (L, p. 199). « Vers neuf heures du matin, dans la lumière d'herbe mouillée... » (L, p. 203). Ensuite, « rien n'était jeune comme ce soleil de dix heures » (L2, p. 51 ; voir aussi L2, p. 31, et FV, p. 34). En revanche, la lumière de midi lui est « hostile » (voir L2, p. 39, et LP, p. 42). « Je sens resurgir de mon souvenir la tranchée des maisons flanquant enfin la longue perspective de la route, le vide assommé, la torpeur paysanne de la rue *quand le clocher sonne douze*, la chaleur grésillante assise sur les haies, le *bourdon farouche* des mouches de l'été, [...] les coqs déchirant seuls la longue vacuité méridienne... » (L, p. 49). « Le souvenir lui revenait des salons ombreux et faiblement moisis des maisons de campagne de son enfance, garrottés par les barres incandescentes de l'été à toutes leurs persiennes closes » (LP, p. 48).

« C'est pourquoi aussi tout ce qui, dans la distribution des couleurs, des ombres et des lumières d'un paysage, y fait une part matérielle plus apparente aux indices de l'heure et de la saison, en rend la physionomie plus expressive, parce qu'il y entretisse plus étroitement la liberté liée à l'espace au destin qui se laisse pressentir dans la temporalité. C'est ce qui fait que le paysage minéralisé par l'heure de midi retourne à l'inertie sous le regard, tandis que le paysage du matin, et plus encore celui du soir, atteignent plus d'une fois à une transparence augurale où, si tout est chemin, tout est aussi pressentiment » (EE, p. 88).

« Le vide campagnard de l'après-midi était assis au milieu des rues » (LP, p. 76). « L'après-midi qui commençait maintenant son déclin prenait sous sa courtepointe de nuages la tiédeur close d'un lit refermé » (LP, p. 93). « Il se sentit de nouveau un moment heureux comme il l'était toujours sur la route à la fin d'une belle journée, quand l'ombre des poteaux télégraphiques commence à s'allonger sur les chaumes et que les vitres des fermes tapies prennent feu au loin l'une après l'autre dans le soleil oblique ; le blanc de chaux d'une tour de moulin, devant lui, flambait dans le soleil » (LP, p. 133). Vient alors le « beau soleil jaune et oblique » de la fin de journée (L, p. 201), « la poussière d'or et la paix souriante et *regrettante* d'une fin de journée d'été » (EE, p. 55). « Soir plus léger qu'ailleurs de l'automne du pays des vignes, plongement sans mélancolie d'un soleil épuisé, asséché jusqu'au der-

dans *La Sieste en Flandre hollandaise*, apparaît comme un « comprimé » de ce passage. Elle est utilisée, et cela n'est évidemment pas fortuit, pour décrire l'expérience fondamentale selon Gracq (elle est reprise à propos de la « scène d'intérieur surprise d'une fenêtre en vue plongeante »), l'équivalent de l'extase de la « Cinquième Promenade » dans les *Rêveries d'un promeneur solitaire*, ou de la découverte du narrateur dans *La Recherche*. Le mot « ludion » est évidemment utilisé par Proust dans d'autres passages ; par exemple, dans *A l'ombre des jeunes filles en fleurs*, Bergotte « disait de Cottard que c'était un ludion qui cherchait son équilibre ». Avec ce mot, Gracq résume le mouvement d'ascension et de descente du souvenir décrit par Proust au long d'une page. Avec « le point doré de périr », c'est une grande part de *Connaissance de l'Est* qui semble contractée en une formule. La couleur jaune et l'or occupent la première place dans le texte claudélien. L'idée d'un moment ultime, d'une pointe extrême avant la chute, la disparition s'expriment notamment dans « Le Point » : « Tout est consommé dans la plénitude. Cérès a embrassé Proserpine. [...] Mon absence est configurée par cette île bondée de morts et dévorée de moissons. » On peut lire aussi : « Lueurs précaires, sur la vaste coulée des eaux opaques, cela clignote un instant et périt. » Ou encore : « Moi ! que je ne périsse pas avant l'heure la plus jaune », etc. Inversement, un tableau de Corot, qui est au Louvre, *Le Chevrier italien, effet de soleil couchant*, conjugue deux motifs gracquiens : l'aria du chevrier dans *Tosca* et les « chromatismes légendaires, sur le couchant ».

L'appropriation consiste à se placer dans la plus grande proximité, quasiment dans la répétition, c'est-à-dire, au moins dans un premier temps, dans le vol ou le don puisque la répétition, qui concerne « une singularité inéchangeable, insubstituable », s'oppose à la généralité, à la ressemblance et à l'équivalence. « Si l'échange est le critère de la géné-

Dans les notes,
la description que vous faites du tableau
de Vermeer ne correspond pas au souvenir
que j'ai de la Dame à l'épinette avec un
cavalier écoutant, tableau qui, lorsque je
l'ai vu à 'La Haye' appartenait à la collection
royale du château de Windsor et se trouvait
avoir été prêté à la Hollande. La dame est vue
de dos, la tête un peu tournée vers la droite,
il y a au dessous de l'épinette un miroir où
dit-on son visage se reflète – le cavalier est
accoudé, il me semble, à droite du tableau.
Il y a peut-être par conséquent erreur dans
votre note sur l'identité du tableau : ce
la demanderait à être vérifié.

Lettre de Julien Gracq
adressée, le 8 août 1990, à l'auteur.

ralité, le vol et le don sont ceux de la répétition »
(Gilles Deleuze, *Différence et Répétition*). Les métaphores et les comparaisons gracquiennes renvoient
sans doute moins à des ressemblances ou à des
équivalences (domaine de l'analogie et de la généralité) qu'à des répétitions mettant en avant une singularité, une intensité. Si Gracq est certain de
retrouver dans la nature les inventions que lui proposent les peintres, c'est que l'esprit humain en
inventant ne peut que répéter. Une comparaison
comme : « Le couvent du Pantocrator sous les belles
feuilles de ses platanes luit comme une femme qui
se concentre avant de jouir »,propose une répétition
globale, celle d'une qualité intensive (la « luisance »;
et cette répétition va loin : luire / jouir, le rayonnement du Pantocrator au centre de l'église / celui du
sexe au centre du corps de la femme, l'un et l'autre
comme origines, possibles lieux d'adoration, de
transfiguration, etc.), et des répétitions de détail
(les formes rondes des coupoles byzantines / celles
du corps féminin ; les tuiles des toits / la disposition
des feuilles dans certaines représentations médié-
vales des arbres…), toutes traversées par la répétition qui les fait résonner : la position des corps dans
l'acte amoureux (l'image du Pantocrator au-dessus
des fidèles comme le platane couvrant de son ombre
le couvent…) ; à quoi s'ajoute la répétition contenue
dans « avant de jouir » (l'embellie « avant »). L'Avis
au lecteur d'*Au château d'Argol* pose à l'entrée de
l'œuvre entière (Gracq n'a pas écrit d'autre préface
à ses livres, à l'exception, peut-être, d'*Autour de
sept collines*) l'idée de répétition. La « clef » est donc
là, bien en évidence, mais invisible comme la lettre
volée : les répétitions et la possibilité d'en extraire
des différences (Gracq aime Raymond Roussel) ; à
commencer par la répétition de l'habitude (à l'instar de la fameuse promenade de Kant, le « cérémo-
nial » professionnel de l'enseignant Louis Poirier),
la répétition de la mémoire, et l'art comme lieu de
toutes les répétitions, avec le danger de devenir le

faussaire de soi-même (choix délibéré de la part de Chirico). « Supériorité de l'homme sur la femme : il se rase tous les matins » (L, p. 134). Pourquoi tant de clichés dans l'œuvre de Gracq ? Tard-venu, il ne lui est possible que de répéter Poe, Rimbaud, Breton, etc., et, dans ce « premier » temps, de se perdre dans la multiplicité des noms auxquels il semble s'identifier. La subtilité de l'œuvre de Gracq la rend invisible à la fois à une critique aveuglée par les valeurs occupant le devant de la scène, et aux exégètes qui se laissent prendre au leurre du vol ou du don affichés, et qui font de Gracq un surréaliste, héritier du romantisme allemand et des romans de la Table ronde : ne remarquant que des ressemblances, ils tiennent sur l'écrivain un discours reproduisant analogiquement le sien.

Dans un « second » temps, l'écrivain affirme sa différence : le tout petit écart externe qu'il instaure dans la répétition marque une grande différence interne et lui fait opérer un saut magistral par lequel il annule ses « modèles ». De ces derniers, Proust n'est qu'une variante un peu plus complexe. Gracq s'en démarque explicitement et de manière réitérée, mais l'écart n'est pas plus important dans ce cas que dans d'autres, et il l'est tout autant. L'exemple du « ludion désancré » attire l'attention sur la catégorie des vols ou des dons presque invisibles et conduit à reconsidérer ceux qui sont affichés, et à constater que la différence interne y est aussi grande. Il suffit de lire le début du chapitre deuxième de *Du côté de chez Swann* où l'on trouve, notamment, la « petite ville dans un tableau de primitif », le roi de jeu de cartes, la fine pointe d'un clocher comme « rayée sur le ciel par un ongle »... Il suffit de lire le dernier paragraphe des *Mémoires d'outre-tombe* et la transcription qu'en propose *Lettrines 2* dans le passage déjà cité : « Pendant que j'écris, le soleil qui descend en face de moi jaunit et dore cette page », etc. Chateaubriand évoque une situation semblable (« En traçant ces derniers

mots »), la lune qui s'abaisse, le soleil qui se lève
(« le premier rayon doré »), la flèche des Invalides...
Le texte gracquien inverse ces données : le matin
devient le soir, la vision en plan vertical
« s'abaisse », la plume remplace le cadran solaire
qu'est pour Chateaubriand la flèche des Invalides.
Tout se résume au travail de l'écrivain (et non au
mélange de diverses « carrières »), aux pages qui se
sont accumulées depuis le début (daté significativement d'*Un beau ténébreux*). Une idée se trouve
ainsi condensée et exhaussée que le projet des
Mémoires accomplit différemment. De même, si
Chateaubriand se livre à un travail sur le temps à
l'échelle de son ouvrage, Gracq en quelques lignes
suscite un trouble qui est sa marque : les temps
verbaux disent le futur proche, le passé, le présent
intemporel, l'instant de l'écriture, les mots
employés expriment la répétition, l'oubli, la naissance, il n'est pas jusqu'au déictique « cette » (« cette
page ») qui ne crée un pont entre la temporalité de
l'écriture et celles de toutes les lectures à venir...
Tout se joue en effet sur cet « à venir ». Au contraste
grandiloquent entre le soleil qui se lève et la descente au tombeau de Chateaubriand brandissant le
crucifix, Gracq substitue le retour saisonnier des
« jours de solennité rayonnante et déserte » mis en
écho avec le feuilletage répété de ses livres ; quant à
l'homme, il s'efface : « Il n'y a plus rien devant moi
cette fois-ci. » Les vols ou les dons les moins appa-
rents sont autant de points dorés de périr, l'assomption extrême, la gloire de l'écrivain Julien Gracq,
avant sa dissémination, sa dispersion dans le troisième temps de la répétition.

L'idée d'un troisième temps apparaît à plusieurs
reprises, et sous des formes variées, dans l'œuvre
gracquienne. Parfois à la manière d'un mouvement
dialectique, par exemple lorsqu'est reprise une formule déjà utilisée deux fois, comme « la forme d'une
ville » qui, après Baudelaire, a été répétée négativement par Breton (« Ce n'est pas moi qui m'interro-

gerai jamais sur ce qu'il advient de la "forme d'une ville" »). L'atmosphère « de naissance et de ressouvenir » (à son propos,il faut lire le livre de Kierkegaard, *La Reprise*, traduit en 1933 sous le titre *La Répétition*) implique un souvenir antécédent, luimême précédé de son objet. Ce schéma n'est cependant pas satisfaisant, car le dernier temps comporte aussi une « naissance ». On pourrait avoir deux répétitions (souvenir et ressouvenir) suivies de cette « naissance » qui montrerait l'insuffisance de la mémoire et annulerait les deux répétitions précédentes. Gracq insiste aussi sur l'oubli comme valeur positive (« Dans le déroulement d'une partie d'échecs, le passé n'a pas d'importance »). Faudraitil voir dans cette « naissance » le début d'un nouveau cycle, où tout recommencerait ? Le mot « renaissance » aurait alors mieux convenu. Le problème est celui du répété, de la première fois qui est répétée et qui échappe à la répétition, ou bien qui, envisagée « sous la forme pure du temps et par rapport à l'image de l'action », est déjà répétition en elle-même, ce qui diffère étant dans ce cas des types de répétition. Le troisième testament de Joachim de Flore est explicitement invoqué dans *Le Rivage des Syrtes* lors de l'épisode se déroulant à Saint-Damase. Gilles Deleuze examine le thème des trois temps dans les conceptions cycliques les plus connues (Joachim de Flore, Vico, Ballanche) et montre que la thèse de Joachim est « une répétition intracyclique, qui consiste dans la façon dont les deux premiers âges se répètent l'un l'autre, ou plutôt répètent une même "chose", action ou événement à venir », mais qu'elle dit l'« essentiel » : « Il y a deux choses significatrices pour une chose signifiée. L'essentiel, c'est le troisième testament » *(Différence et Répétition)*. Le prédicateur de Saint-Damase affirme de la naissance qu'elle est « le Sens ». Il semble bien que Gracq n'exclut aucune des hypothèses relatives aux trois temps qui constituent un point essentiel de son esthétique et de sa

« vision du monde », sous la forme notamment de cette association d'incompatibles qu'est celle du ressouvenir et de la naissance, et qui définit pour lui la poésie :

> Un des mérites singuliers de l'œuvre de Marcel Proust consiste à avoir attiré l'attention sur les analogies de ces hauts états de conscience poétiques (ceux que Breton caractérise par la sensation de l'aigrette de vent autour des tempes) et de certains phénomènes de ressouvenir fulgurant (les pavés inégaux – la madeleine trempée dans la tasse de thé) qui paraissent avoir comporté pour lui le même sens d'extraordinaire révélation – de dissolution du temps – d'annihilation décisive de l'entourage réel (AB, p. 114).

> Rimbaud représente le « souffle le plus *évangélique* [...] qui ait jamais traversé la poésie française. Pour en douter, il faut ne s'être jamais senti souffleter le visage du vent de cette diane furieuse, de cet adieu allègre, enragé à tout ce qui est, tout ce qui se voit frappé déjà, consumé dans le sillage de ce qui *va* être, par où sa poésie se situe au cœur même de l'éveil, dans le climat de la plus profonde, de la plus mystérieuse des aubes (AB, p. 116-117).

> Ce qui *a* été, cette assez misérable poignée de cendres, ne compte guère à côté de la force de présence qui demeure à ce qui *allait* être, et qui pour nous mérite dans une grande mesure (sans quoi on ne comprend rien) d'être crédité d'avoir *été* déjà ; – au sens où on peut bien dire que le bouton *est* la fleur avec plus de force convaincante que la fleur n'en aura jamais, de tout ce qui en lui l'appelle, de tout ce qu'il adresse au vide de péremptoire sommation (AB, p. 33).

Quand il s'agit de l'écrivain, dans le troisième temps, « l'événement, l'action ont une cohérence secrète excluant celle du moi, se retournant contre le moi qui lui est devenu égal, le projetant en mille morceaux, comme si le gestateur du nouveau monde était emporté et dissipé par l'éclat de ce qu'il fait naître au multiple » *(Différence et Répétition)*. Telle est la trajectoire de Julien Gracq, composée de trois lignes du temps qui sont les lignes d'une vie écrite par et entre les lignes. L'écrivain est renvoyé à l'invisibilité de « l'homme sans nom, sans famille, sans qualités », Ulysse, c'est-à-dire personne – ou encore Orphée, dont les membres dispersés graviteraient autour de l'œuvre « sublime ». Le point doré de périr est celui « où l'origine radicale se renverse en absence d'origine » *(Différence et Répétition)*, quand il ne reste plus que le sourire du chat d'Alice, « comme un regret souriant ».

Jean Hélion, Les Toits *(coll. J. Cantor)*.

Notes

1. « L'écrivain au travail », entretien avec Julien Gracq par Jean Roudaut, *Magazine littéraire,* n° 179, p. 18.

2. Gilles Deleuze, Félix Guattari, *Mille Plateaux,* Éd. de Minuit, 1980, p. 235-252.

3. « Les Yeux bien ouverts », *Préférences*, p. 53.

4. Jean-René Huguenin, entretien avec Julien Gracq, *Arts,* n° 688, 17 au 23 septembre 1958, p. 5.

5. Stanislas Rodanski, *La Victoire à l'ombre des ailes*, Le Soleil noir, Paris, 1975, p. 40.

6. Préface à *La Victoire à l'ombre des ailes,* p. 14. Sur les droits de la présence, voir *En lisant « en écrivant »*, p. 236.

7. Le frappe, dans Saint-Just, le fait qu'il a été « projeté du collège dans le terrorisme abstrait » (entretien avec Jean-René Huguenin). Il évoque la « touche de fulgurante poésie » représentée par les étudiants russes de l'Hôtel des Touristes dans la forêt, vers 1907, vivant « dans l'étincellement des feuilles de bouleaux et des trembles en pleine forêt carélienne » et rejoignant chaque semaine Pétersbourg « les valises bien garnies de dynamite » *(Préférences).* On pense aux suggestions de *Mille Plateaux* sur « la jeune fille dans le terrorisme russe, la jeune fille à la bombe, gardienne de dynamite » (p. 339).

8. Jean Carrière, *Julien Gracq, qui êtes-vous ?*, La Manufacture, Lyon, 1986, p. 123.

9. « L'écrivain au travail », entretien avec Julien Gracq par Jean Roudaut, *art. cit.,* p. 17.

10. *Ibid.*, p. 21.

11. « Nous allions, muets comme dans une église, les pas faisant craquer le parquet sonore ; sous l'éclairage de morgue, le volumineux et quadruple étagement jusqu'au plafond de chairs cadavériques tordues par la gesticulation baroque m'emplissait de malaise : intimidé par la pénombre, le silence de cloître, et la faible odeur de moisi qui resta si longtemps liée pour moi à l'idée des arts plastiques, je me demandais pour quelles scabreuses vêpres laïques on me ramenait l'après-midi dans ces grottes bougeantes de corps nus, qui tenaient du sauna et de la géhenne » *(Lettrines 2).*

12. « Les places désertes autour des statues de gloire et des spectres du grand jour, les porches des palais aveugles empanachés noir d'un claquement ténébreux d'oriflammes, comme un homme qui crie en plein midi » *(Liberté grande).*

13. Préface à *Nosferatu*, Cahiers du Cinéma-Gallimard, 1981, p. 10. Julien Gracq s'est exprimé à plusieurs reprises sur l'œuvre de Murnau, l'une de ses préférences cinématographiques. Une note de l'édition de la Pléiade (p. 1153) surprend : d'abord parce qu'elle attribue la « paternité » de ce film à Fritz-Lang, ensuite parce qu'elle rapproche, avec justesse, un passage d'*Au château d'Argol* d'une scène de *Nosferatu*, mais à partir d'une description erronée : « La femme somnambule voit, du cimetière au bord de la mer, passer le navire qui apporte la peste. » En réalité, Ellen, très éveillée, est venue attendre Hutter, son mari, près des vagues parmi des tombes essaimées sur le sable. Ses amis lui apportent une lettre dans laquelle l'absent décrit les désagréments de son séjour dans le château des Carpates : jamais, à ce moment, le navire qui transporte Nosferatu et sa cargaison de rats ne passe au large.

14. « L'écrivain au travail », entretien avec Julien Gracq par Jean Roudaut, *art. cit.* p. 21.

15. Alain Jouffroy, « La respiration contre la critique », *Qui vive ? Autour de Julien Gracq* (ouvrage collectif), José Corti, Paris, 1989, p. 111.

16. « L'écrivain au travail », entretien avec Julien Gracq par Jean Roudaut, *art. cit.*, p. 21.

17. « L'écrivain au travail », entretien avec Julien Gracq par Jean Roudaut, *art. cit.,* p. 24. Sur les réactions de Gracq relativement aux livres qu'il a écrits, voir aussi Jean Carrière, *Julien Gracq, qui êtes-vous ?*, *op. cit.*, p. 151-152.

18. Annie Guezengar et le Carrefour culturel et touristique des côteaux, *Paysages de Saint-Florent-le-Vieil et des Mauges à travers les textes de Julien Gracq*, Hérault-Éditions, Maulévrier, 1985.

19. Cette phrase est citée dans deux textes, l'un sur *Béatrix,* de Balzac, et l'autre sur Chateaubriand (*Préférences*, p. 161, 217), avec la même variante : « hormis » au lieu de « hors ».

20. Nora Mitrani, *Rose au cœur violet*, Paris, Terrain vague-Losfeld, 1988.

21. *Ibid.*, p. 136.

22. Gracq a analysé lui-même le caractère « révélateur » de la scène de la pièce vide : « J'ai toujours l'impression dans ce cas-là que l'être absent *surgit* du rassemblement des objets familiers autour de lui, de l'air confiné qu'il a respiré, de cette espèce de suspens des choses qui se mettent à rêver de lui tout haut, avec une force de conviction plus immédiate encore que sa présence » (*Préférences*, p. 65). Ce passage est extrait d'un texte intitulé « Les Yeux bien ouverts », dans lequel Gracq délivre son art poétique qui est également un art de vivre. Somme toute, il s'en est assez peu écarté, même si son écriture s'est transformée. « Les Yeux bien ouverts » est un entretien dans lequel Gracq fait les questions et les réponses. Dans les entretiens « ordinaires », la qualité de l'interlocuteur a peu d'influence sur ses réponses : à quelques détails près, les réponses sont identiques dans la précision ou le flou volontaire.

23. Jean Carrière, *Julien Gracq, qui êtes-vous ? op. cit.*, p. 154.

24. Henri Maldiney, *Art et existence*, Klincksieck, Paris, 1985, p. 198, et note 101, p. 239.

25. *Préférences*, p. 92, et Jean Carrière, *Julien Gracq, qui êtes-vous ?*, p. 170 : « On peut très bien considérer ce monde comme une merveille irremplaçable pour l'homme, et être tranquillement dénué d'espoir : le paganisme a connu cela très largement, et il rejoint dans ce *oui* Novalis, à qui l'espoir et même presque tous les espoirs sont aussi naturels que la respiration. »

26. Henri Maldiney, *Regard Parole Espace*, L'Age d'homme, Lausanne, 1973, p. 144.

27. Dans certains cas, on pourrait penser être en face d'un acte quasi mystique : « A l'approche d'une vérité un peu haute, encore seulement pressentie, il se fait dans l'âme dilatée pour la recevoir un épanouissement amoureux, un calibrage de grande ampleur où s'indique la communion avec ce qu'elle désire recevoir en nourriture. C'est cette ascèse quasi mystique, cette équivalence pressentie, si précise et quasi miraculeuse, du désir et de sa pâture, ces approches un peu hautes de la Table que j'appelle deviner » *(Un beau ténébreux)*. Il faut sans doute voir dans un texte de ce genre la volonté de reconvertir des forces mobilisées traditionnellement en faveur de la religion, de laïciser des activités du domaine de la vie religieuse.

28. « L'écrivain au travail », entretien avec Julien Gracq par Jean Roudaut, *art. cit.* p. 24.

29. « Au bout de ces perspectives, braquées comme le canon d'une arme, s'ouvraient des lointains de vallées d'un bleu de matin » *(Le Rivage des Syrtes)*. « Il avançait dans chacune de ses journées comme dans ces avenues éventées de plages qui sont plus vivantes que les autres, parce qu'à chaque tournant malgré soi on lève la tête, pour voir si le bout de la perspective ne ramènera pas encore une fois la mer » *(Un balcon en forêt)*.

30. Michel Collot, *L'Horizon fabuleux*, José Corti, Paris, 1988, vol. 1, p. 197.

31. Henri Maldiney, *Regard Parole Espace*, *op. cit.*, p. 144. La remarque vaut pour l'expression « princesse lointaine » appliquée au personnage de Christel *(Un beau ténébreux)* et empruntée au titre d'un drame en vers d'Edmond Rostand.

32. *Ibid.*, p. 184. « Sous cette fine pluie je respire la virginité du monde. Je me sens coloré par toutes les nuances de l'infini. A ce moment je ne fais qu'un avec mon tableau. Nous sommes un chaos irisé. Je rêve devant mon motif, je m'y perds... Le soleil me pénètre sourdement comme un ami lointain qui réchauffe ma paresse, la féconde. Nous germinons » (Cézanne).

33. « L'écrivain au travail », entretien avec Julien Gracq par Jean Roudaut, *art. cit.*, p. 17.

34. Dans le poème « Un hibernant », la posture est la même : « A midi dans le jardin de neige et d'ouate, debout sur un pied et retenant son souffle, il réaccordait le silence. » La servante du *Roi Cophetua* évoque la Gradiva : « Le mouvement de la silhouette que j'avais devant moi – l'un de ses pieds touchant le sol à peine par sa pointe – avait quelque chose à la fois de vif et d'indéfinissablement suspendu, comme si un *instantané* l'avait

surprise » *(La Presqu'île)*. Fixer et être fixé, méduser et être médusé. Dans le jardin de l'hôtel des Vagues, un nuage « pétrifiait Irène, la plombait, la changeait en l'une de ces statues de cendre, envoûtées, maléfiques, des jardins pompéiens ». Quant à Albert, « il se traînerait aux pieds de ce couple de marbre aux yeux vides et bleuâtres, plus dépaysant qu'une statue déterrée d'un jardin » *(Au château d'Argol)*.

35. Michel Collot, *L'Horizon fabuleux, op. cit.*, vol. 2, p. 15-16.

36. « Journées couvertes et fraîches d'été, sans un souffle – je ne sais pourquoi journées d'enfance, presque toujours un après-midi de dimanche désœuvré : – je revois le jardin, sa fraîcheur noire, sa verdure immobile : une lueur douce couchée sous les nuages, tout contre l'horizon, une lueur immobile sur la Loire étale, les arbres et les champs pelucheux de juin. Tout endimanché à travers les allées du beau jardin, j'attendais le son des cloches de vêpres – derrière un repli de la Loire on voyait un clocher, si fin sur la ligne d'horizon, et vers le nord on entendait le bruit d'un train. »

37. L'expression provient du *Centaure* de Maurice de Guérin : « Mes mains ont tenté les rochers, les eaux, les plantes innombrables et les plus subtiles impressions de l'air, car je les élève dans les nuits aveugles et calmes pour qu'elles surprennent les souffles et en tirent des signes pour augurer mon chemin. » Elle se trouve dans *Préférences*, p. 54, et dans *Un balcon en forêt*, p. 144.

38. « Les hommes sont coupés à mi-hauteur par la guillotine de l'habit noir – les femmes prennent sous le baiser la vibration tranchante du cristal, puis éclatent et sèment sous la neige d'adorables camélias de sang » (« La Bonne Auberge »). « Robespierre » orchestre ces images : « Ces blancheurs de cous de Jean-Baptiste affilées par la guillotine […], ces arcs flexibles des bouches engluées par un songe de mort, ces roucoulements de Jean-Jacques sous la sombre verdure des premiers marronniers de mai, verts comme jamais du beau sang rouge des couperets. » « La seule ombre qui hante vraiment Versailles reste celle de la Reine. […] La verdure féroce de l'Ile-de-France est partout ici inséparable de sa couleur complémentaire, et le pépiement des bosquets du déclic de la guillotine » *(Lettrines 2*, p. 22-23). Gracq parle du « côté fleur coupée du roman psychologique à la française » *(Préférences*, p. 54). En dehors du sens qu'une telle expression prend relativement à la notion de « plante humaine » (qui se trouve chez Valéry dans *Rhumb*) on notera qu'elle se rapporte d'abord à *La Princesse de Clèves*...

39. Jean-Pierre Richard, « Le roman d'une bulle », in *Pages Paysages*, Éd. du Seuil, Paris, 1984, p. 203-210.

40. Un parallèle entre Julien Gracq et René Char devrait nécessairement en passer par leur relation à Georges de La Tour et à la flamme de la bougie (le « poignard de la flamme » écrit Char) que ce peintre a aimé représenter. Rappelons que pour Char, les réfractaires de son groupe pendant la guerre se sont tous « brûlé les yeux aux preuves de cette chandelle » épinglée au mur de chaux de son PC. Plus tard, il en fait l'épreuve

du poète : « L'unique condition pour ne pas battre en interminable retraite était d'entrer dans le cercle de la bougie, de s'y tenir, en ne cédant pas à la tentation de remplacer les ténèbres par le jour et leur éclair nourri par un terme inconstant » *(Le Nu perdu).*

41. Jean-Pierre Richard, « A tombeau ouvert », in *Microlectures*, Éd. du Seuil, Paris, 1979, p. 267.

42. « L'écrivain au travail », entretien avec Julien Gracq par Jean Roudaut, *art. cit.*, p. 19.

43. « Ce qui compte chez les poètes [...] c'est la faculté de *sauter* plus légèrement, plus librement d'une image à l'autre, de les éveiller l'une par l'autre selon un code secret, des lois de correspondance assez cachées. Si vous voulez, c'est un certain *art de la fugue» (Préférences).*

« Mais ce désenchaînement soudain par le souvenir d'un génie prisonnier de la matière [...] c'est d'une *fugue* allègre et enfiévrée qu'il est pour moi le moteur et le principe : à son étincelle ranimée, les images chères et longtemps obscurcies – toutes les images – s'enflamment et vont se rallumant l'une à l'autre ; un tracé pyrotechnique zigzague au travers du monde assoupi et le sillonne en éclair en suivant les clivages secrets qui, année après année – d'une expérience, d'une lecture, d'une rencontre essentielle à une autre – l'ont marqué pour toujours à mon chiffre personnel » *(Les Eaux étroites).*

44. Cette expression se trouve dans une lettre du musicien. Elle est mentionnée par Bresson dans les *Notes sur le cinématographe*, Gallimard, Paris, 1975, p. 42-43. Un passage de *La Presqu'île* semble une allusion au sens de l'économie dont témoigne l'œuvre de Bresson (d'autant que l'un des projets non réalisés du cinéaste est *La Genèse*) : « ... tout proche, le meuglement d'une vache, comme si l'arche à la fin débarquait » (p. 76).

45. « Le mouvement des nuages dessine dans le ciel un grand angle dont ce point constitue le sommet, et, comme par l'effet d'une réflexion parfaite, comme dans un miroir d'eau, la fuite moirée des vagues d'herbe s'en va aussi selon un angle immense confluer vers le même point mystérieux » (*Un beau ténébreux*). « Comme le regard qu'aimante malgré lui par l'échappée d'une fenêtre un lointain de mer ou de pic neigeux, deux grands yeux ouverts apparus sur le mur nu désancraient la pièce, renversaient sa perspective, en prenaient charge comme un capitaine à son bord » *(Le Rivage des Syrtes).*

46. Ou, mais cela revient au même, une image pour lui peut, avec les adaptations nécessaires, rendre compte de lointains ou de premiers plans (ce qui témoigne de l'altération de la relation proche-lointain). Ainsi, dans la catégorie des « relevés topographiques », l'écorché des cabinets d'anatomie est tantôt du grouillement vénéneux (pour décrire une ville vue de haut et de loin), tantôt de la finesse et de la dentelle : « On pense à ces statues de carton articulées des cabinets de sciences naturelles, où l'on détache ici et là la plaque lisse qui figure la peau, et tout à coup apparaît un dédale multicolore de veines, de nerfs, de viscères, inquiétant, malsain comme un grouillement compliqué de fourmis rouges sous une dalle » (*Un beau ténébreux*). Et : « La tête penchée, il regardait entre ses genoux le

ruisselet qui coulait sans bruit sur le sable, y sculptant un entrelacs de nervures fines et musculeuses, pareil au *grand dentelé* qu'on découvre sous les côtes des écorchés des cabinets d'anatomie » (*La Presqu'île*).

47. « Ses livres n'ont jamais été pour lui sans doute – passant entre les regards sans briser – surtout – leur *absence* – qu'un équivalent verbal de ce *cristallin*, de ce minimum de réfringence exigé par l'œil humain pour *voir* et sans doute n'a-t-il attendu d'eux (car c'est bien d'une accommodation, d'un pis aller qu'il s'agit) rien de plus que de centrer tant bien que mal sur le fond d'un organe infirme l'apparition encore de toutes la plus étonnante, la silhouette d'un homme » (*André Breton*).

48. « C'est, en définitive, une singulière réussite de naturel dans l'entreprise scabreuse de restituer un fragment de vie tel qu'il est vécu le plus souvent dans sa réalité : c'est-à-dire au bord de la totale incoordination, de la paisible submersion de tout *sens* déchiffrable. Le lecteur observe le va-et-vient erratique des passagers autour de l'embarcation échouée avec la même stupeur placide qui nous saisit à voir bouger et se déplacer de l'autre côté de la rue les occupants d'un appartement inconnu, à travers ses fenêtres sans rideaux. »

49. Élisabeth Cardonne-Arlyck, *Désir, Figure, Fiction : le « domaine des marges » de Julien Gracq*, coll. « Archives des lettres modernes » n° 199, Minard, 1981, p. 63.

50. Bernard Vouilloux, *De la peinture au texte. L'image dans l'œuvre de Julien Gracq*, Droz, 1989, p. 302.

51. Gilbert Simondon, *L'Individu et sa Genèse physico-biologique*, PUF, 1964, p. 263-264.

52. *Ibid.*, p. 265.

53. A propos des feuilles des arbres, celles des peupliers « pareilles à l'as de carreau » (*La Presqu'île*). A propos de Chateaubriand : « Il n'y avait pas tant de cartes gagnantes dans cette belle main que le *chelem* impérial a fascinée : il n'en avait qu'une. Il n'y en a jamais qu'une » (*Préférences*). A propos de Benjamin Constant : « Les cartes se retournent l'une après l'autre, de plus en plus vite, sur le tapis : rompre – partir – supplier – s'éloigner – pardonner – reprocher – attendre : ce sont toujours les mêmes vieilles cartes usées, et toutes se valent, et aucune ne gagne. Il n'y a jamais eu d'enjeu réel sur la table et il le sait ; n'empêche qu'à chaque carte, le cœur saute, comme si ces *réussites* dérisoires pouvaient par magie faire sauter la banque » (*Lettrine*). Voir aussi *Préférences*, p. 136, 145, 190, 212, 247...

54. « Tout livre digne de ce nom, s'il fonctionne réellement, fonctionne en *enceinte fermée*, et sa vertu éminente est de récupérer et de se réincorporer – modifiées – toutes les énergies qu'il libère, de recevoir en retour, réfléchies, toutes les ondes qu'il émet. C'est là sa différence avec la vie, incomparablement plus riche et plus variée, mais où la règle est le rayonnement et la dispersion stérile dans l'illimité » (*Lettrines 2*). Gracq aime un « tout-petit Burne-Jones » qui se caractérise par son « ton olivâtre : crépusculaire, étrangement ensorcelant » (*Lettrines 2*). Il tombe d'accord avec Nietzsche sur le fait que la supériorité de Wagner réside dans sa capacité de faire « tenir

en quelques mesures un infini de nostalgies ou de souffrances »
(En lisant « en écrivant »). « Les esquisses de Seurat, grandes
comme des boîtes à cigare, concentrent en définitive l'esprit de
la peinture du Jeu de paume et amènent comme une loupe tout
le vagabondage de ce soleil capté à un point-feu » *(Lettrines 2)*.

55. La peinture ? « Une mémorisation exaltée et *arrêtée*,
contre laquelle le Temps lui-même ne prévaudra pas. C'est le
sentiment immédiat que nous communique tout grand tableau,
avec cet air hautain et envoûtant qu'il a, comme le don Juan de
Baudelaire, d'entrer indéfiniment dans l'avenir à reculons :
toute peinture, dans son essence, est rétrospective » *(En lisant
« en écrivant »)*. « Le souvenir d'un tableau est le souvenir d'une
émotion, d'une surprise, ou d'un plaisir sensuel, rapporté
mécaniquement, mais non lié affectivement, à la persistance
dans la mémoire d'une vague répartition des masses et des
couleurs, à l'intérieur d'un cadre. En somme, aussi privé de vie,
ou peu s'en faut, que le souvenir qu'on garde de l'ameublement
d'une pièce » *(En lisant « en écrivant »)*. Le cinéma ? « La découverte d'un grand film [...] fixe l'esprit sur un réseau d'images
décisives, mais non substituables : le film, qui nous parle par
des moyens plastiques, à la fois fascine l'esprit et cerne son
activité imaginante, impérativement » (Préface à *Nosferatu*).
« Non soluble dans le souvenir ou la rêverie, cerné du contour
net et isolant de ses images péremptoires et de ses cadrages
rigides, [le film] est – si j'ose risquer cette expression – *non
psychodégradable*, "un bloc" qui peut certes s'enkyster dans le
souvenir, mais qui ne s'y dilue, ne l'imprègne et ne l'ensemence
pas. Peut-il y avoir culture là où il y a seulement kaléidoscope
de la mémoire, et non pas travail actif de l'esprit sur l'objet qui
l'a requis – travail actif, c'est-à-dire digestion, assimilation,
incorporation finale ? «*(En lisant « en écrivant »)*.

56. Gilles Aillaud, Albert Blankert, John Michael Montias,
Vermeer, Hazan, Paris, 1986, p. 12.

57. Julien Gracq admire Vermeer comme Proust. Gérard,
dans *Un beau ténébreux*, travaille à une étude sur Rimbaud,
comme Swann à une étude sur le peintre hollandais. Gracq
mentionne plusieurs toiles de Vermeer : *La Vue de Delft*, *Dame
au clavecin avec un cavalier écoutant* (*La Leçon de musique* qui
se trouve à Londres, à Buckingham Palace). « La *Lettre* de Vermeer, dans une salle du musée d'Amsterdam, fixée au mur au
milieu des autres tableaux ainsi qu'une lampe allumée au fond
d'une pièce obscure, du bout à l'autre de l'enfilade des salles
aimantait le regard irrésistiblement » *(Lettrines 2, p. 163)*. Il
s'agit de la *Lettre d'amour* du Rijksmuseum. Le tableau
qu'ensorcelle le virginal élisabéthain est *La Leçon de musique*,
précision due à Julien Gracq lui-même rectifiant l'hypothèse
qu'il pouvait s'agir de la *Dame debout à l'épinette*: « La description que vous faites du tableau de Vermeer ne correspond pas
au souvenir que j'ai de *La Dame à l'épinette avec un cavalier
écoutant*, tableau qui, lorsque je l'ai vu à La Haye, appartenait
à la collection royale du château de Windsor et se trouvait
avoir été prêté à la Hollande. La dame est vue de dos, la tête
un peu tournée vers la droite, il y a au-dessus de l'épinette un
miroir incliné où son visage se reflète – le cavalier est accoudé,

il me semble, à droite du tableau » (Lettre à l'auteur, du 8 août 1990). Le visage de la jeune femme est vu effectivement « dans un miroir confusément » (où se reflète aussi le bas du chevalet du peintre). Au premier plan figure une table recouverte d'un somptueux tapis sur lequel repose un pichet de matière blanche. Au second plan, une chaise cloutée et, sur le sol, une viole de gambe. Les deux personnages et l'épinette sont dans le fond. Comme toujours chez Vermeer, l'espace est découpé en rectangles, dont le couvercle ouvert de l'instrument de musique sur lequel se lit : « Musica Laetitia Comes Medicina Dolorum », « La musique compagne de la joie, médecine de la douleur ». Le marbre des carreaux clairs sur le sol est parcouru de veinures qui font des arabesques comme les motifs qui ornent l'épinette ou les plombs du vitrage.

58. Il en va ainsi pour l'aria de l'opéra traditionnel, qui est « passage de la quantité à la qualité » : « L'excès d'une accumulation émotive intense transmue brusquement le dialogue ou le récitatif mouvementé en éjaculation lyrique immobile » (*En lisant « en écrivant »*).

59. D'avec une femme : «*Vitam non impendere amori.* Et pourtant je m'éveillerai un matin l'esprit libre et bruissant tout à coup de mille choses, et comme un beau matin arrive le printemps il sera arrivé cette chose étrange : je ne l'aimerai plus » *(Lettrines).* « Une parenthèse s'était refermée, mais elle laissait après elle je ne sais quel sillage tendre et brûlant, lent à s'effacer. Je regardais à travers les vitres petites la forêt matinale : quelque chose qui n'était pas seulement la pluie l'avait rafraîchie, apprivoisée, comme si la vie pour un moment était devenue plus aérée, plus proche, il allait faire beau ; je songeai que toute la journée ce serait encore ici dimanche » *(La Presqu'île).* D'avec une ville, Nantes : « La fonction que remplit la ville fut pour moi moins maternelle que matricielle : passé mes sept années d'incubation réglementaire, elle me libéra pour un horizon plus large, sans déchirement d'âme et sans drame, par une séparation, une expulsion qui ne devait pas laisser de cicatrice. [...] Le vide des rues au petit matin, dont je prenais conscience pour la première fois, me paraissait magique ; il faisait merveilleusement frais et calme, je marchais dans la ville comme on marche dans les allées mouillées d'un jardin, avant que la maisonnée se réveille. [...] La ville, rue après rue, prenait congé de moi, souriante ; le temps en était venu ; ce qui flottait sur cet adieu, c'était un sentiment de légèreté sans ombre ; nous étions quittes : et nous nous trouvions à l'unisson dans cette chanson d'aube si insouciante [...]. Je regardais avec amitié les rues silencieuses, les sinuosités creuses, familières, du moule que j'allais maintenant évacuer : ce n'était pas là seulement une ville où j'avais grandi, c'était une ville où, contre elle, selon elle, mais toujours avec elle, je m'étais formé » *(La Forme d'une ville).* Un texte concerne l'adieu à une société, à un moment de l'histoire : « La parfaite *pourriture noble* de la chose politique, la viande d'État à point, c'est pour moi la Venise de Tiepolo et de Goldoni. Les plus belles fleurs de la *dolce vita* ont poussé sur ce fumier de la république sérénissime : merveilleuse époque, unique peut-être dans l'histoire, où tout

s'exténuait ensemble jusqu'à la dernière fibre : palais, galères, doge, couvents, sénateurs et beaux masques, gondoliers et pêcheurs, et si légèrement, si joyeusement, si *gentiment*, exprimant une à une le suc des minutes dorées, sans terreurs vaines, sans grossesse historique nerveuse, sans rêves mystiques, sans sottise – *sans prosopopée de Fabricius* » *(Lettrines)*.

L'expression « pourriture noble » désigne la pourriture grise de la vigne, due à des moisissures et qui, pour certains vins blancs (sauternes, saumur...), hâte la concentration des sucres. *Préférences* décrit l'attention dont bénéficient les morts illustres de la littérature : « De décade en décade, de demi-siècle en demi-siècle, nous suivons le progrès de la *pourriture noble*» (p. 171). Gracq parle de « l'odeur troublante et vireuse de l'exquise pourriture européenne » *(Préférences*, p. 181), et « ces murailles tachées de lichen où paraît encore quelque noblesse pourrissante » *(Lettrines 2*, p. 46).

60. Dans *Lettrines,* p. 196. et dans *Autour des sept collines,* p. 20.

61. Ales Krejca, *Les Techniques de la gravure*, Gründ, 1983, p. 139.

62. Michael Riffaterre, « Dynamisme des mots : les poèmes en prose de Julien Gracq », in *Cahier de l'Herne*, n° 20, p. 152-164.

63. « Rien n'égale, au petit matin, la fraîcheur lavée des platures à marée basse, cloisonnées, déchiquetées de larges bras d'eau claire, où bouge et tournoie l'odeur d'un monde naissant : l'eau et la nuit en même temps se retirent, une respiration neuve et inconnue, pour quelques instants, nous habite, qui se souvient encore de la branchie – *l'eau-mère* de nouveau directement nous irrigue » *(Lettrines 2)*. L'eau qui parle avec le plus de douceur à l'imagination de Gracq est « cette *eau* emblématique, aux maillons de soleil qui indéfiniment se dissocient et se rassemblent », « les doux maillons de soleil de l'eau qui me portait comme un ventre, comme un qui regarde au fond d'un puits redescendaient jusqu'à moi en se dénouant sur le visage d'une femme ». Ainsi s'achève le poème « Moïse ». La présence de la lumière du soleil filtrée par les feuillages au-dessus de l'eau, ou donnant une impression semblable, se retrouve souvent au début d'un voyage de quelque importance pour le personnage gracquien, et l'accompagne comme un viatique.

64. « L'écrivain au travail », entretien avec Julien Gracq par Jean Roudaut, *art. cit.* p. 18.

65. « Une fois la surface de la planche entièrement grainée, on applique une fine couche de détrempe noire bien diluée ou d'encre noire typographique additionnée de graisse. La création d'un dessin à la manière noire est réalisée dans l'ordre inverse de ce qui se passe pour les autres techniques de taille-douce, c'est-à-dire en éclaircissant progressivement certaines zones de la surface noire, depuis les tons grisés jusqu'aux parties les plus lumineuses. Pour cela, on procède en raclant ou en écrasant le grain dans les endroits qui apparaîtront en clair sur l'estampe. Plus le grain de la planche est écrasé, moins il retiendra d'encre ; là où le cuivre est parfaitement repoli l'encre appliquée n'accroche pas du tout et l'on obtient des blancs »

(Ales Krejca, *Les Techniques de la gravure*, Gründ, 1983, p. 89).

66. « Sur le fond opaque, couleur de mine de plomb, de la nuit de tempête qui les apporte, on y voit deux femmes : une forme noire, une forme blanche. Que se passe-t-il sur cette lande perdue, au fond de cette nuit sans lune : sabbat – enlève- ment – infanticide ? Tout le côté clandestin, litigieux, du ren- dez-vous de nuit s'embusque dans les lourdes jupes ballonnées de voleuse d'enfants de la silhouette noire, dans son visage ombré, mongol et clos, aux lourdes paupières obliques. Mais la lumière de chaux vive qui découpe sur la nuit la silhouette blanche, le vent fou qui retrousse jusqu'aux reins le jupon clair sur des jambes parfaites, qui fait claquer le voile comme un drapeau et dessine en les encapuchonnant les contours d'une épaule, d'une tête charmante, sont tout entiers ceux du désir. Le visage enfoui, tourné du côté de la nuit, regarde quelque chose qu'on ne voit pas ; la posture est celle indifféremment de l'effroi, de la fascination ou de la stupeur. Il y a l'anonymat sauvage du désir, et il y a quelque tentation pire dans cette sil- houette troussée et flagellée, où triomphe on ne sait quelle élé- gance *perdue*, dans ce vent brutal qui plaque le voile sur les yeux et la bouche et dénude les cuisses. »

67. Le texte poursuit : « La pensée, le regard, le verbe, l'action relient ce front, cet œil, cette bouche, cette main aux volumes, à peine aperçus dans l'ombre, des têtes et des corps inclinés autour d'une naissance, d'une agonie ou d'une mort. Même, et peut-être surtout quand il n'a pour tous instruments de travail que sa pointe d'acier, sa plaque de cuivre, son acide, rien que le noir et le blanc, même alors il manie le monde comme un drame constant que le jour et l'obscurité modèlent, creusent, convulsent, calment et font naître ou mourir au gré de sa passion [...]. Une lanterne, un visage éclairé, des ténèbres qui s'animent [...]. Un chemin boueux longeant une mare, un bouquet d'arbres, un ciel obscur, un rayon sur une prairie, l'empire du vent découvert dans un nuage qui vole, il n'y a que des traits noirs croisés sur une page blonde, et la tra- gédie de l'espace et la tragédie de la vie tordent la feuille dans leur feu » (*Histoire de l'art*), Le Livre de poche, 1976, t. 4, p. 101-102.

68. Maurice Blanchot, « Grève désolée, obscur malaise », *Cahiers de la Pléiade*, n° 2, avril 1947, p. 134-137. Republié dans *Givre*, n° 1, p. 47-50. Le titre de cet article est composé à partir de deux fragments d'*Au château d'Argol* : « Le sentier aboutissait à une grève désolée » et : « A regarder cette mer verte on ressentait un obscur malaise ». Mais ces groupes de mots se retrouvent dans *la Presqu'île*, par exemple : « "Har- gneuse – désolée" pensa-t-il », "une grève perdue", songea-t-il »; « il ne pouvait s'empêcher de penser avec un peu de malaise qu'elle eût souhaité peut-être obscurément... »

69. Gilles Deleuze, *Logique du sens*, Ed. de Minuit, 1969, p. 344 et 348.

70. Anne Fabre-Luce, « Julien Gracq, le degré zéro du mythe », *Givre*, n° 1, mai 1976, p. 72.

71. Gracq aime les mots avec préfixe en « de » comme démé- nager, démeubler, décloisonner, démuseler, démâter, désancrer,

défleurir, déplanter, désheurer, etc. Il les juxtapose volontiers : « Ce monde dépaysé, désencadré, soudain livré à une sourde dérive... » (*Un beau ténébreux*). L'utilisation de ce préfixe renforce l'idée d'un univers qui « largue ses amarres »; elle entre en même temps, comme processus néologique possible (« désheurer »), dans les marques de l'élasticité du discours, c'est-à-dire d'une langue qui tend à « prendre du large » avec ses points d'induration.

72. Daniel Klébaner, *Poétique de la dérive*, Gallimard, Paris, 1978, p. 30-31.

73. Notamment dans *Lettrines* : « Les routes de Castille, où on roule partout à même la face de la terre »; les écrivains « qui ne savent saisir que les grands mouvements d'un paysage, déchiffrer que la face de la terre quand elle se dénude »; dans *Lettrines 2* : « Autour de moi non seulement la forme des villes, mais la face de la terre a changé »; dans *La Presqu'île*: « Quand il roulait beaucoup, et dévisageait un peu longtemps la face de la terre... »; *En lisant « en écrivant »* parle « des traits de la Terre », etc. Michel Butor, « La ville comme texte », in *L'Art des confins*: *Mélanges offerts à Maurice de Gandillac*, PUF., 1985, p. 78.

74. Michel Butor, « La ville comme texte », in *L'Art des confins*: *Mélanges offerts à Maurice de Gandillac*, PUF., 1985, p. 78.

75. Jean-Pierre Richard, « A tombeau ouvert », *Microlectures*, Éd. du Seuil, Paris, 1979, p. 276.

76. Michel Murat, *« Le Rivage des Syrtes » de Julien Gracq*, t. II, José Corti, 1983, p. 259. L'ouvrage dans lequel Gracq écrit que la description est « dérive » est *En lisant « en écrivant »*, p. 14.

77. « Quand je traversais tout seul ces étroits, je soulevais les rames et laissais un moment, l'oreille tendue, la barque courir sur son erre » (*Les Eaux étroites*, p. 36-37). « Et déjà la voiture avait couru plus loin sur son erre » (*La Presqu'île,* p. 43). « Un conformisme réfrigéré, qui vivait encore sur sa force acquise et courait seulement sur son erre » (*La Forme d'une ville*, p. 153).

78. Gilles Deleuze, *Logique du sens*, *op. cit.*,p. 311.

79. Mayotte Bollack, « Momen Mutatum » (La déviation et le plaisir, Lucrèce, II, 184-293) », *Études sur l'épicurisme antique*, Lille, 1976, p. 161-201.

80. Michel Serres, *La Naissance de la physique dans le texte de Lucrèce : fleuves et turbulences*, Éd. de Minuit, 1977, p. 13. « Bien souvent la critique, peu préoccupée de la traction impérieuse vers l'avant qui meut la main à la plume, peu soucieuse du courant de la lecture, tient sous son regard le livre comme un champ déployé, et y cherche des symétries, des harmonies d'arpenteur, alors que tous les secrets opératoires y relèvent exclusivement de la mécanique des fluides » (*En lisant « en écrivant »*, p. 42).

81. « Vainement ma raison voulait prendre la barre ;
La tempête en jouant déroutait ses efforts,
Et mon âme dansait, dansait, vieille gabarre
Sans mâts, sur une mer monstrueuse et sans bords ! »

(*Tableaux parisiens*,
« Les sept vieillards »)

271

82. *Jean-Luc Godard par Jean-Luc Godard*, Éd. de l'Étoile-Cahiers du Cinéma, 1985, p. 613. « Rien ne compte peut-être chez un romancier que de savoir serrer à chaque instant le courant de vie qui le porte, le *vif du courant*, lequel, dès que le lit sinue, vient comme chacun sait heurter alternativement l'une, puis l'autre rive, toujours déporté, toujours décentré, et sans se soucier jamais de tenir décorativement le juste milieu » (*En lisant « en écrivant »*, p. 42).

83. On peut voir dans Èvre une anagramme de « rêve » et un nom évocateur du fleuve qui traverse la ville des Gracques, le Tevere.

84. Dans *Un balcon en forêt*, il est dit de Grange : « Marcher lui suffisait » (p. 212); à quoi le personnage ajoute : « Il n'y aurait qu'à aller... » (p. 213).

85. Voir Erwin Straus, *Du sens des sens*, Jérôme Millon, Grenoble, 1989, chap. x. : « Développement du thème à travers le phénomène du glissement », p. 583*sq*.

86. Henri Maldiney, *Regard Parole Espace*, *op. cit.* p. 137.

87. Theodor W. Adorno, *Essai sur Wagner*, Gallimard, coll. « Les Essais », Paris, 1966, p. 93. La notion de « timbre » est utilisée par Valéry.

88. Erwin Straus, *Du Sens des sens*, *op. cit,* p. 519.

89. Jean-Noël Vuarnet, « Une image visible du temps », *Magazine littéraire*, n° 179, p. 32-33.

90. *Ibid*.

91. Cette interprétation n'en exclut aucune. Elle ne prétend d'ailleurs pas nécessairement rendre compte d'une intention de l'auteur. Dans ce domaine, si l'on ose dire, tout est permis. Gracq dit qu'il choisit un nom pour sa seule sonorité. L'exégète contredit cette assertion tant il est avide de découvrir du sens ou d'étayer son propre système. Il s'abandonne au vertige du tourbillon, oubliant « qu'il y a un vide qui appelle à lui n'importe quoi ». Herminien comporterait l'idée de blancheur, mais ce nom ne trouverait-il pas son origine dans l'association Arminius, Hermann, hermano (« frère »)? Allan suscite la passion d'un personnage nommé Christel (le Christ); un autre personnage d'*Un beau ténébreux* est Henri (INRI) Maurevert (mot revers ; le prénom de sa femme, Irène, est l'envers du sien). Mais on peut lire dans Irène le mot « reine » et la lettre « i » (rouge), emblème de la féminité (lèvres) : « Rire des lèvres belles dans la colère » (Irène est « rouge de colère » dans la scène du château de Roscaër, et elle est « avant tout *la femme* », « impitoyablement *dépersonnalisée* par son sexe »). Christel évoque le cristal : « Lances de glaciers fiers, rois blancs, frissons d'ombelles ». La troisième femme, dans *Un beau ténébreux,* se prénomme Dolorès : « – Ô l'Oméga, rayon violet de Ses Yeux ! – »... Autre référence à la divinité, mais aussi à l'Espagne (il existe un intérêt de Gracq pour ce pays, pour la corrida, pour certains de ses paysages...) : Maria Dolorès, Notre-Dame des Sept Douleurs (« La douleur est l'été et dans la fleur de la vie l'épanouissement de la mort », P. Claudel, *Connaissance de l'Est*), « rose au cœur violet »... Allan renvoie à Poe, mais le nom complet du personnage est Allan Patrick Murchison ; Patrick occupe la place centrale, qui est celle

d'Allan dans Edgar Allan Poe, celle du père adoptif. Allan est « fils de roi », et Patrick signale étymologiquement cette dimension aristocratique (patricien). Quant à Murchison, c'est le nom d'un géologue écossais. Gérard est l'anagramme d'Edgar. Il est aussi une allusion à Nerval, Gérard Labrunie, le « ténébreux ». Le mari d'Irène, Henri Maurevert, conjugue dans son nom le Maure (le basané, le ténébreux, comme le roi Cophetua) et le vert, « paix des rides Que l'alchimie imprime aux grands fronts studieux ». Grange *(Un balcon en forêt)*, qui n'est pas un prénom, exceptionnel en cela, pose problème. De même, en ce qui concerne les lieux, Argol : nom d'un village réel non visité, il s'oppose aux lieux réellement parcourus mais dont les noms sont toujours transposés. Argol a été vraisemblablement choisi parce qu'il constitue approximativement l'anagramme de Graal tout en renvoyant à des mots qui disent la Bretagne (Armor, Arcoat). *Un balcon en forêt* est le seul ouvrage de Gracq dans lequel les personnages ont des noms recomposant presque celui de l'écrivain : Juli (a) Gr (ange) : Mona se conjugue à Julia comme « démone rieuse », et Grange se demande : ange ou démon ? (en combinant Gracq et Grange, on obtient archange). L'un des dialogues « angéliques » de Poe se déroule entre Monos et Una et débute par le mot « ressuscité ». Là est sans doute l'origine de Mona. Grange est aussi le nom du fleuve Gange (qui peut désigner « une ivresse d'acquiescement aux esprits profonds de l'Indifférence »), agrémenté de la consonne « r », « la plus originale » de la langue française selon Gracq, qui a plus de plaisir à prononcer « tartre » que « tarte », « martre » que « Marthe » et, vraisemblablement, « Grange » que « Gange »... Tout est possible, ou presque.

92. Tieck rapproche Novalis de la figure de l'évangéliste saint Jean, telle que l'a peinte Dürer *(Préférences)*. *Au château d'Argol* évoque « l'atmosphère extraordinairement *sereine* dont Dürer a entouré la figure de l'Évangéliste ».

93. Gracq reprend ce texte, la langue tirée en moins, dans *Un balcon en forêt*, lorsque Grange regarde dormir Mona : « Il promenait les yeux autour de lui comme pour y chercher la coûteuse blessure qui faisait le matin si pâle, refroidissait cette chambre triste jusqu'à la mort. »

94. Gracq, un jour, écoute à la radio un passage de Claudel sans savoir « de quoi au juste il retournait » : « Je restai complètement coi et stupide, comme un lapin qu'on soulève de terre par les oreilles. »

95. « L'écrivain au travail », entretien avec Julien Gracq par Jean Roudaut, *art. cit.*, p. 23.

96. La mère de Louis Poirier se prénommait Alice.

97. « L'écrivain au travail », entretien avec Julien Gracq par Jean Roudaut, *art. cit.*, p. 22-23.

98. Sur ce point, voir le texte de Michel Murat, « Malaise devant le sacré (Gracq, Breton, Bataille) », in *Dada / Surrealism*, n°« Surrealism and Its Others », 1991.

99. Jean Carrière, *Julien Gracq, qui êtes-vous ?*, *op. cit.*, p. 142.

100. *Ibid.*, p. 144.

101. *Ibid.*, p. 164.

Bibliographie

1. Œuvres de Julien Gracq

1938

Au château d'Argol, Paris, José Corti, 1938, 184 p.
(1 200 exemplaires).

1943

« Pour galvaniser l'urbanisme », in *Confluences*
(Lyon), n° 25, septembre-octobre 1943, p. 461-464
(repris dans *Liberté grande*).

1945

Un beau ténébreux, Paris, José Corti, 1945, 216 p.
(2 000 exemplaires).

« La Barrière de Ross », « Les Nuits blanches », « Isabelle Élisabeth », in *Les Quatre Vents,* n° 2, septembre 1945, p. 80-84 (repris dans *Liberté
grande*). « Robespierre », « Les Affinités électives »,
« Venise », « Transbaïkalie », « Le Vent froid de la
nuit », in *Fontaine* (Alger-Paris, t. VIII, n° 45,
octobre 1945, p. 645-650, repris dans *Liberté
grande*). « Robespierre », « La Barrière de Ross »,
« Isabelle Élisabeth », in *Hémisphères* (New York),
n° 6, été 1945, p. 32-35.

« Éclosion de la pierre », in *Rêves d'encre,* Paris, José
Corti, 1945.

1946

« L'Appareillage ambigu », « Au bord du beau Ben-

275

dême », « Le Grand Jeu », « Les Trompettes d'Aïda », « Le Passager clandestin », in *Les Quatre Vents,* n° 4, février 1946, p. 88-93 (repris dans *Liberté grande*).

« A propos de *Bajazet*», in *Confluences,* n° 11, avril 1946, p. 162-175 (repris dans *Préférences*).

1947

Liberté grande, Paris, José Corti, 1947, 118 p. avec un frontispice d'André Masson (950 exemplaires).

« Un cauchemar », in *Le Surréalisme en 1947*, Maeght-Éd. Pierre à feu, 1947, p. 32-34.

« Les Hautes Terres du Sertalejo », in *Horizon* (Nantes), n° 8, 1947, p. 5-7 (repris dans *Liberté grande*, 1958).

« Lautréamont toujours », préface à l'édition des *Chants de Maldoror* des éditions de La Jeune Parque, 1947. Ce texte est repris dans l'édition des *Œuvres complètes* de Lautréamont chez José Corti, 1953, p. 67-86 ; puis dans *Préférences*.

« André Breton ou l'âme d'un "mouvement", in *Fontaine*, t. X, n° 58, mars 1947, p. 854-878 (repris dans *André Breton. Quelques aspects de l'écrivain).*

1948

André Breton. Quelques aspects de l'écrivain. Avec un portrait d'André Breton par Hans Bellmer, Paris, José Corti, 1948, 212 p. (3 000 exemplaires).

Le Roi pêcheur, Paris, José Corti, 1948. 156 p. (3 000 exemplaires).

« Moïse », « Intimité », in *Néon,* n° 3, avril 1948 (repris dans *Liberté grande* , 1958).

1950

La Littérature à l'estomac, Paris, José Corti, 1950, 74 p. (2 000 exemplaires). Ce texte a d'abord été publié en janvier 1950 dans *Empédocle*, p. 3-33 ; il est repris dans *Préférences*.

« Le surréalisme et la littérature contemporaine »,
Nieuw Vlaams Tijdschrift, Vierde Jaarg (Mei
1950).

« Roof Garden », in *Almanach surréaliste du demi-
siècle*, nᵒˢ 63-64 de *La Nef*, Le Sagittaire, 1950
(repris dans *Liberté grande*, 1958).

« Spectre du *Poisson soluble*», in *André Breton,
essais et témoignages*, La Baconnière, 1950,
p. 175-188 (repris dans *Préférences*).

1951

La Terre habitable, avec six eaux-fortes de Jacques
Hérold, Paris, José Corti, coll. « Drosera », 1951,
50 p. (repris dans *Liberté grande,* 1958).

Le Rivage des Syrtes, Paris, José Corti, 1951, 356 p.
(7 000 exemplaires).

« La Sieste en Flandre hollandaise », *in Mercure de
France,* nᵒ 1050, 1951, p. 206-211 (repris dans
Liberté grande, 1958).

1952

Prose pour l'Étrangère, Paris, José Corti, 1952,
36 p. (63 exemplaires hors commerce).

Préface au livre de Suzanne Lilar, *Soixante Ans de
théâtre belge.*

1953

« Réponse au jeu : "Ouvrez-vous ?", in *Médium,* nᵒ 1
(novembre 1953), p. 11-13.

Préface à l'édition de *Béatrix* de Balzac du Club
français du livre, 1953 (reprise dans *Préférences*).

1954

Penthésilée de H. von Kleist. Traduction. Paris, José
Corti, 1954, 128 p. Cette traduction est reprise en
1955 dans le nᵒ 100 de la revue *Paris-Théâtre*.
Son introduction est reprise dans *Préférences.*

« Le Dieu Rimbaud : un centenaire intimidant », in
Arts, nᵒ 486 (octobre 1954 ; repris dans *Préférences*).

« Les Yeux bien ouverts », in *Farouche à quatre feuilles*, Paris, Grasset, 1954 (repris dans *Préférences*).

1956

« Réponse à une enquête sur la diction poétique », in *Cahiers d'études de radio-télévision,* n° 12 (1956), p. 298-307.

1957

« Gomorrhe », in *Le Surréalisme même,* n° 2 (printemps 1957), p. 26-27 (repris dans *Liberté grande,* 1958).

« Réponse à l'enquête sur l'art magique », in *L'Art magique*, Club français de l'art, 1957, p. 82-83.

1958

Un balcon « en forêt », Paris, José Corti, 1958, 256 p. (10 485 exemplaires).

Liberté grande, Paris, José Corti, 1958, 128 p. Édition augmentée comprenant : *Liberté grande, La Terre habitable*, « Gomorrhe », « La Sieste en Flandre hollandaise ».

1960

« Il y a dans le parallèle... », in *Cahiers du Sud* (Marseille), n° 357, septembre-octobre 1960, p. 163-172 (repris dans *Préférences* sous le titre « Le Grand Paon », puis en préface au premier volume des *Mémoires d'outre-tombe*, Livre de poche, 1964, p. 9-16).

Préface à l'édition du Livre de poche des *Diaboliques* de Barbey d'Aurevilly, 1960, p. 9-17 (repris dans *Préférences*).

1961

Préférences, Paris, José Corti, 1961, 256 p. (2 175 exemplaires). Contient : *La Littérature à l'estomac*, « Les Yeux bien ouverts », « Pourquoi la littérature respire mal », « Lautréamont toujours », « Spectre du *Poisson soluble*», « Le Grand Paon », « Un centenaire intimidant », « Edgar Poe et l'Amérique », « A propos de *Bajazet*», « Béatrix de Bretagne », « Ricochets de conversation », « Le Printemps de Mars », « Symbolique d'Ernst Jünger ».

1962

« Quand il n'est pas songe, le roman est mensonge quoi qu'on fasse », in *Le Figaro littéraire,* n° 861, 1962 (le titre n'est pas de J. Gracq ; repris sous le titre : « Réponse à une enquête sur le roman contemporain [1962] » dans *Lettrines*).

1963

« La Route », in *Le Nouveau Commerce,* n° 2, automne-hiver 1963, p. 5-23 (repris dans *La Presqu'île*).

« Sur Jean-René Huguenin », in *Tel quel,* n° 12, hiver 1963, p. 3-5 (repris dans *Lettrines*).

1964

« Tableau de la Bretagne », *Mercure de France* n° 1204, février 1964 [texte publié dans une traduction allemande, en 1963, in *Merian* (Hambourg), puis repris dans *Lettrines*].

« Notes 1 » et « Notes 2 », in *Mercure de France,* nos 1207 et 1208, mai-juin 1964 (repris dans *Lettrines*).

1965

« L'œuvre d'Ernst Jünger en France », in *Antaios* (Stuttgart), nos 5-6, mars 1965, p. 469-472.

1966

« Aubrac », in *Phantomas,* nos 63-67, 1966 (repris dans *Liberté grande,*1969).

« En marge de quelques livres », in *Cahiers du Sud* nos 390-391, octobre-décembre 1966, p. 168-191 (repris dans *Lettrines*).

« Pour une géographie sentimentale de la France », in *Le Nouveau Commerce,* n° 7, printemps-été 1966, p. 93-109 (repris dans *Lettrines*).

1967

Lettrines, Paris, José Corti, 1967, 224 p. (5 390 exemplaires).

« Plénièrement », in *La Nouvelle Revue française* n° 172 (1er avril 1967), p. 592-596.

Préface à l'édition d'*Henri d'Ofterdingen* de Novalis aux éditions Bourgois, « coll. 10/18 », 1967, p. 9-12 (repris dans *Préférences*, 1969).

1968

« Lettre-préface » au livre d'Evrard Des Millières, *La Chapelle blanche, lever d'un mythe,* Limoges, Rougerie, 1968.

1969

Préférences, Paris, José Corti, 1969 (édition augmentée de « Novalis et *Henri d'Ofterdingen* »).

Liberté grande, Paris, José Corti, 1969 (édition augmentée d'« Aubrac »).

1970

La Presqu'île, Paris, José Corti, 1970, 256 p. (6 000 exemplaires). Ce volume comporte : *La Route, La Presqu'île, Le Roi Cophetua.*

1972

« Chemins », in *Cahier de l'Herne,* n° 20, décembre 1972, p. 181-185 (repris dans *Lettrines 2*).

1974

Lettrines 2, Paris, José Corti, 1974, 246 p. (6 000 exemplaires). « En relisant le *Lis de mer* », in *Cahiers Renaud-Barrault,* n° 86, Gallimard, 1974, p. 5-14.

1975

Préface au livre de Stanislas Rodanski, *La Victoire à l'ombre des ailes*, Le Soleil noir, 1975, p. IX-XXXI.

1976

Les Eaux étroites, Paris, José Corti, 1976, 80 p. (3 000 exemplaires).

« Souvenir d'une ville inconnue », in *Le Nouveau Commerce,* n° 35, automne 1976, p. 29-37.

1979
Préface au livre de Suzanne Lilar, *Journal de l'analogiste.*

1980
« Novempopulanie », in *La Nouvelle Revue française*, n° 332, septembre 1980, p. 1-8.

1981
En lisant « en écrivant », Paris, José Corti, 1981, 306 p. (4 000 exemplaires).
Préface au livre *Nosferatu*, Cahiers du Cinéma-Gallimard, 1981, p. 9-11.

1984
« Autour des sept collines », in *La Nouvelle Revue française* n° 381, octobre 1984, p. 1-39 (repris dans *Autour des sept collines*).

1985
La Forme d'une ville, Paris, José Corti, 1985, 218 p. (5 000 exemplaires).
« Une collaboration sans nuages », in *André Delvaux ou les visages de l'imaginaire*, Éd. de l'université de Bruxelles, 1985, p. 147-150.

1986
« Fragments inédits », in *Julien Gracq, qui êtes-vous ?*, Lyon, La Manufacture, 1986, p. 173-188.

1988
Autour des sept collines, Paris, José Corti, 1988, 152 p. (10 000 exemplaires).
Préface au livre de Nora Mitrani *Rose au cœur violet*, Paris, Terrain Vague-Losfeld, 1988, p. 7-11.

1989
Le volume I des œuvres de Julien Gracq dans l'édition de la Pléiade (1989) contient : *Au château*

d'Argol, Un beau ténébreux, Liberté grande, Le Roi pêcheur, André Breton. Quelques aspects de l'écrivain, La Littérature à l'estomac, Le Rivage des Syrtes, Préférences et les appendices suivants : « Éclosion de la pierre », « Un cauchemar ». « Le Surréalisme et la littérature contemporaine », *Prose pour l'Étrangère*, « Enquête sur la diction poétique », la traduction de *Penthésilée* et l'« entretien sur *Penthésilée* de H. von Kleist ».

2. Ouvrages de langue française consacrés à Julien Gracq

Amossy Ruth, *Les Jeux de l'allusion littéraire dans « Un beau ténébreux » de Julien Gracq*, Neuchâtel, La Baconnière, coll. « Langages », 1980.

Amossy Ruth, *Parcours symboliques chez Julien Gracq : « Le Rivage des Syrtes »*, Paris, CDU-SEDES, 1982.

Berthier Philippe, *Julien Gracq critique : d'un certain usage de la littérature*, Lyon, Presses universitaires de Lyon, 1990.

Boyer Alain-Michel, *Julien Gracq, Bretagne et Loire*, Aix-en-Provence, Edisud, 1989.

Bridel Yves, *Julien Gracq et la Dynamique de l'imaginaire*, Lausanne, L'Age d'homme, 1981.

Cardonne-Arlyck Élisabeth, *Désir, Figure, Fiction. Le « domaine des marges » de Julien Gracq*, Paris, Minard, coll. « Archives des lettres modernes », n° 199, 1981.

Cardonne-Arlyck Élisabeth, *La métaphore raconte. Pratique de Julien Gracq*, Paris, Klincksieck, coll. « Bibliothèque du xxe siècle, 1984 ».

Carriere Jean, *Julien Gracq, qui êtes-vous ?*, La Manufacture, coll. « Qui êtes-vous ? », n° 15, 1986.

Coelho Alain, Lhomeau Franck, Poitevin Jean-Louis, *Julien Gracq, écrivain*, Laval, Éd. Siloe, coll. « Le Temps singulier », 1988.

Denis Ariel, *Julien Gracq*, Paris, Seghers, coll. « Poètes d'aujourd'hui », n° 234, 1978.

Dobbs Annie-Claude, *Dramaturgie et Liturgie dans l'œuvre de Julien Gracq*, Paris, José Corti, 1972.

Francis Marie, *Forme et Signification de l'attente dans l'œuvre romanesque de Julien Gracq*, Paris, Nizet, 1979.

Goux Jean-Paul, *Les Leçons d'Argol*, Paris, Temps actuels, 1982.

Grossmann Simone, *Julien Gracq et le Surréalisme*, Paris, José Corti, 1980.

Guiomar Michel, *Trois paysages du « Rivage des Syrtes »*, Paris, José Corti, 1982.

Guiomar Michel, *Miroirs de ténèbres : images et reflets du double démoniaque. Julien Gracq : Argol et les rivages de la nuit,* Paris, José Corti, 1984.

Haddad Hubert, *Julien Gracq. La Forme d'une vie*, Le Castor Astral, 1986..

Hetzer Francis, *Les débuts narratifs de Julien Gracq* (1938-1945), Munich, Minerva Publikation Saur, 1980.

Le Guillou Philippe, *Julien Gracq, fragments d'un visage scriptural,* Paris, La Table ronde, 1991.

Leutrat Jean-Louis, *Gracq*, Paris, Éd. Universitaires, coll. « Classiques du XXe siècle », n° 85, 1967.

Monballin Michèle, *Gracq, création et recréation de l'espace*, Bruxelles, De Boeck Université, coll. « Prisme Méthodes », 1987.

Murat Michel, *« Le Rivage des Syrtes » de Julien Gracq. Étude de style*. Vol. 1 : *Le Roman des noms propres.* Vol. 2 : *Poétique de l'analogie*, Paris, José Corti, 1983.

Peyronie André, *La Pierre de scandale du « Château d'Argol » de Julien Gracq*, Paris, Minard, coll. « Archives des lettres modernes », n° 133, 1972.

Plazy Gilles, *Voyage en gracquoland*, Paris, Éd. de l'Instant, 1989.

Rousseau Laurence, *Images et métaphores aquatiques dans l'œuvre romanesque de Julien Gracq*, Paris, Minard, coll. «Archives des lettres modernes », n° 200, 1981.

Vouilloux Bernard, *Gracq autographe*, Paris, José Corti, 1989.

Vouilloux Bernard, *De la peinture au texte. L'image dans l'œuvre de Julien Gracq*, Genève, Droz, 1989.

3. Numéros spéciaux de revues

Ouvrages collectifs

Marginales (Bruxelles), n° 134, octobre 1970.

Cahier de l'Herne (Paris), n° 20, décembre 1972. Réédition Livre de poche, coll. « Biblio. Essais », 1987.

Givre (Charleville), n° 1, mai 1976.

Magazine littéraire (Paris), n° 179, décembre 1981.

Julien Gracq. Actes du colloque international. Angers, 21-24 mai 1981, Presses de l'université d'Angers.

Entretiens sur « Le Rivage des Syrtes » de Julien Gracq, Cahiers de recherche de sciences des textes et documents (université de Paris-VII), n° 9, mars 1882.

Revue d'histoire littéraire de la France, mars-avril 1983 *(Julien Gracq : « Le Rivage des Syrtes »)*.

La Revue des pays de la Loire (Julien Gracq. Quelques aspects de l'écrivain) (Nantes), 1er trimestre 1986. Repris dans l'ouvrage de A. Coelho, F. Lhomeau et J.-L. Poitevin, *Julien Gracq, écrivain*.

Revue d'histoire littéraire de la France, mars-avril 1983 *(Julien Gracq : « Le Rivage des Syrtes »)*.

Qui vive? Autour de Julien Gracq, Paris, José Corti, 1989.

Lendemains (Berlin), n° 58, 1990.

4. Cassettes

Les Éditions des Femmes ont édité en 1985 deux cassettes de textes de Julien Gracq lus par lui-même. Ces textes sont : le prologue d'*Un beau ténébreux*, le chapitre du *Rivage des Syrtes* intitulé « Une croisière » et les trois dernières pages du chapitre précédent, « Noël » (p. 210-237), dans la première cassette ; la seconde comporte : les pages 48 à 58 de *Lettrines 2* (celles que Julien Gracq avait données pour le numéro du *Cahier de l'Herne* qui lui a été consacré et qu'il avait intitulées : « Chemins »). Les pages 95 à 105 d'*En lisant « en écrivant »* (« Proust considéré comme terminus ») et les pages 83 à 105 de *La Forme d'une ville* (sur le cœur balzacien de Nantes, l'opéra, le passage Pommeraye...).

Table

Illustrations

Alain-Michel Boyer : 115, 119, 175, 185. – Bibliothèque
Jacques Doucet : 89. – Bibliothèque universitaire, Heidel-
berg : 52. – Bulloz : 75, 94, 101, 132, 148. – Jean Loup
Charmet : 42. – Compagnie du livre d'art (CLA), Fribourg :
114. – DR : 36, 65, 108, 253. – Sébastien Darbon : 166. –
Galerie Karl Finker : 260. – Giraudon : 59, 95. – Khar-
bine/Tapabor : 191. – Michel Levassort : 125. – Lipnitzski-
Viollet : 229. – Martine Franck/Magnum : 3. – Jean Gaumy
/Magnum : 168. – Jean-Robert Masson : 37. – Rapho : 163.
– Languepin/Rapho : 20. – Yan/Rapho : 241. – Roger Viol-
let : 100, 162, 201. – Royal Collection James's Palace,
Londres, 71. – Scala, Florence : 240. – Sygma /Sophie Bas-
souls : 26. – Tate Gallery, Londres : 21, 149. – Vu/Roger
Allard : 274. Et avec l'aimable autorisation de la Librairie
José Corti pour la page 80. © ADAGP, Paris 1991 : 95. –
© by SPADEM, Paris 1991 : 12, 13, 260.

L'auteur exprime sa profonde reconnaissance à
Julien Gracq qui, depuis trente ans, lui a toujours
réservé le meilleur accueil. Il remercie Marc Ceri-
suelo, Jean Durançon et Michel Murat de leur aide,
et Suzanne Liandrat-Guigues de ses suggestions qui
ont grandement contribué à améliorer cet ouvrage.

RÉALISATION : ATELIER PAO ÉDITIONS DU SEUIL
IMPRESSION : MAME IMPRIMEURS, À TOURS
DÉPÔT LÉGAL : MARS 1991. N° 10699 (26110)